论 项 羽

张 大 可 著

商务印书馆
创于1897 The Commercial Press
2014年·北京

图书在版编目（CIP）数据

论项羽/张大可著．—北京：商务印书馆，2014
ISBN 978-7-100-10973-4

Ⅰ．①论…　Ⅱ．①张…　Ⅲ．①项羽（前232～前202）—人物研究—文集　Ⅳ．①K827＝33

中国版本图书馆CIP数据核字（2014）第292175号

论　项　羽
张大可　著

商　务　印　书　馆　出　版
（北京王府井大街36号　邮政编码100710）
商　务　印　书　馆　发　行
三河市尚艺印装有限公司印刷
ISBN 978-7-100-10973-4

2014年10月第1版　　开本 640×960 1/16
2014年10月北京第1次印刷　　印张 19 1/2

定价：48.00元

前　言

项羽是中国历史上一位家喻户晓的悲剧英雄，项羽的人格魅力与品德深入人心，积淀为民族魂，影响历史深远。项羽推翻暴秦为新王朝开路，建立了盖世奇功，激励中华儿女一代又一代自强不息，勇于进取。项羽乌江自刎，承担失败责任，向江东父老谢罪，这一悲壮行为展现了中华民族敢于牺牲，敢于担当的民族精神。南宋词人李清照在国破家亡之时思项羽，写下了千古传颂的项羽精神赞歌：

生当作人杰，死亦为鬼雄。
至今思项羽，不肯过江东。

当今中国，政治稳定，经济繁荣，成为世界第二大经济体，国际地位空前提高，但是面对反华势力的遏阻，二战法西斯余孽的沉渣泛起，我们国家要实现四个现代化，完成两岸和平统一，达到振兴中华的强国梦，还有一段艰巨的路程要走，在前行道路和摸爬滚打中我们需要项羽精神。宏扬项羽精神，研究项羽文化，具有现实意义。2011 年，在项羽故里，江苏省宿迁市“江苏省项羽文化研究会”就是在这一背景下成立的。研究会的成立，大大推动了项羽文化的研究，本书也就是在这样的大环境下做出的一个课题。

本书由新创《项羽本纪疏证》与相关已刊的几篇论文合成，内容分为两大部分。其一，《项羽本纪疏证》，对研究项羽的原始资料《项羽本纪》所做的解读，这是新创《史记疏证》的一篇。《史记疏证》工程是全新的一种古籍整理方式，为广大爱好者提供一种雅俗共赏的读本。《史记疏证》工程尚未完成，借社会广泛关注的项羽研究，率先推出《项羽本纪疏证》，向广大读者征询意见，也为项羽研究爱好者提供资料参考。其二，《论项羽》包括了三篇论文。其中《论项羽》与《楚汉相争》两篇论文是作者对楚亡汉兴历史深层原因的探索，也是出版本书的主题，故以《论项羽》为本书的书题。另一篇论文，是对项羽南驰乌江的考察报告，也是项羽专题研究这场学术论争的见证，有巨大的现实意义。论争的焦点是悲剧英雄项羽，这也是项羽至今活在人民心中的一个生动例证。

项羽自刎乌江是悲剧英雄产生的一个关节点。否认项羽乌江自刎，也就否定了悲剧英雄。改革开放后，由于旅游业的兴起，有一些地方人士为了名人效应，随意更改历史，不惜投入巨资打造假历史，兴建假遗迹，不幸的是悲剧英雄项羽被卷入。否认项羽自刎乌江，把他说成是兵败战死东城，于是东城所在地要打造项羽名片，大兴土木。“中国史记研究会”与“安徽和县项羽与乌江文化研究室”在2008年联合举办了项羽专题文化学术研讨会，得到全国专家学者的支持，出版了《乌江论坛》学术论文集，不仅阻止了某些地方大规模建造假历史、假遗迹的行为，而且阻击了学术界不正之风的泛滥。笔者当时作为中国史记研究会常务副会长，主持了这场学术论争的工作，借这本《论项羽》的出版，对已经逝去的历史活动做一个小结。

以上是对《论项羽》出版意义的一个说明，也是学术研究可以为现实服务的一个说明。商务印书馆提供结集发表的平台，藉此以志谢。

张大可

书于2014年10月

《史记疏证》凡例

《史记疏证》宗旨："熔古今研究成果于一编，聚海内志同时贤于一堂。"打破传统古注以字、词为单元的微观解读模式，代之以语释字面意义和立目讲疏的宏观通解，创造一种雅俗共赏的新注新疏体例。《史记疏证》内容体例分为：题评、集注、立目讲疏、语译、集说五项。题评、语译、集说三项由项目主持人一体完成。疏证参编作者完成集注、立目讲疏两项长编，在行文中合称集注，由主持人逐篇修订完成，以保证全书风格一致。

1. 题评。置于篇前，分为"题解"与"评说"两项内容，宏观阐释全篇内容。"题解"取自张大可《史记全本新注》之"题解"，行文称"张大可曰"；"评说"取自韩兆琦《史论题评》，行文称"韩兆琦曰"。

2. 集注条目：行文以金陵书局本为底本，参考通行本施以新式标点，以自然段为单元。每一单元的条目原则以句为单位，用阿拉伯数字与集注文连接。三家注文列于条目行文之下，在集注文之前。三家注佚文，主要是《史记会注考证》辑录的《正义佚文》，经张衍田与袁传璋考证过的，补入本书，用方括号［正义佚文］字样标示。

3. 集注。本书注文要求用白话解读原文的字面意义，称之

"集注"，以当代注家为主，采录的主要有五家：(1) 张大可《史记全本新注》，省称"《新注》曰"；(2) 王利器主编，四十余位作者协作的《史记注译》，省称"《注译》曰"；(3) 吴树平主编，三十余位作者协作的《史记全注全译》，省称"《全注》曰"；(4) 韩兆琦《史记笺证》，省称"《笺证》曰"；(5) 杨燕起《史记全译》，省称"《全译》曰"。近人注家着重采录四家：(1) 泷川资言《史记会注考证》，省称"《考证》曰"；(2) 施之勉《史记会注考证订补》，省称"《订补》曰"；(3) 王叔岷《史记斠证》，省称"《斠证》曰"； (4) 陈直《史记新证》，省称"《新证》曰"。以上简称只限于在"集注"中，在"立目讲疏"中视行文环境可称为"某某曰"，引文后括注书名。四字书名不简称，超出了四字的简称为四字或三字。如李人鉴《太史公书校读记》简称为《校读记》，泷川氏《史记会注考证》简称为《史记考证》，施之勉《史记会注考证订补》简称为《考证订补》。省称为的是省篇幅。偶引其他时贤注家以及他书，作者与书名并列，如"袁珂《中国古代神话》曰"。引用论文资料直标某某曰，并在引文后括注篇名，如："陈桐生曰云云……"(《简论五帝本纪》)。若在第一篇中多次引用同一作者，其书名、篇名只在第一次出现时括注，第二次以下引用只注某某曰，省去书名括注。引用泷川资言《史记会注考证》中资料简称为"《考证》引某某曰"，引用泷川资言的按语称"泷川曰"或"泷川《考证》曰"。引用清武英殿张照等人的"考证"称"殿本《考证》曰"，余类推。引用前人的专题论著，径称某某曰，如梁玉绳《史记志疑》称"梁玉绳曰"，崔适《史记探源》称"崔适曰"，余类推。著名版本，"宋黄善夫本"简称"黄本"，"元彭寅翁本"简称"彭本"，一般版本简称某某本，如"张杅本""蔡梦弼本"等等。

4. 立目讲疏。凡注文不能包容的内容，尤其是历代以来宏观研究的问题，均在注文后分类别起标出，可因事立目，用【集校】【存异】【存疑】【考辨】【实证】【研讨】等事类以别之。凡须辨析、考证、研讨、考古新成果、文献新发现、史事补述等等，尽可能提炼出条目，融汇古今人的研究成果于一编以飨读者。

5. 语译。全篇注文后为“语译”，整篇贯通使读者有完整的轮廓概念。语译行文的大段落加段意提示，启迪读者思维。

6. 集说。全篇“语译”之后，加分类“集说”，《五帝本纪》的“集说”分为“论宗旨”、“论断限”、“论实证”、“论书法”、“论司马迁历史观”等类目，从各个方面进行宏观疏解。

7. 史记总论。《史记疏证》分为上编、下编两大部分。上编为《史记》全本一百三十篇分篇疏证，下编为通解《史记》的专题论著，题名为“史记总论”。总论分卷出版，共十二个专题如下：

第一卷　司马迁评传

第二卷　史记学概要

第三卷　史记精言妙语

第四卷　史记文献与编纂学

第五卷　史记疑案研究

第六卷　史记史学研究

第七卷　史记文学研究

第八卷　司马迁思想研究

第九卷　史记研究史与史记研究家

第十卷　史记地图集

第十一卷　史记地名索引汇释

第十二卷　史记论著提要与论文索引

目　录

一、项羽本纪疏证

·补　白·

项　羽　〔元〕侯克中

破釜沉舟北渡河，英雄到此顿消磨。
入关不解除秦法，失路徒劳怨楚歌。
敌国岂专韩信勇，谋臣唯一范增多。
子婴见杀怀王死，却叹虞兮奈若何。

钜鹿之战　〔清〕郑板桥

怀王入关自聋瞽，　楚人太拙秦人虎。
杀人八万取汉中，　江边鬼哭酸风雨。
项羽提戈来救赵，　暴雷惊电连天扫。
臣报君仇子报父，　杀尽秦兵如杀草。
战酣气盛声喧呼，　诸侯壁上惊魂逋。
项王何必为天子？　只此快战千古无。
千奸万黠藏凶戾，　曹操朱温尽称帝。
何似英雄骏马与美人，乌江过者皆流涕！

题评

题解

张大可曰：《项羽本纪》是一篇破例为体的本纪，以名分论，本纪载朝代帝王，项羽未成帝业，名止霸王，司马迁为之作本纪，表现了他的卓越史识和独具匠心的编排。究其旨趣，要点有三。一曰纪实。项羽灭秦，分封十八王，“政由羽出”，故定名本纪以纪实，用以表彰项羽的灭秦之功。二曰通变。秦楚之际，变化剧烈，项羽是一中心人物。项羽定名本纪，编列在秦始皇、汉高祖之间，既符合“通古今之变”的历史序列，又是“见盛观衰”的一个关节点。因项羽是秦始皇者流，以残酷并天下，以强力霸诸侯，故人心不附而骤兴骤亡。三代以德治天下，传世久远。汉行功德，卒并天下。秦始皇、项羽、刘邦三人本纪蝉联并编，上承三代，下启刘汉，构成强烈的对照和转折，用以说明残暴政治是不能持久的。三曰项、刘对比。楚汉相争大事，项、刘两纪，详此略彼，互见互补。项、刘两人的品格、功业、成败、兴衰，因蝉联并编而成强烈对比是十分鲜明的。

评说

韩兆琦曰：《项羽本纪》是《史记》中最重要、最精彩的篇章之一，是关于楚汉战争的一幅惊心动魄的画卷。从历史上说，它最翔实、最具体地记录了那个波澜壮阔的悲壮时代；从文学上说，它是我国最早的以人物为中心的艺术杰作。它塑造了一个极其感人的悲剧英雄形象，并给予后世小说戏剧以巨大影响。

《项羽本纪》的思想意义在于：

1. 它歌颂了项羽的丰功伟绩，表现了一种进步的历史观。项羽之所以被人歌颂，最主要的因为他是一位反秦的英雄。而项羽的三年反秦活动中，最根本的则是钜鹿之战。作品描写这场战争虽然用的笔墨不多，但却非常有气势。宋代刘辰翁说："叙钜鹿之战，踊跃振动，极羽平生。"（《班马异同评》）明代茅坤说："项羽最得意之战，太史公最得意之文。"（《史记钞》）钜鹿之战的意义，其一是消灭了秦军主力，奠定了起义军在军事上彻底胜利的基础；其二是促进了秦王朝内部的瓦解、分裂，演成了章邯的投降项羽和赵高的杀二世，以及子婴的杀赵高；其三是转移了秦王朝的注意力，为刘邦从南路长驱入关创造了条件。凭着这些，项羽的英名就足以列入史册，永垂不朽了。

2. 如实地写出了项羽的种种弱点和错误，揭示了他必然失败的命运，表现了作者"不虚美、不隐恶"的"实录"精神。司马迁对项羽的历史贡献看得极其清楚，评价极高；而对于项羽的弱点错误，也看得极其清楚，评价得极其准确。从钜鹿之战以后，项羽就开始走下坡路了，项羽是绝对斗不过刘邦的，整个《项羽本纪》的后半部，字里行间流露着作者一种无限遗憾、无限惋惜的心情。项羽的致命弱点之一是残暴，早在反秦初期，他的残暴就已经有名了。他曾"别攻襄城，襄城坚守不下，已拔，皆坑之"。钜鹿之战后，秦将章邯率领二十万人投降了项羽，项羽在西进途中，竟一夜之间都把他们活埋在了新安城南。这一着的错误是带有关键性的，从此关中的家家户户、男男女女、大人小孩，都是与项羽不共戴天的死敌。楚汉战争初期，给刘邦帮了大忙的是齐地的田荣。而项羽在攻打田荣的过程中，又是"皆坑田荣降卒，系虏其老弱妇女，徇齐至北海，多所残灭"。于是为渊驱鱼，使得"田荣弟田横收齐亡卒得数万人，反城阳，项王因留，连战未能下"，由此遂使刘邦一下子占据了西部大半个中原，并一度攻入了项羽的首都彭城。宋代胡寅说："莫强于人心，而可以仁结，可以诚感，可以德化，可以义动也。莫柔于人心，而不可以威劫，不可以术诈，不可以法持，不可以力夺也。项籍生于战国，习见白起坑赵卒，效而为之，唯杀是务。二十万人不服，羽得而坑之；诸侯王不服，四面而起，羽且奈何哉！"（《读史管见》）

项羽的致命弱点之二是不善于用人。韩信、陈平、黥布等原来都是项羽的部下，但后来都一个个离开项羽去投奔刘邦了。而韩信恰好就是后来在军事上彻底摧毁他、置他于死命的人。始终忠于他而又谋略过人的就是一个范增，而项羽对范增竟然也不听信。正因为他们之间的关系如此，所以才使陈平的反间计得以轻易奏效。项羽这种刚愎自用、不善用人的特点是当时人所共知的，《淮阴侯列传》记载韩信曾说："项王喑噁叱咤，千人皆废，然不能任属贤将，此特匹夫之勇耳。项王见人恭敬慈爱，言语呕呕，人有疾病，涕泣分食饮；至使人有功当封爵者，印敝，忍不能予，此所谓妇人之仁也。"《高祖本纪》记载高起、王陵曾说："项羽妒贤嫉能，有功者害之，贤者疑之，战胜而不予人功，得地而不予人利，此所以失天下也。"刘邦更进一步总结说："夫运筹策帷帐之中，决胜于千里之外，吾不如子房；镇国家，抚百姓，给馈饷，不绝粮道，吾不如萧何；连百万之军，战必胜，攻必取，吾不如韩信。此三者，皆人杰也，吾能用之，此吾所以取天下也。项羽有一范增而不能用，此其所以为我禽也。"

项羽的致命弱点之三是缺乏政治头脑，在一系列的方针策略上犯了错误。项羽的政治思想落后，根本没有一个统一全国的想法，他反秦的目的就是希望再回到四分五裂的战国局面；他自己也就是想当个"霸王"而已。这与韩非、李斯所规划、所实行的那一套比起来，不知道要简陋、落后多少倍。司马迁在《留侯世家》中通过张良驳斥郦食其，表明了自己对于这种分封问题的看法。明代凌稚隆说："项羽非特暴虐不得人心，亦从来没有统一天下之志。咸阳既灭，而都彭城；既复彭城，而割荥阳；既割鸿沟，而思东归，殊欲按兵休甲，宛然图伯筹画耳。岂如高祖规模宏远，天下不归于一不止战？"（《史记评林》引）再如对待义帝的问题，当初立义帝，就做得不高明；后来嫌他碍手，将他杀掉，更是一个极大的错误。清代王鸣盛说："六国之亡久矣，起兵诛暴秦，不患无名，何必立楚后？制人者变为制于人，范增谬计，既误项氏，亦误怀王。"（《十七史商榷》）管同也说："夫楚固列国，非天下之共主，项氏欲亡秦而有天下，则立楚之后仅足以收其故族之心，鼓其遗民之痛，而所谓燕、韩、赵、宋、魏、中山之邦者于楚何怜？夫岂可悉动耶？增之谋于是乎悖矣。”（高步瀛《史记举要》引）后来项羽杀义帝，正好为刘邦提供了号召天下，讨伐自己的借口。《高祖本纪》里写刘邦听到项羽杀义帝的消息后，他袒而大哭，遂为义帝发丧，临三日，发使者告诸侯曰：“天下共立义帝，北面事之，今项羽放杀义帝于江南，大逆无道，寡人亲为发丧，诸侯皆缟素，悉发关内兵，收三河士，南浮江汉以下，愿从诸侯王击楚之杀义帝者。”表演得多么生动啊！明代凌稚隆说：“汉王袒而大哭，特借此以激怒天下，非真哀痛之也。要知项羽不杀义帝，汉王岂能出义帝下者？项羽为汉驱除耳！”（《史记评林》）实在说得太妙了。作品最后的“太史公曰”，对项羽一分为二，有肯定，有批评，相当客观，充分表现了司马迁“不虚美、不隐恶”的求实精神。项羽这些失败的教训，像一面镜子，两千年来一直被人们借鉴着。

《项羽本纪》的艺术性很高，它为我们塑造了一个可歌可泣的悲剧英雄形象。作品先是通过学书、学剑、学兵法诸事，表现了项羽的豪迈不群，但也同时见到了他性情的粗疏，为他日后的成功与失败都埋下了伏笔。随后作品描写了他看秦始皇渡浙江的情景，当时项羽与其叔项梁一道观看，项羽说：“彼可取而代也！”项梁赶紧手掩其口，说：“勿妄言，族矣！”然而他也“以此奇籍”。用早年的一件事、一句话，以示其日后的不凡，是《史记》中常用的手法。接着作品详细地描写了他的反秦过程，尤其是尽全力写了他杀宋义，夺兵权，以及随之进行的钜鹿之战。在这里，作品虽然只用了“乃悉引兵渡河，皆沉船，破釜甑，烧庐舍，持三日粮，以示士卒必死，无一还心”，以及战场上的“当是时，楚兵冠诸侯，诸侯军救钜鹿下者十余壁，莫敢纵兵。及楚击秦，诸将皆从壁上观。楚战士无不一以当十，楚兵呼声动天，诸侯军无不人人惴恐”等不多的话，但却淋漓酣畅地表现了项羽的大将气概。明代凌约言说：“羽杀会稽守，则一府慑伏‘莫敢’起；羽杀宋义，诸将皆慑伏，‘莫敢’枝梧；羽救钜鹿，诸侯‘莫敢’纵兵；已破秦军，诸侯膝行而前，‘莫敢’仰视。势愈张而人愈惧，下四‘莫敢’字，而羽当时勇猛可想见

也。”（《史记评林》引）

鸿门宴是历史的转折点，也是本文的转折点，如果说在此以前是作者全力歌颂项羽英雄一面的话，那么，在鸿门宴以后，主要就是表现项羽的头脑迟钝，优柔寡断，完全缺乏政治斗争手腕的一面了。范增对他那样忠心耿耿，他不听；项伯那样吃里扒外，他却言听计从；刘邦甜言蜜语的恭维奉承、樊哙义正辞严的申斥、张良事后的巧妙支应，他都一一容下，他完全被人家里应外合地争取、利用、愚弄了。在这个觥筹交错、刀光剑影的宴会上，表现了这个人物内心深处正在反躬自责、矛盾犹豫的比较忠实厚道的一面。

鸿门宴之后，项羽就一步步地走向失败、走向灭亡了。他的兵力虽强，但他却被人处处牵着鼻子走：他先是被田荣牵到了齐国，随后又被刘邦牵回了彭城；当他几次在荥阳取得了胜利，应对刘邦进一步发起攻击时，又总是被彭越牵回了梁地，简直是马不停蹄，疲于奔命。这时的项羽，实际上是已经没有多少还手之力，只有招架之功了。作品的后半部，为了突出项羽的悲壮色彩，曾多次写到了他的个人勇敢，如他与刘邦相持于荥阳时，“项王令壮士出挑战，汉有善骑射者楼烦，楚挑战三合，楼烦辄射杀之。项王大怒，乃自披甲持戟挑战。楼烦欲射之，项王瞋目叱之，楼烦目不敢视，手不敢发，遂走还入壁，不敢复出。汉王使人间问之，乃项王也，汉王大惊。”明代金隐星对此点评说：“笔端娓娓，如组如舞。读‘汉王使人间问之，乃项王也’，开后人多少文章思路。”凌稚隆说：“连用三‘不敢’字，模写项羽威猛如画。”（《史记评林》）最后败走到东城，他还以仅有的二十八骑，对汉军进行了反复的冲击，清代郭嵩焘说：“项羽英雄，史公自是心折；亦由其好奇，于势穷力尽处，自显神通。”（《史记札记》）钱钟书说：“马迁行文，深得累叠之妙，如本篇末写项羽‘自度不得脱’，一则曰‘此天亡我，非战之罪也’；再则曰‘令诸君知天亡我，非战之罪也’；三则曰‘天之亡我，我何渡为！’心已死而意犹未平，认输而不服气，故言之不足，再三言之也。”（《管锥编》）

项羽是一个顶天立地的英雄，同时又是一个鼠目寸光的庸人；他有时真有龙飞凤翥的雄姿，有时又愚蠢昏聩得像一头驴子；他有时天真淳朴、宽厚慈和得令人喜爱，有时又暴戾凶残得令人发指。凡此种种，都在司马迁笔下得到了生动真切的表现。正如钱钟书所说："'言语呕呕'与'喑噁叱咤'；'恭敬慈爱'与'剽悍滑贼'；'爱人礼士'与'妒贤嫉能'；'妇人之仁'与'屠坑残灭'；'分食推饮'与'印不予'皆若相反相违，而既具在羽一人之身。有似两手分书，一喉异曲，则又莫不同条共贯。科以心学性理，犁然有当。《史记》写人物性格，无复综如此者。"（《管锥编》）

集　注

【三家注】

索隐 司马贞曰①："项羽崛起，争雄一朝，假号西楚，竟未践天子之位，而身首别离，斯亦不可称'本纪'，宜降为'世家'。"

①此条篇前《索隐》原无，据黄善夫本、考证本补。

项籍者，下相人也[1]，字羽[2]。初起时[3]，年二十四[4]。其季父项梁[5]，梁父即楚将项燕[6]，为秦将王翦所戮者也[7]。项氏世世为楚将，封于项[8]。故姓项氏。[9]

1. 下相人也

集解 《地理志》临淮有下相县。索隐 县名，属临淮。案：应劭云"相，水名，出沛国。沛国有相县，其水下流，又因置县，故名下相也"。正义 《括地志》云："相故城在泗州宿豫县西北七十里，秦县。”项，胡讲反。籍，秦昔反。

《全注》曰：“下相：秦县名，在今江苏宿迁市西南。因地处相水下流，故名。”

2. 字羽

索隐 按：下《序传》[1]籍字子羽也。

① 《序传》：指《太史公自序》。

【考辨】

梁玉绳曰：“古人之字，大约一字居多，其加‘子’者，男子之美称也。然《高祖功臣表》叙射阳侯之功云‘破子羽’；《序传》云‘子羽接之’，‘子羽暴虐’，‘破子羽于垓下’，‘齐连子羽城阳’，则此似宜曰‘字子羽’。”（《史记志疑》）

3. 初起时

《新注》曰：“初起时：指初起兵反秦之时，即秦二世元年，当公元前 209 年。”

4. 年二十四

案：年，项羽起兵之年，公元前 209 年，项羽二十四岁。依此上推项羽生年，在公元前 232 年。

5. 季父项梁

索隐 按：崔浩云“伯、仲、叔、季，兄弟之次，故叔云叔父，季云季父”。

《全注》曰：“季父：通谓叔父。古代以伯、仲、叔、季为兄弟行次，所以‘季父’也用以指最小的叔父。刘熙《释名·释亲属》云：‘叔父之弟曰季父。’”

6. 梁父即楚将项燕

正义 燕，乌贤反。

《新注》曰：“项燕：楚名将，曾击破秦将李信军二十万。秦始皇二十三年（前 224），秦将王翦率六十万大军击楚，虏楚王。项燕立昌平君为荆王，驻兵淮南。明年，王翦再破楚，昌平君死，项燕自杀。”《全注》曰：“项燕曾屡建战功，爱护士卒，受楚人拥戴。他死后，有人认为他死了，也有人认为他逃亡。陈胜起义即诈称公子扶苏、项燕以为号召，事见《陈涉世家》。”

7. 为秦将王翦所戮者也

集解《始皇本纪》云：“项燕自杀。”索隐此云为王翦所杀，与《楚汉春秋》同，而《始皇本纪》云项燕自杀。不同者，盖燕为王翦所围逼而自杀，故不同耳。

《全注》曰：“王翦：频阳（今陕西富平县）人，为秦始皇将军，数有战功。事详《史记》本传。据《秦始皇本纪》记载，秦始皇二十三年，王翦击楚，俘获楚王负刍。楚将项燕立昌平君为王，在淮南起兵反秦。二十四年，王翦、蒙武攻破楚军，昌平君死，项燕自杀。因为项燕是被王翦打败后被迫自杀，所以也可以说是为‘王翦所戮’，功归王翦。”《新注》曰：“据《秦本纪》，项燕兵败自杀，这里说，项燕被王翦所杀，旨在突出项羽反秦，以报秦杀祖之仇。”

8. 封于项

索隐《地理志》有项城县，属汝南。正义《括地志》云：“今陈州项城县城即古项子国。”

《全注》曰：“项：西周时封国，陈彭年《广韵》卷三《讲》、郑樵《通志·氏族略》第二并云姬姓，康熙敕修《春秋传说汇纂》卷首《姓氏篇》云姞姓。春秋时为鲁所灭，后楚灭鲁，以项封项燕先人。故地在今河南沈丘县。”

9. 故姓项氏

《全注》曰：“姓项氏：姓与氏原来是有区别的，姓为原始部落称号，表示血缘所出。氏是姓的支系，为宗族系统的称号。氏的来源，或氏于号，或氏于谥，或氏于爵，或氏于国，或氏于官，或氏于字，或氏于居，或氏于事，或氏于职。项氏是氏于国。秦、汉以后姓氏混而为一。”

项籍少时，学书，不成[1]，去[2]；学剑[3]，又不成。项梁怒之。籍曰："书，足以记名姓而已[4]，剑一人敌，不足学，学万人敌[5]。"于是项梁乃教籍兵法[6]，籍大喜，略知其意，又不肯竟学[7]。项梁尝有栎阳逮[8]，乃请蕲狱掾曹咎书抵栎阳狱掾司马欣，以故事得已[9]。项梁杀人[10]，与籍避仇于吴中[11]，吴中贤士大夫皆出项梁下。每吴中有大傜役及丧[12]，项梁常为主办，阴以兵法部勒宾客及子弟[13]，以是知其能[14]。秦始皇帝游会稽，渡浙江[15]，梁与籍俱观。籍曰："彼可取而代也[16]。"梁掩其口，曰："毋妄言，族矣[17]！"梁以此奇籍。籍长八尺余[18]，力能扛鼎[19]，才气过人，虽吴中子弟皆已惮籍矣[20]。

1. 学书，不成

《新注》曰："学书：学习认字和写字。"泷川引雨森精翁曰："书，六书也，如保氏所教。"按："学书"，以备为文吏。"不成"，未竟其业。

2. 去

《新注》曰："去：舍弃，丢下学书之事。"按：《史记》中多为"弃去"连用，见《李斯列传》、《蒙恬列传》、《吴王濞列传》、《滑稽列传》、《龟策列传》等篇。如：《李斯列传》："书上，赵高使吏弃去不奏。"张家英曰："《汉书·项籍传》记此事为：'籍少时，学书不成，去；学剑又不成，去。梁怒之。'《汉书》两用'去'字，表义明确。《史记》少用其一，易生'去学剑'之歧义。"(《史记疑诂》)

3. 学剑

《新注》曰："学剑：学剑习武。"按：以备为武吏。

4. 书，足以记名姓而已

王叔岷曰："学书，非仅学习名姓。然记名姓，亦为文吏之职。汉代文书簿籍，重在记名姓。居延汉简多此例。汉承秦制，秦时或亦然，故项羽有此言也。"(《史记斠证》)

5. 学万人敌

《笺证》曰："万人敌：这里即指兵法。"

6. 于是项梁乃教籍兵法

《新注》曰："兵法：治兵布阵、克敌制胜之法，即军事学。"

7. 不肯竟学

《新注》曰："不肯竟学，不肯完成全部学业。这是项羽失败的原因之一。《汉书·艺文志》兵家形势中有《项王》一篇。黥布置阵如项羽军，刘邦很忌惮。说明项羽善长治兵置阵，故能摧锋折敌，但短于权谋，无战略眼光，败于刘邦。"郭嵩焘曰："此历叙项羽为人磊磊有英雄气，然若少深沉之量，是以终身无成。"(《史记札记》)

8. 栎阳逮

[索隐]按：逮训及。谓有罪相连及，为栎阳县所逮录也。故汉史每制狱皆有逮捕也。[正义]栎音药。逮音代。［正义佚文］逮，谓追捕罪人。

《新注》曰："栎阳逮：因罪被栎阳县逮捕。栎（yuè）阳，秦县名，县治在今陕西临潼东北。"

9. 乃请蕲[一]狱掾曹咎书抵栎阳狱掾司马欣，以故事得已[二]

［一］[集解]苏林曰："蕲，音机，县，属沛国。"

［二］[集解]应劭曰："项梁曾坐事传系栎阳狱，从蕲狱掾曹咎取书与司马欣。抵，归；已，止也。"韦昭曰："抵，至也。谓梁当被栎阳县逮捕[①]梁乃请蕲狱掾曹咎书至栎阳狱掾司马欣，事故得止息也。"[索隐]按：服虔云"抵，

归也”。韦昭云“抵，至也”。刘伯庄云“抵，相凭托也”。故应劭云“项梁曾坐事系栎阳狱，从蕲狱掾曹咎取书与司马欣。抵，归②；已，息也”。

①逮捕：施之勉曰：“《汉书·高纪》注，逮捕，谓事相连及者，皆捕之。《字汇》，逮者，其人在而直追取之。捕者，其人亡，当讨捕之。”（《考证订补》）

②抵，归：王骏观曰：“抵，当训‘致’也。前汉杜延年传，或抵其罪法。注云，抵，致也。特致之于罪法也。此训抵为致之证。谓书致栎阳狱掾司马欣也。韦氏训‘至’，义尚相近。应、服、刘三家之说，则非其义矣。”（《旧注评议》）

《新注》曰：“乃请二句，指项梁请托蕲县狱掾曹咎写了一封说情的信送到栎阳狱掾司马欣处，乃得释放。蕲，秦县名，县治在今安徽宿县南。狱掾，典狱长。书，写信。抵，送到。”《全注》曰：“曹咎：后为项羽军大司马，封海春侯。汉王四年，守成皋时被汉军打败自杀。司马欣：秦二世时曾为长史，率军随章邯攻陈胜、项梁，后降项羽。汉王四年，与曹咎在成皋之战被汉军打败自杀。”《笺证》曰：“曹咎、司马欣皆对项氏有恩，伏后文二人受项羽宠任，致汜水之败伏笔。”

【研讨】

项氏兴亡与曹咎、司马欣

王夫之曰：“孰谓秦之法密能胜天下也，项梁有栎阳逮，蕲狱掾曹咎书抵司马欣而事得免，其他请托公行、货贿相属而不见于史者，不知凡几也。项梁楚大将军之子，秦之所尤忌者，欣一狱掾，驰书而难解，则其他位尊而权重者，抑孰与御之？法愈密，吏权愈重；死刑愈繁，贿赂愈章，涂饰以免罪罟，而天子之权，倒持于掾史。”（《读通鉴论》）曹咎、司马欣二人枉法救项氏，由此机缘深得项氏叔侄信任，项羽尤委二人以重任。郭嵩焘曰：“‘乃请蕲狱掾曹咎书抵栎阳狱掾司马欣，以故事得已’，为下汜水之战伏根。楚、汉兴亡，由成皋一失，遂不复能自振。曹咎、司马欣，始终一狱掾之才耳，项氏始业系此二人，故特表出。”（《史记札记》）

10. 项梁杀人

【集校】

李人鉴曰："《汉书·项籍传》'杀人'上有'尝'字。此《纪》似脱'尝'字。"（《校读记》）

11. 与籍避仇于吴中

《全注》曰："吴中：即吴，春秋时吴国都城，秦于此置吴县，为会稽郡郡治，故城在今江苏苏州市。"

12. 每吴中有大徭役及丧

《新注》曰："大徭役：筑城、筑路等大差役。"《笺证》曰："丧：当地大户人家办丧事，皆兴师动众者。"

13. 阴以兵法部勒宾客及子弟

《新注》曰："阴：暗中。部勒：部署，组织。"《全注》曰："宾客：指从他处流寓本地的客民。子弟：指本地的土著丁壮。"

【考辨】

项梁阴养死士

叶德辉曰：《御览》三百八十六引《楚汉春秋》云，项梁尝阴养士，最高者多力拔树以击地。八百三十五引云，项梁阴养死士九十人，参木者，所与计谋者也。木佯疾于室中。铸大钱以具甲兵。（《汉书补注》引）

14. 以是知其能

《考证》曰："知其能：项梁知宾客子弟之能也。"

15. 秦始皇帝游会稽，渡浙江

索隐 韦昭云："浙江在今钱塘。"浙，音"折狱"之"折"。晋灼音"逝"，非也。盖其流曲折，《庄子》所谓"淛河"，即其水也。"淛"、"折"声相近也。

《笺证》曰："秦始皇帝游会稽：事在始皇三十七年（前210），见《秦始皇本纪》。"《新注》曰："会稽：山名，即今浙江绍兴东南的会稽山。前210年秦始皇巡行东南，曾登临此山。浙江：即钱塘江。”

16. 籍曰：彼可取而代也

《笺证》曰：“彼可取而代也，他的权位，可以由我取代。彼：指秦始皇。”泷川曰：“陈胜曰：‘壮士不死即已，死即举大名耳！王侯将相宁有种乎？’汉高曰：‘嗟乎，大丈夫当如是也！’项羽曰：‘彼可取而代也！’三样词气，三样笔法，史公极力描写。”王鸣盛曰：“项之言，悍而戾；刘之言，津津不胜其歆羡矣。”

17. 毋妄言，族矣

《全注》曰：“族：族灭，全族被处死，为最惨重的刑罚。”按：《汉书》师古注：“凡言族者，谓族诛之。”

18. 籍长八尺余

《笺证》曰：“长八尺余：约当今之一米八四以上。秦时一尺约当今之二十三点一厘米。”按：《汉书》、《汉纪》均作“身长八尺二寸”。

19. 力能扛鼎

集解 韦昭曰：“扛，举也。” 索隐 《说文》云：“横关对举也。”韦昭云：“扛，举也。”音“江”。

《全注》曰：“扛（gāng）：双手对举。”段玉裁曰：“凡大物而两手对举之曰扛。”《考证》引中井积德曰：“扛，本对举之名，然借以状多力，则独举矣。即对举，则常人之任耳。”按：《论衡·恢国篇》：“项羽力劲折铁。”

20. 虽吴中子弟皆已惮籍矣

《全注》曰：“虽：句首语气词，相当于‘唯’字。”《新注》曰：“吴中子弟：指吴县土著的豪族子弟。惮（dàn）：畏惧。”《笺证》曰：“当时会稽郡的郡治亦在吴县，这里是东南人物的荟萃之区，吴中的豪侠之士皆已畏惧项籍，则这个外乡人的气势才情可以想见。”

秦二世元年七月[1]，陈涉等起大泽中[2]。其九月，会稽守通谓梁曰[3]："江西皆反[4]，此亦天亡秦之时也。吾闻先即制人，后则为人所制[5]。吾欲发兵，使公及桓楚将[6]。"是时桓楚亡在泽中[7]。梁曰："桓楚亡，人莫知其处，独籍知之耳。"梁乃出，诫籍持剑居外待[8]。梁复入，与守坐，曰："请召籍，使受命召桓楚。"守曰："诺。"梁召籍入。须臾[9]，梁眴籍曰[10]："可行矣[11]！"于是籍遂拔剑斩守头[12]。项梁持守头，佩其印绶[13]。门下大惊，扰乱[14]，籍所击杀数十百人[15]。一府中皆慑伏，莫敢起[16]。梁乃召故所知豪吏[17]，谕以所为起大事[18]，遂举吴中兵[19]，使人收下县，得精兵八千人[20]。梁部署吴中豪杰为校尉、候、司马[21]。有一人不得用，自言于梁。梁曰："前时某丧，使公主某事，不能办，以此不任用公。"众乃皆伏[22]。于是梁为会稽守，籍为裨将[23]，徇下县[24]。

1. 秦二世元年七月

《笺证》曰："秦二世元年：前 209 年。秦二世：名胡亥，秦始皇的第十八子。秦始皇病死沙丘后，赵高、李斯篡改了秦始皇的遗诏，杀公子扶苏而立胡亥为帝，称为二世。详见《始皇本纪》、《李斯列传》。"

2. 陈涉等起大泽中

索隐 徐氏以为在沛郡，即蕲县大泽中。

《笺证》曰："陈涉、吴广等谪戍渔阳，遇雨失期，于大泽乡发动起义事，详见《陈涉世家》。"《新注》曰："大泽：乡名，当时属蕲县，在今安徽省宿县东南刘村集。"

3. 会稽守[一]通[二]谓梁曰

[一] 集解 徐广曰："尔时未言太守①。" 正义 守，音"狩"。《汉书》云景帝中二年七月，更郡守为太守。

①尔时未言太守：尔时，指秦时。秦置郡，当时长官称为"郡守"，简称单言"守"。《汉书·百官公卿表》云："郡守，秦官，掌治其郡。"张家英《史记疑诂》云：《睡虎地秦墓竹简·法律答问》中已出现了"太守"官名，系指蜀郡太守。盖"太守"初为民间敬称，至汉景帝时政府发布公文，正式承认"太守"罢了。

[二] 集解《楚汉春秋》曰："会稽假守殷通。" 正义 按：言"假"者，兼摄之也①。

①言"假"者，兼摄之也：兼摄，兼职代理。此解未确。《考证》引中井积德曰："假者，资望轻而未即真耳，非兼摄。"施之勉曰："章贻燕曰：汉法，郡守县令初视事为守假，满秩方为真，仍秦之旧也。是时秦以殷通守会稽，未满秩，故谓之假守。"(《考证订补》)

《全注》曰："守：《秦始皇本纪》载，始皇二十六年，'分天下以为三十六郡，郡置守、尉、监'。守为一郡的行政长官。汉景帝中元二年，郡守改名太守。通：即殷通。据《汉书·项籍传》，殷通当时为假守，即代理郡守。裴骃《集解》引《楚汉春秋》亦云'会稽假守殷通'。"

【存异】

梁玉绳曰："'会稽守通谓梁曰'，《汉书·籍传》作项梁语，非通谓梁也。叙事迥异，未知孰实。"《史记斠证》引《长短经·是非篇》云："项梁曰：'先起者制服于人；后起者受制于人。'以为项梁语。与《汉书》合。"

4. 江西皆反

《新注》曰："江西：长江自九江到南京一段，曲折向东北方向流，故古人称今皖北一带为江西，而称皖南、苏南为江东。"

5. 吾闻先即制人，后则为人所制

索隐 按：谓先举兵能制①得人，后则为人所制。故《荀卿子》曰"制人之与为人制也，其相去远矣"。

①制：控制，控扼，征服。

王叔岷曰："即、则互文，即犹则也。《记纂渊海》六十引即作则。"（《史记斠证》）

6. 使公及桓楚将

正义 张晏云："项羽杀宋义时，桓楚为羽使怀王。"

《全注》曰："桓楚：为吴中奇士。"（王先谦《汉书补注》引）周寿昌曰："此即后羽杀宋义，使报命怀王者，后亦别无所见。时梁特令羽假其名以入。"

7. 亡在泽中

《笺证》曰："潜逃在大泽之中。'亡'，潜逃。"

8. 诫籍持剑居外待

《新注》曰："诫：叮嘱，面授机宜。"

9. 须臾

《笺证》曰："片刻，一会儿。"

10. 梁眴籍曰

《笺证》曰："眴（shùn）：使眼色。"师古曰："动目也，动目而使之也。"

11. 可行矣

《全注》曰："可行矣，语带双关，表面上是说可以去找桓楚，实际上是叫项籍动手杀死殷通。"

12. 籍遂拔剑斩守头

《笺证》引史珥曰："会稽守所谓明于见事而暗于见人者也。"

13. 佩其印绶

《新注》曰："印绶：即指郡守印。绶，穿系印纽的丝绳。"按：古时官员都有印，是权力的象征。用绶穿系，随身佩带。许应元曰："会稽守素贤项梁，召吴计事而梁乃阴诫籍于外入而斩守，佩其印绶，其初起与沛公异矣。梁死定陶，籍之'天亡'，有以哉。"（《史记评林》引）

14. 门下大惊，扰乱

《新注》曰："门下：会稽守衙内的侍卫人员。扰乱：一片混乱。"

15. 数十百人

索隐 此不定数也。自百已下或至八十九十，故云数十百。

16. 一府中皆慑伏，莫敢起

索隐 《说文》云："詟[①]，失气也。"音之涉反。

①詟：《史记》作"慑伏"，《汉书》作"詟伏"，《索隐》据《汉书》改字。古"詟"与"慑"通。

《全注》曰："慑伏，莫敢起：一般解作吓得伏在地上，不敢站起来，不确。慑（shè），恐惧，害怕。'伏'与'服'字通。起，动。意谓因恐惧而屈服，没有人敢动手反抗。"

17. 梁乃召故所知豪吏

《新注》曰："所知豪吏：平素相好的地方豪强和官吏。"

18. 谕以所为起大事

《新注》曰："告诉豪吏们，杀郡守这一行动就是起义反秦。谕，晓谕以理。"

19. 遂举吴中兵

《新注》曰："举：动员、集合。"

20. 使人收下县，得精兵八千人

《新注》曰："下县：指会稽郡所属各县。"凌稚隆曰："'得精兵八千人'为后'以八千人渡江'，及与亭长言'江东子弟八千人'张本。"（《史记评林》）

【考辨】

"下县"训义考

《史记》中"下县"凡两见，只见于《项羽本纪》，一云"收下县"，指征集会稽郡所属各县之兵。下文"徇下县"，指抚定会稽郡属各县。《考证》云："下县，四面诸县，非郡所都，故谓之下县。"即郡所在之县为郡治县，即上县，其余所属各县为"下县"，这是"下县"的古义。"下县"的另一义，是等级最下的县。张家英曰："古代又根据县的人口、物产及地理等方面的条件，将县划分为等级，'下县'是其中条件最差的县。《通典·职官十五》：'北齐制县为上、中、下三等，每等又有上中下之差，自上上县至下下县凡九等。'又，'大唐县有赤、畿、望、紧、上、中、下七等之差。'原注：'京都所治为赤县，京之旁邑为畿县，其余则以户口多少、资地美恶为差。'"（《史记疑诂》）

21. 梁部署吴中豪杰为校尉、候、司马

《新注》曰："部署：分派、任命。为校尉候司马：担任校尉、候、司马等官职。古军制，将军营下分部，部设校尉；部下分曲，曲设军候。司马，执行军法的军官。"《全注》曰："校尉：地位次于将军的军官。候：军候，地位次于校尉。司马：军司马，地位次于军候，主管军中司法。司马彪《续汉书·百官志》载东汉军制云：'大将军营五部，部校尉一人，比二千石；军司马一人，比千石，部下有曲，曲有军候一人，比六百石。'项梁军制与此有相同之处。"

22. 众乃皆伏

《笺证》曰："于是大家全都服气了。伏：通'服'。"

23. 籍为裨将

《笺证》曰："裨（pí）将：犹言'副将'、'偏将'。"师古曰："裨，副也，相副助也。"

24. 徇下县

集解 李奇曰："徇，略也[①]。"如淳曰："徇音'抚徇'之'徇'。徇其人民[②]。"

①徇，略也：此训"徇"为攻略，占领。

②徇其人民：安抚人民。此训徇为安抚。

《新注》曰："镇抚郡下属县。徇，巡行下令，兼有以力镇

慑、占领等义。”按：《史记》写战事常用略、略地、略定，偶用徇、徇地。略为夺取、强取，徇为夺取、安抚，义同而有感情色彩之别。略为强取性更重。略定，为夺取之后再加平定，比略地更进一层。

广陵人召平于是为陈王徇广陵[1]，未能下[2]。闻陈王败走[3]，秦兵又且至，乃渡江矫陈王命[4]，拜梁为楚王上柱国[5]。曰：“江东已定，急引兵西击秦！”项梁乃以八千人渡江而西[6]。闻陈婴已下东阳[7]，使使欲与连和俱西[8]。陈婴者，故东阳令史[9]，居县中，素信谨，称为长者[10]。东阳少年杀其令[11]，相聚数千人，欲置长，无适用[12]，乃请陈婴。婴谢不能，遂强立婴为长，县中从者得二万人。少年欲立婴便为王，异军苍头特起[13]。陈婴母谓婴曰：“自我为汝家妇，未尝闻汝先古之有贵者[14]。今暴得大名[15]，不祥。不如有所属，事成犹得封侯，事败易以亡。非世所指名也[16]。”婴乃不敢为王，谓其军吏曰：“项氏世世将家，有名于楚，今欲举大事，将非其人不可[17]。我倚名族，亡秦必矣。”于是众从其言，以兵属项梁[18]。项梁渡淮[19]，黥布、蒲将军亦以兵属焉[20]。凡六七万人，军下邳[21]。

1. 广陵人召平于是为陈王徇广陵

正义 扬州

《新注》曰：“广陵：秦县名，即今江苏扬州市。”《考证》曰：“于是：犹言‘当是时’。”《笺证》曰：“为陈王徇广陵：作为陈涉的部将，为陈涉带兵拓地广陵。陈王，即陈涉，起义后称王，国号张楚，见《陈涉世家》。”王叔岷曰：“于是，犹言‘于时’，《尔雅·释诂》：‘时，是也。’是、时古通，厥例互见。《汉书》、《通鉴》并无‘于是’二字。”（《史记斠证》）

【考辨】

《史记》有三召平

王鸣盛曰：“《项羽本纪》‘广陵人召平矫陈涉命封项梁’，《吕后本纪》‘齐相召平举兵欲围王’，《萧何世家》有‘故东陵侯召平，种瓜城东’，三人皆同姓名，非一人。”（《十七史商榷》）

2. 未能下

正义 胡嫁反。以兵威服之曰下。

3. 陈王败走

《笺证》曰：“陈王败走：陈涉被秦将章邯打败被杀事，在秦二世二年（前208）十二月（当时以十月为岁首）。”

4. 矫陈王命

正义 矫，纪兆反。召平从广陵渡京口江至吴，诈陈王命拜梁。

《新注》曰：“假托陈胜王之命。”

5. 拜梁为楚王上柱国

集解 徐广曰：“二世之二年正月也。”骃案：应劭曰“上柱国，上卿官，若今相国也”。

《新注》曰：“拜：封授、任命。上柱国：战国时楚国官名，位同丞相。”《全注》曰：“楚：陈涉起义后，立为王，政权号张楚，所以陈涉称楚王。上柱国：秦末起于楚地的义军沿袭楚制，仍设置此官。如陈涉曾以上蔡人蔡赐为上柱国。”

【研讨】

召平矫陈王命拜梁为楚上柱国

韩兆琦曰：“陈涉已于上月战败，被叛徒所杀，召平矫陈王命拜项梁为楚上柱国在秦二世二年一月。”又引刘辰翁曰：“召平不自了事，乃能作此度外奇事，所以发亡秦之端在此。”（《史记笺证》）

6. 项梁乃以八千人渡江而西

凌稚隆曰：“项羽始事，已定江东，渡江而西，故通篇以‘东’‘西’二字为眼目。”（《史记评林》）按：据《秦楚之际月表》，项梁引兵渡江在秦二世二年二月。

7. 陈婴已下东阳

[集解]晋灼曰：“东阳县本属临淮郡，汉明帝分属下邳，后复分属广陵。”[索隐]下音如字。按：以兵威伏之曰下，胡嫁反。彼自归伏曰下，如字读。他皆放此。东阳，县名，属广陵也。[正义]《括地志》：“东阳故城在楚州盱眙县东七十里，秦东阳县城也，在淮水南。”

《全注》曰：“陈婴：先属项梁，为楚柱国。项羽死后归汉，平定豫章、浙江，封堂邑侯，曾为楚元王刘交相。事见《高祖功臣侯者年表》。东阳：秦县名，在今安徽天长县西北。”

8. 连和俱西

《新注》曰：“结成联盟，一同西进。”

9. 故东阳令史

[集解]晋灼曰：“《汉仪注》云令吏曰令史，丞吏曰丞史。”

[正义]《楚汉春秋》云东阳狱史陈婴。

《新注》曰：“令吏：县令属下的小吏。”张家英曰：“县中令、丞、尉之下皆有史，掌文书事务，为地位低下之佐吏，不入官品，宋元以后成为官府胥吏之通称。”（《史记疑诂》）

10. 素信谨，称为长者

《新注》曰：“素信谨：厚道，谨慎。长者：有德行的人。”

11. 东阳少年杀其令

《笺证》曰：“杀了东阳县的县令。当时大县的长官称‘令’，小县的长官称‘长’。”

12. 欲置长，无适用

《笺证》曰：“欲置长：此处‘令’‘长’二字错落为文，意思相同。”《全注》曰：“适（dí）：专主之辞。《左传》僖公五年云：‘一国三公，吾谁适从？’又昭公三十年云：‘楚执政众而乖，莫适任患。’《史记》‘适’字与《左传》用法相同。‘无适用’，意谓没有可用的人。”《新注》曰：“无适用：没有适当的人可用为全军之主。”按：《笺证》注“欲置长”为置东阳县长；《新注》谓置全军之主，在当时环境，二者统一，郡守、县令，即一地方之军主。

13. 少年欲立婴便为王，异军苍头特起

集解 应劭曰：“苍头特起，言与众异也。苍头，谓士卒皂巾，若赤眉、青领，以相别也。”如淳曰：“魏君兵卒之号[①]也。《战国策》魏有苍头二十万。”索隐 晋灼曰：“殊异其军为苍头，谓著青帽。”如淳云：“特起犹言新起也[②]。”按：为苍头军特起，欲立陈婴为王，婴母不许婴称王，言天下方乱，未知瞻乌所止[③]。

①魏军兵卒之号：指为魏国特种兵卒之称号。《苏秦列传》云：“今窃闻大王之卒，武士二十万，苍头二十万，奋击二十万，厮徒十万。”“苍头”与“奋击”皆系勇敢部队。

②特起犹言新起也：如淳之解亦可通。

③瞻乌所止：看看乌鸟停落之处。乌鸟喻人民，此指陈婴及东阳民众，要找一个停落之地，即臣择君之意。典出《诗经·小雅·正月》：“瞻乌爰止，于谁之屋。”注云：“富人之屋，乌所集也。”笺云：“视乌集于富人之室，以言今民亦当求明君而归之。”瞻，临视也。

《新注》曰：“便：就，即。异军苍头特起：建立一支与众不同的，头裹青巾为标帜的，不隶属于人的军队。苍头，起于战国时之魏军，由勇猛之士组成，这里用以为号，表示为无敌之军。”《全注》曰：“特：独。‘特起’，单独突起。”

14. 未尝闻汝先古之有贵者

《新注》曰：“先古：祖先。”

15. 今暴得大名

《笺证》曰："暴得大名：即突然称帝称王。暴，突然。大名，指称帝称王。《陈涉世家》云：'壮士不死即已，死即举大名耳。''大名'亦指称王。"

16. 非世所指名也

集解 张晏曰："陈婴母，潘旌人，墓在潘旌[①]。"索隐 按：潘旌是邑聚之名，后为县，属临淮。

[正义佚文] 旌，音"精"。张晏云"陈婴母"云云，《汉书·地理志》云临淮郡潘旌县。潘，又音"波"。

①潘旌：秦东阳县所属聚邑名。东汉置县，晋以后废县。

《新注》曰："非世所指名：不为世人所注目而被指名追捕的人。"

【研讨】

陈婴母

凌稚隆曰："婴母之止婴，岂独以世未尝贵哉！亦以婴不能有为，而他人借之以立名，则异日且必见杀，婴母其虑之深矣。若楚怀王心者，一旦安受义帝之名卒被弑逆，曾妇人之虑不若即。"（《史记评林》）锺惺曰："婴母识力不在止其子上，在此语说得有权术，是世上第一占便宜人。"（《史怀》）按：陈婴母识大局，劝其子以兵属项梁，壮大义军队伍，形成打击暴秦的拳头，于是项梁军成为继陈胜王之后灭秦的主力军。归有光曰："中包陈婴小传。"此"小传"被后人收入《世说新语》。

17. 今欲举大事，将非其人不可

《新注》曰："将非其人不可：恐怕不由项氏来领导是不行的。"《笺证》曰："将：恐怕，大概。"师古曰："言以不才之人为将，不可求胜也。"王先谦引刘敬曰："言欲举大事，为将者非此人不可。"

18. 以兵属项梁

施之勉曰："《月表》，陈婴为柱国。《世说新语·贤媛篇》注引《史记》，梁以婴为上柱国。《续列女传》同。”（《考证订补》）按：《月表》，指《秦楚之际月表》。《月表》秦二世二年（前208）七月楚表栏载：“陈婴为柱国。”

19. 项梁渡淮

《新注》曰：“淮：即淮河。按项梁吴中起兵北上，渡江经广陵至淮，当从今淮安市淮阴古渡口渡淮。”

20. 黥布、蒲将军亦以兵属焉

集解 服虔曰：“英布起于蒲地，因以为号。”如淳曰：“言当阳君、蒲将军皆属项羽，此自更有蒲将军。”索隐 按：布姓英，咎繇之后，后以罪被黥，故改姓黥，以应相者之言。韦昭云“蒲，姓也”，是英布与蒲将军二人共以兵属项梁也。故服虔以为“英布起蒲”，非也。按：黥布初起于江湖之间。

《新注》曰：“黥布：即英布，项羽的猛将，常为先锋。事迹详《黥布列传》。蒲将军：史失其名。”《全注》曰：“蒲将军：从《项羽本纪》记载看，蒲将军与黥布关系较为密切，早期同为项羽心腹。汉王元年，项羽在新安坑杀秦降卒二十余万，事先即与黥布、蒲将军谋划。自新安坑杀秦降卒后，《史记》、《汉书》皆未再见蒲将军，可能不久死去。”

21. 凡六七万人，军下邳

正义 被悲反。下邳，泗水县[①]也。应劭云：“邳在薛，徙此，故曰下邳。”按：“有上邳[②]，故曰下邳。”

①下邳，泗水县：此《正义》误。泗水县，春秋时鲁卞邑，汉置卞县，隋改为泗水县，今属山东。下邳，秦县名，在今江苏邳州市西南。

②上邳：古邑名。汉为楚元王子刘郢客的封邑，见《惠景间侯者年表》。故城在今山东滕州市。有上邳，故邳县曰下邳。

郭嵩焘曰：“项梁初起八千人，得陈婴兵二万，此云‘六七万’；然则黥布、蒲将军各以二万人属，至此作一小结束。”（《史记札记》）《新注》曰：“下邳：秦县名，县治在今江苏邳县西南。”

当是时，秦嘉已立景驹为楚王，军彭城东，欲距项梁[1]。项梁谓军吏曰："陈王先首事[2]，战不利，未闻所在[3]。今秦嘉倍陈王而立景驹，［大］逆无道[4]。"乃进兵击秦嘉。秦嘉军败走，追之至胡陵[5]。嘉还战一日，嘉死，军降。景驹走死梁地[6]。项梁已并秦嘉军，军胡陵，将引军而西。章邯军至栗[7]，项梁使别将朱鸡石、余樊君与战[8]。余樊君死。朱鸡石军败，亡走胡陵。项梁乃引兵入薛[9]，诛鸡石。项梁前使项羽别攻襄城[10]，襄城坚守不下。已拔，皆坑之。还报项梁。项梁闻陈王定死，召诸别将，会薛计事[11]。此时沛公亦起沛，往焉[12]。

1. 秦嘉[一]已立景驹为楚王[二]，军彭城东[三]，欲距项梁

［一］集解 《陈涉世家》曰："秦嘉，广陵人①。"

①秦嘉，广陵人：《陈涉世家》作"陵人秦嘉"。陵县属泗水郡。此《集解》引误增一"广"字。

［二］集解 文颖曰："景驹，楚族，景氏，驹名。"

［三］正义 《括地志》云："徐州彭城县，古彭祖国也。"言秦嘉军于此城之东。

《笺证》曰："秦嘉已立景驹为楚王：时陈涉已被章邯打败身死，故秦嘉另立景驹为楚王。景驹是战国时楚国贵族的后代，楚国王室之大族有所谓'昭''屈''景'三姓。据《秦楚之际月表》，秦嘉之立景驹为王在秦二世二年一月。彭城：即今江苏徐州市。"

2. 陈王先首事

《笺证》曰："先首事：指最先发动反秦。"

【集校】

李人鉴曰："'首事'上'先'字衍。《汉书·项籍传》无'先'字。此《纪》下文云：'今陈胜首事，不立楚后而自立，其势不长。''首事'上亦无'先'字。"（《校读记》）

3. 未闻所在

《笺证》曰："陈涉实际已死，但外界尚传说不一，故项梁曰'未闻所在'。或者项梁明知陈涉已死，而为了消灭秦嘉，故意以此为口实。"

4. 今秦嘉倍陈王而立景驹，[大] 逆无道

《全注》曰："倍：通'背'。"《新注》曰："大：中华点校本无'大'字，此据《史记会注考证》所引宋本补。"

【集校】

梁玉绳曰："'逆'上脱'大'字，他本及《汉书》有。"（《史记志疑》）王叔岷曰："景祐本、黄善夫本、殿本皆无大字。《通鉴》有大字。"（《史记斠证》）

5. 追之至胡陵

集解 邓展曰："今胡陆[①]，属山阳。汉章帝改曰胡陵[②]。"

①胡陆：县名，属山阳郡。《汉书·地理志》："莽曰胡陆。"即王莽改胡陵为胡陆。

②胡陵：《汉书·地理志》注引应劭曰："章帝封东平王仓子为胡陵侯，更名胡陵。"即章帝改"胡陆"，复其原名为"胡陵"。

《新注》曰："胡陵：秦县名，县治在今山东鱼台县东南。"

6. 景驹走死梁地

《笺证》曰："走死梁地：逃至梁国地面，被追兵所杀。梁地，指今河南省东部一带地区。战国时这一带地区属于魏国，因魏国建都大梁（今开封市），所以也称魏国为梁国，称魏地为梁地。据《秦楚之际月表》，项梁破杀秦嘉、景驹在秦二世二年四月。"徐孚远曰："景驹楚后，非不当立，项氏兵势已振，亦欲自立后，不肯受事于秦嘉，故以陈王为名而攻之。"（《史记测义》）

7. 章邯军至栗

[集解]徐广曰："县名，在沛[①]。"

①在沛：指栗县，隶属沛郡。

《新注》曰："章邯：秦将，任少府，他是镇压秦末农民起义的秦军主帅。"《全注》曰："后为项羽所败，投降项羽，封雍王。楚、汉相争时，被刘邦打败自杀。栗：秦县名，在今河南夏邑县。"

8. 项梁使别将朱鸡石、余樊君与战

《全注》曰："别将：另外率领一支军队的将领。朱鸡石：符离（今安徽宿县东北）人，见《陈涉世家》。余樊君：《史记》中他篇未见，仅见于《项羽本纪》。姓名不详。"按："余樊君"为封号名。

9. 项梁乃引兵入薛

[正义]《括地志》云："故薛城古薛侯国也，在徐州滕县界，黄帝之所封。《左传》曰定公元年薛宰云'薛之祖奚仲居薛，为夏车正'，后为孟尝君田文封邑也。"

《新注》曰："薛：秦县名，在今山东省滕县东南。"

10. 项羽别攻襄城

[正义]许州襄城县

《全注》曰："襄城：秦县名，在今河南襄城县。"

【研讨】

项籍与项羽之称

籍为名，羽为字。梁玉绳曰："前此皆称项籍，此后忽改称字而不名；何也？《高纪》，则皆称字。"（《史记志疑》）王叔岷曰："项籍此后改称项羽，（《汉书》、《通鉴》并从之）盖以羽已离其季父梁而专攻战也与？"（《史记斠证》）

11. 项梁闻陈王定死，召诸别将，会薛计事

《斠证》曰："定：犹必也。《高祖本纪》亦云'闻陈王定

死’。《管子·形势篇》：‘美人之怀，定服而勿厌也。’《形势解》：‘定’作‘必’。即定必同义之证。”《笺证》曰：“诸别将：指原属陈涉的各路起义军的将领。会薛计事：这是陈涉死后，重新确立项梁为首领的关键一会，事在秦二世二年四月。”

12. 沛公亦起沛，往焉

《新注》曰：“沛公，即刘邦。刘邦起事沛县，自领县令，故称沛公。公是对县令的尊称。一说楚人称令为公。沛，秦县名。县治在今江苏沛县东。”《笺证》曰：“刘邦于秦二世元年九月起兵反秦，遂为沛县县令。秦二世二年三月，刘邦的部将雍齿据丰邑叛变，刘邦攻之不下，遂如薛以求项梁。详见《高祖本纪》。”

居鄛人范增[1]，年七十，素居家[2]，好奇计[3]。往说项梁曰：“陈胜败固当[4]。夫秦灭六国，楚最无罪。自怀王入秦不反[5]，楚人怜之至今[6]，故楚南公曰[7]，‘楚虽三户，亡秦必楚’也[8]。今陈胜首事，不立楚后而自立，其势不长。今君起江东，楚蜂午之将皆争附君者[9]，以君世世楚将，为能复立楚之后也[10]。”于是项梁然其言，乃求楚怀王孙心民间[11]，为人牧羊，立以为楚怀王，从民所望也[12]。陈婴为楚上柱国，封五县，与怀王都盱台[13]。项梁自号为武信君。

1. 居鄛人范增

索隐 晋灼音“剿绝”之“剿”。《地理志》居鄛县在庐江郡①，音巢，是故巢国，夏桀所奔。荀悦《汉纪》云：“范增，阜陵②人也。”

①居鄛县在庐江郡：《汉书·地理志》著录居巢县属庐江郡，谭其骧《中国历史地图集》标示在今安徽省桐城市南。居巢县，秦置。《中国古今

地名大辞典》著录居巢古邑在安徽省巢县东北五里。引《太平寰宇记》："古居巢城陷为巢湖。"据巢县、巢湖之名，古居巢不当在桐城南，疑《汉书·地理志》误。

②阜陵：县名，西汉置，属九江郡，晋废。秦时无阜陵县，地属历阳、居巢之间。阜陵县治在历阳县治之西二十里，今属安徽和县。

《新注》曰："居鄛：又作'居巢'，秦县名，县治在今安徽省巢县东北。范增：项羽的谋士。"

【存疑】

范增生地

梁玉绳曰："《索隐》引荀悦《汉纪》云阜陵人。阜陵属九江，居鄛乃庐江，未知孰是。"(《史记志疑》)按：若居巢古邑在今安徽巢县东北，汉时阜陵县由居巢与历阳分出而设置，则范增生地居巢与阜陵实为一码事。存疑待考。

2. 素居家

《新注》曰："素居家：一直隐居在家，即是一个布衣。"

3. 好奇计

《笺证》曰："好奇计：善为奇计。好：善，擅长。"

4. 陈胜败固当

正义 顾著作云："固宜当应败也。"当音如字。

《新注》曰："固当：在意料之中，本当如此。"

5. 自怀王入秦不反

《笺证》曰："怀王入秦不反：楚怀王，名熊槐，战国后期的楚国国君，前328—前299年在位。秦昭王诈设武关之会，邀怀王结盟。怀王至，昭王以兵拘之，向怀王要求割地，怀王不允，遂被幽禁，客死于秦。事见《楚世家》。"按：反，通"返"。

6. 楚人怜之至今

《新注》曰："楚人怜之至今：楚国人民至今热爱他。怀王以死抗暴秦，激发了楚国人民的爱国热情，故长久地怀念他。"

7. 故楚南公曰

集解 徐广曰："楚人也，善言阴阳。"骃案：文颖曰"南方老人也"。索隐 徐广云："楚人善言阴阳者。"见《天文志》也。正义 虞喜《志林》云："南公者，道士，识废兴之数，知亡秦者必于楚。"《汉书·艺文志》云《南公》十三篇，六国时人，在阴阳家流。

《新注》曰："楚南公：泛指楚国南方的老人，即老一辈的人。"《全注》曰："楚南公：楚国一位阴阳家。《汉书·艺文志》阴阳家类著录《南公》十三篇，注云'六国时人'。"按：三家注有两解，《新注》与《全注》各据一说，均通。

8. 楚虽三户，亡秦必楚

集解 瓒曰："楚人怨秦，虽三户犹足以亡秦也。"索隐 臣瓒与苏林解同①。韦昭以为三户，楚三大姓昭、屈、景②也。二说皆非也。按：左氏"以畀楚师于三户"，杜预注云"今丹水县北三户亭"，则是地名不疑。正义 按：服虔云"三户，漳水津也③"。孟康云"津峡名也，在邺西三十里"。《括地志》云"浊漳水又东经葛公亭北，经三户峡，为三户津，在相州滏阳县界"。然则南公辨阴阳，识废兴之数，知秦亡必于三户，故出此言。后项羽果度三户津破章邯军，降章邯，秦遂亡。是南公之善谶。

①臣瓒与苏林同：臣瓒曰："楚人怨秦，虽三户犹足以亡秦也。"此三户正解，为第一说。苏林语见《汉书·项籍传》注，曰："但今有三户在，其怨深，足以亡秦。"最后亡秦的陈涉、项羽、刘邦，全为楚人，恰证明了"楚虽三户，亡秦必楚"的预言。

②楚三大姓昭、屈、景：昭、屈、景为楚王室三大姓，楚庄王时，三大姓共掌政权。韦昭以三大姓坐实"楚虽三户"，为第二说，此说与文意不合，非是。

③三户，漳水津也：三户为漳水上的津渡名，钜鹿之战，项羽从三户津渡漳水击秦。此"三户亡秦"的第三说。泷川氏《考证》曰："三户者，言其少耳，乃虚设之辞。瓒说为是。若以为地名，'虽'字不通。"《史记》殿

本《考证》亦云："'三户'只依瓒说为是，作地名解，迂矣。"丹水县北亦有"三户"地名，此亦反证"三户"地名之说不通。项羽渡三户津，巧合罢了。丹水县之三户亭，在今河南淅川县境。

《新注》曰："楚虽三户，亡秦必楚：这是在楚国南方广泛流传的话，表现楚国人怨秦之深。三户，极言其少。"按：三户，三家注提出三说，此从臣瓒说，为通常之解。

9. 楚蜂午之将皆争附君者

【集解】如淳曰："蜂午犹言蜂起[①]也。众蜂飞起，交横若午，言其多也。"【索隐】凡物交横为午，言蜂之起交横屯聚也。故《刘向传》注云"蜂午，杂沓也"。又郑玄曰"一纵一横为午"。

①蜂起：群蜂飞舞。此用以解释"蜂午"。

《新注》曰："蜂午之将：四面八方的将领。蜂午，如群蜂纵横交错。午，纵横交错。"

10. 为能复立楚之后也

【正义】为，于伪反[①]。

①为，于伪反：读音 wèi，指行为的目的。

11. 乃求楚怀王孙心民间

《笺证》曰："楚怀王孙心，客死于秦国的楚怀王的孙子，名心。"

12. 立以为楚怀王[一]，从民所望也[二]

[一]【集解】徐广曰："此时二世之二年六月。"

[二]【集解】应劭曰："以祖谥为号者，顺民望。"

《全注》曰："楚怀王：熊心与其祖同号，是利用民间对楚怀王熊槐的怀念，加强号召力，扩大影响。"

【研讨】

立熊心为楚怀王之得失

范增劝说项梁立熊心为楚怀王，顺从百姓们的希望，的确起到了最大化动员楚地人民反暴秦的作用。项梁此举，示天下之人以无私，也能赢得诸侯的拥护，故项梁能名正言顺诛秦嘉。但项梁立楚怀王，置自己于臣子地位，不利于争天下，也是事实。范增此谋是一把双刃剑，有利亦有弊，善于应用，可去弊扬利，不善应用，则弊大于利，项羽不善用者也。昔贤多有评说。王鸣盛曰："六国之亡久矣，起兵诛暴秦不患无名，何必立楚后？制人者变为制于人，范增谬计，既误项氏，亦误怀王。"管同曰："'怀王入关不反，楚人怜之'，怜之者，特以愤秦之欺，而咎其君拒屈平之谠言，听子兰之佞说，轻其身以投虎口也；非有故主之思，遗民之痛，而增之劝立其后何哉？且夫楚固列国，非天下之共主，项氏欲亡秦而取其天下，则立楚王后仅以收其故族之心，鼓其遗民之痛，而所谓燕、韩、赵、宋、卫、中山之邦者于楚何怜？夫岂可得悉动耶？增之为谋于是乎悖矣。"凌稚隆曰："范增劝项氏第一事为立楚怀王，不知项世楚将，怀王立，则项当终其身为驱驰，增谓羽能堪之乎？必不能堪，则置怀王于何地？卒之羽弑怀王，而汉之灭羽始终以怀王为说，是怀王之立反为汉地耳。盖怀王立则项羽不能不弑逆；羽弑逆则羽不容不灭。然则项之所以失天下，非增之劝立怀王一事误之耶？"

13. 与怀王都盱台

集解 郑氏曰："音煦怡。" 正义 盱，况于反。眙，以之反。盱眙，今楚州，临淮水，怀王都之。

《新注》曰："盱台，即盱眙（xū yí）。台，乃'眙'之省。秦县名，县治在今江苏盱眙县东北。"

居数月，引兵攻亢父[1]，与齐田荣、司马龙且军救东阿[2]，大破秦军于东阿。田荣即引兵归，逐其王假[3]。假亡走楚，假相田角亡走赵。角弟田间故齐将，居赵不敢归[4]。田荣立田儋子市为齐王[5]。项梁已破东阿下军，遂追秦军，数使使趣齐兵，欲与俱西[6]。田荣曰："楚杀田假，赵杀田角、田间，乃发兵。"项梁曰："田假为与国之王，穷来从我[7]，不忍杀之。"赵亦不杀田角、田间以市于齐[8]。齐遂不肯发兵助楚。

1. 引兵攻亢父

正义 亢音"刚"，又苦浪反。父音"甫"。《括地志》云："亢父故城在兖州任城县南五十一里。"

《新注》曰："亢（gāng）父（fǔ）：秦县名，县治在今山东济宁市南。"

2. 与齐田荣、司马龙且[一]军救东阿[二]

[一] 正义 子余反。

[二] 正义《括地志》云："东阿故城在济州东阿县西南二十五里，汉东阿县城，秦时齐之阿也。"

《新注》曰："田荣：齐国王族后裔，与堂兄田儋，起兵反秦，据有齐地，奉田儋为齐王。章邯杀田儋，田荣逃至东阿。齐人拥立故齐王田建之弟田假为齐王，以田角为相，田间为将。后田荣逐走田假，立田儋子田市为齐王，自任相国，以弟田横为将。田假奔楚，田角、田间走赵，于是齐楚积怨。田荣等事迹详《田儋列传》。司马龙且：楚将龙且。时任楚司马，故称司马龙且。后从项羽，楚汉相争，为汉将韩信所杀。东阿：秦县名，县治即今山东阳谷县东北之阿城镇。"

【考辨】

项梁救东阿

项梁"与齐田荣、司马龙且军救东阿"，实际上是田荣被围于东阿，楚军解救东阿。李人鉴曰：《秦楚之际月表》云："二世二年六月，田儋救临济，章邯杀田儋。荣走东阿。七月，齐立田假为王，秦急围荣东阿。八月，楚救荣，得解。"《田儋列传》云："齐王田儋将兵救魏。章邯夜衔枚击，大破齐军，杀田儋于临济下。儋弟田荣收儋余兵走东阿。田荣之走东阿，章邯追围之。项梁闻田荣之急，乃引兵击破章邯军东阿下。”《汉书·项籍传》云：“章邯既杀齐王田儋于临济，田假复自立为齐王。儋弟荣走保东阿，章邯追围之。梁引兵救东阿，大破秦军东阿。”此皆谓项梁救田荣于东阿，而此《纪》乃云项梁与齐田荣、司马龙且军救东阿。二者互异，不知何故，疑此《纪》所云误。（《校读记》）

3. 逐其王假

《笺证》曰：“逐其王假，田荣出东阿之围后，引兵回齐，驱逐了田假，另立了田儋之子田市（fú）为王，自为齐相。”

4. 居赵不敢归

《笺证》曰：“居赵不敢归，时田间正为田假赴赵国求救，而国内田假被逐，田角遂留赵不敢归。”

5. 田荣立田儋子市为齐王

《全注》曰：“‘巿’（fú），与‘市’字异。当时人们常用此字取名。”

6. 数使使趣齐兵，欲与俱西

正义 下“使”，色吏反。趣，音“促”。

《笺证》曰：“多次派人来催促齐国出兵，一道西行击秦。数：频繁，屡屡。趣：通‘促’，催促。”

7. 田假为与国之王，穷来从我

集解 如淳曰：“相与交善为与国，党与也。” 索隐 按：高诱注《战国策》云“与国，同祸福之国也”。

《笺证》曰：“与国：友好同盟之国。穷来从我：走投无路的时候来投奔我。穷，困，走投无路。”按：《田儋列传》作“穷而归我”。王叔岷曰：“来犹而也。《始皇本纪》：‘已更命信宫为极庙。’《御览》八六引已下有来字，前言‘已来’犹‘已而’，此其验矣。本篇下文‘项王已定东海来西。’《刺客列传》：‘樊将军穷困来归丹。’来亦并与而同义。此义前人未发。”（《史记斠证》）

8. 赵亦不杀田角、田间以市于齐

集解 张晏曰："若市买相贸易以利也。梁救荣难，犹不用命。梁念杀假等，荣未必多出兵，不如依《春秋》寄公待以礼也，又可以贸易他利，以除己害，遂背德可辅假以伐齐，故曰市贸易也。"晋灼曰："假，故齐王建之弟，欲令楚杀之，以为己利，而楚保全不杀，以买其计，故曰市也。"

索隐 按：张晏云"市，贸易也"，韦昭云"市利于齐也"，故刘氏亦云"市犹要也"。留田假而不杀，欲以要胁田荣也。

［正义佚文］何休《公羊注》云："诸侯失上，义不可卑，故当待之如君。"

《新注》曰："以市于齐：以此讨好齐国。"《笺证》曰："市：交易。师古曰：市者，以角、间市取齐兵也。"

【研讨】

市于齐

楚不杀田假，赵不杀田角、田间，重义轻利，不与田荣做这桩买卖。张晏认为，田荣唯利是图，不感念项梁救己于难，即使楚杀田假，赵杀田角、田间，田荣也不肯多发兵，与其不义而无多大实惠，不如重义留下田荣政敌以图后利，即项梁"留田假而不杀，欲以要胁田荣也"。政治斗争，如同买卖，双方均要用最小代价谋求最大利益。田荣拙，项梁巧。大敌当前而内讧，渔人得益，是以项梁败于定陶也。

项梁使沛公及项羽别攻城阳[1]，屠之。西破秦军濮阳东[2]，秦兵收入濮阳[3]。沛公、项羽乃攻定陶[4]。定陶未下，去，西略地至雍丘[5]，大破秦军，斩李由[6]。还攻外黄[7]，外黄未下。

1. 项梁使沛公及项羽别攻城阳

正义 《括地志》云："濮州雷泽县，本汉城阳，在州东① 九十一里。《地理志》云城阳属济阴郡，古郕伯国，姬姓之国。《史记》周武王封季弟载于郕，其后迁于城之阳，故曰城阳。”

①州东：《管蔡世家》、《淮阴侯列传》之《正义》引《括地志》作“州东南”。

《笺证》曰：“别攻城阳：另率一支人马攻取城阳。城阳，秦县名，也作‘成阳’，县治在今山东省鄄城县东南。”

2. 西破秦军濮阳东

［二］正义《括地志》云：“濮阳县在濮州西八十六里濮县也[①]，古吴之国[②]。”按：攻城阳，屠之，西破秦军濮阳县也。东即此县东。

①濮县：《考证》水泽利忠出校补，当作“濮阳县”。

②古吴之国：“吴”，当作：“昆吾”。《楚世家正义》引《括地志》：“濮阳县，古昆吾国也。”

《笺证》曰：“濮阳：秦县名，县治在今河南省濮阳县西南，其县也是当时东郡的郡治所在地。”

3. 秦兵收入濮阳

《笺证》曰：“秦兵收入濮阳，秦兵遂退入濮阳城内据城而守。”按：“收”，谓收缩入城。

4. 项羽乃攻定陶

正义定陶，曹州城也。从濮阳南攻定陶[①]。

①从濮阳南攻定陶：秦兵固守濮阳，项羽南下攻定陶。

《新注》曰：“定陶：秦县名，县治在今山东定陶县西北。定陶为交通要枢，秦重兵驻守之地。”

5. 西略地至雍丘

正义雍丘，今汴州县也。《地理志》云“古杞国，武王封禹后于杞，号东楼公，二十一世简公为楚所灭”，即此城也。

《新注》曰：“雍丘：秦县名，即今河南杞县。”

6. 大破秦军，斩李由

集解 应劭曰："由，李斯子也。"

《笺证》曰："据《秦楚之际月表》，刘邦、项羽大破秦军于雍丘、斩李由事，在秦二世二年八月。李由，秦丞相李斯之子，时为三川郡（郡治洛阳）的郡守。"

7. 还攻外黄

正义《括地志》云："故周城即外黄之地，在雍丘县东。"张晏曰："魏郡有内黄县，故加'外'也。"臣瓒曰："县有黄沟，故名。"

《笺证》曰："还攻外黄，回师攻取外黄。外黄：秦县名，县治在今河南省民权西北。"按：外黄在雍丘东北，故称"还攻"。

项梁起东阿，西，比至定陶[1]，再破秦军，项羽等又斩李由，益轻秦[2]，有骄色。宋义乃谏项梁曰[3]："战胜而将骄卒惰者败。今卒少惰矣[4]，秦兵日益[5]，臣为君畏之。"项梁弗听，乃使宋义使于齐。道遇齐使者高陵君显[6]，曰："公将见武信君乎?"曰："然。"曰："臣论武信君军必败[7]。公徐行即免死，疾行则及祸[8]。"秦果悉起兵益章邯，击楚军，大破之定陶，项梁死[9]。沛公、项羽去外黄攻陈留[10]，陈留坚守，不能下。沛公、项羽相与谋曰："今项梁军破[11]，士卒恐。"乃与吕臣军俱引兵而东[12]。吕臣军彭城东，项羽军彭城西，沛公军砀[13]。

1. 项梁起东阿，西，比至定陶

《笺证》曰："起东阿：由东阿出发。西，比至定陶：向西进兵等打到定陶的时候。比，及。”

2. 益轻秦

《笺证》曰：“益轻秦，谓项梁于连续获胜后遂越来越轻视秦朝军队。”

3. 宋义乃谏项梁曰

《全注》曰：“宋义：据荀悦《汉纪》，为战国时楚令尹。”

4. 今卒少惰矣

《全注》曰：“今卒少惰矣，实际上是楚军最高将领项梁骄傲轻敌，宋义委婉其词，说是士卒稍有懈惰。”《新注》曰：“少惰矣：少，同‘稍’。惰，松懈，涣散。”吴见思曰：“本言将骄，讳而言卒，辞令之妙。”

5. 秦兵日益

《新注》曰：“日益：一天天得到增援。”

6. 道遇齐使者高陵君显

集解 张晏曰：“显，名也。高陵，县名。”索隐 按：晋灼云“高陵属琅邪[①]”。

①高陵属琅邪：高陵，秦县名，属汉琅邪郡。《汉书·地理志》琅邪郡有高陵，曾为侯国，王莽时称蒲陆。今地已不能确考。

《新注》曰：“高陵君显：高陵君是封号，显为人名，史失其姓。”

7. 臣论武信君军必败

《新注》曰：“论：断定。”

8. 公徐行即免死，疾行则及祸

《笺证》曰：“意谓项梁那里很快就要出问题，你如果走慢点，可以躲过去；如果到得早，很可能就要跟着倒霉了。”《新注》曰：“徐行：缓慢地行走，故意滞留时日。”

9. 秦果悉起兵益章邯，击楚军，大破之定陶，项梁死

《史记斠证》曰：“击楚军：《汉书》击上有‘夜衔枚’三字。

《高祖本纪》亦云：‘秦益章邯兵，夜衔枚击项梁。’又见《汉书·高帝纪》。”按：“夜衔枚”三字极为重要，表明项梁轻敌，疏于戒备，遭偷袭而败。《笺证》曰：“据《秦楚之际月表》，项梁兵败被杀在秦二世二年九月。”姚苎田曰：“宋义语只是寻常见识，幸而中，亦不幸而中，卒以此杀其身也。”（《史记菁华录》）

10. 沛公、项羽去外黄攻陈留

《笺证》曰：“去外黄攻陈留：撤出围攻外黄的军队，转攻陈留。陈留，秦县名，县治在今河南省开封市东南。”

11. 今项梁军破

【研讨】

刘邦、项羽对话，直呼项梁之名，是史公误书，还是纪实，论者纷纭。凌稚隆《史记评林》引董份曰：“项羽不宜自称季父之名，沛公于羽前亦必不名其季父，‘项梁’字误也。”陈仁锡曰：“‘项梁’当作‘武信君’。”梁玉绳曰：“《高纪》项羽曰‘怀王者吾家项梁所立’，与此同误。”（《史记志疑》）王叔岷曰：“沛公、项羽并目无尊长者，直称项梁，史公盖纪实也。《通鉴》改作‘闻武信君死，士卒恐。’且不以为沛公、项羽语，非《史记》之旧。”（《史记斠证》）按：王叔岷氏说意味悠长。

12. 乃与吕臣军俱引兵而东

《新注》曰：“吕臣：原为陈涉侍从，陈涉兵败后，吕臣收合残部抗秦，后投项梁。引兵而东：向东撤退，作战略转移。”郭嵩焘曰：“前云‘渡江而西’，引兵而西是进军；此云‘引兵而东’，自是退军”。（《史记札记》）何焯曰：“一路向西北，乃‘引兵而东’，暂以兵败也。”

13. 吕臣军彭城东，项羽军彭城西，沛公军砀

[集解]应劭曰：“砀[①]，属梁国。”苏林曰：“砀音唐。”[正义]《括地志》云：“宋州砀山县，本汉砀县也，在宋州东百五十里。”

①砀（dàng）：秦县名，县治在今河南省夏邑县东。郭嵩焘曰：“彭城为

初渡江时并秦嘉军处，沛公、项羽之谋，谋退军以避秦也，史公欲不明言之，方叙项羽初起气胜，故止用热烘烘叙去。”（《史记札记》）

《新注》曰：“军：驻扎。这一句三个‘军’字均作动词用。”

【考辨】

秦汉之际两吕臣

《史记·高祖功臣侯者年表》有宁陵侯吕臣，《表》云：“以舍人从陈留，以郎入汉，破曹咎成皋，为上解随马，〔以〕都尉击陈豨功侯，千户。”此吕臣是追随汉高祖刘邦征战的功臣侯，与陈涉部将，后为楚怀王司徒的吕臣不是一个人。楚司徒吕臣，除本篇《项羽本纪》外，又见于本书《高祖本纪》、《陈涉世家》、《黥布列传》，据各篇所载，吕臣追随陈涉起义为将军，陈涉死，从项梁，项梁死后，吕臣与项羽、刘邦三人均为楚怀王将，地位相埒，三人各率一军，是反秦的三支主要军事力量。楚怀王遣将灭秦，项羽与宋义北上救赵，刘邦西进击秦，吕臣为司徒驻留彭城。《表》云“以舍人从陈留”之吕臣，在刘邦为汉王之前，刘邦为汉王之后，吕臣才“以郎入汉”，楚司徒之吕臣不可能为沛公刘邦之臣，故秦汉之际有两吕臣。楚怀王倚吕臣为柱石，疑与怀王一起遇害，故事迹不显。

章邯已破项梁军，则以为楚地兵不足忧，乃渡河击赵[1]，大破之。当此时，赵歇为王，陈馀为将，张耳为相[2]，皆走入钜鹿城[3]。章邯令王离、涉间围钜鹿[4]，章邯军其南，筑甬道而输之粟[5]。陈馀为将，将卒数万人而军钜鹿之北[6]，此所谓河北之军也[7]。

1. 渡河击赵

《笺证》曰：“渡河：谓北渡黄河。”

2. 赵歇为王，陈馀为将，张耳为相

《全注》曰："赵歇：战国时赵国贵族后裔。陈胜起义后，派武臣招抚赵国故地，武臣至邯郸，自立为赵王，不久被害，武臣的校尉陈馀、张耳立赵歇为赵王。"

【考辨】

陈馀为赵将

梁玉绳曰："陈馀是时将兵在钜鹿北，未入钜鹿城，此'陈馀为将'四字因下文有之而重出者，当衍，去。"（《史记志疑》）徐孚远曰："陈馀将兵在外，未入钜鹿城，此语误。"（《史记测义》）。按：梁、徐二氏之说未当。李人鉴曰："当歇为赵王时，陈馀之为将，张耳之为相，自不待言。此《纪》叙章邯已破项梁军，乃渡河击赵，大破之，以上文未言及歇为赵王事，故有'当此时，赵歇为王，陈馀为将，张耳为相'诸语，用作交代。然则《本纪》于此处言'陈馀为将'，理当有之，不得以为衍文也。"（《太史公书校读记》）。李氏之说合于文意。但李氏认为下文"陈馀为将"重出"为将"二字为衍文亦未周。张照曰："赵王将相，皆入钜鹿城，故章邯令王离、涉间围钜鹿。陈馀为将，故北收常山兵数万，军钜鹿北。围固非顷刻可合也，馀之得出而收兵固也。叙王与将相，固不得独舍将不言。而馀之军钜鹿北，以为将故，则又不得不重叙也。"（《史记殿本考证》）

3. 皆走入钜鹿城

《笺证》曰："张耳、陈馀拥立赵歇为王，都邯郸，事在秦二世二年正月。走入钜鹿城，谓赵歇先在邯郸战败，东北逃入钜鹿城，事在秦二世二年闰九月。钜鹿：秦县名，亦为钜鹿郡的郡治，在今河北平乡西南，当时邯郸城的东北。"

4. 章邯令王离、涉间围钜鹿

集解 张晏曰："涉，姓；间，名。秦将也。"

《新注》曰："王离、涉间：两人为秦驻守长城之将，这时南下与章邯北渡河之秦军会合，夹击赵国。王离为王翦之孙。"

【研讨】

章邯节制王离

张传玺《秦汉问题研究》认为王离不是章邯的部下，应是与章邯平行的两路秦军，王离的地位比章邯高，不当听令于章邯。按：其说未当。章邯受二世之命为讨逆总司令，王离奉命入援，自然要听令于章邯。

5. 筑甬道而输之粟

集解 应劭曰："恐敌抄辎重，故筑墙垣如街巷也。"

《新注》曰："甬道：两旁有墙垣保护的交通线。"按：章邯驻军棘原，在漳南，王离围攻钜鹿在漳北。甬道连接两支秦军，因此，漳水南北皆有甬道。

6. 陈馀为将，将卒数万人而军钜鹿之北

周尚木曰："陈馀为将：'为将'二字衍。上既云'陈馀为将，张耳为相'，此不必再云'陈馀为将'矣。《汉书》作'陈馀将卒数万人'，语极明了。"（《史记识误》）按：史公好重言，以增强语势，"为将"二字未必为衍文。《汉书》省约，乃班氏之文风。张照云："上文叙王与将相，固不得独舍将不言，此则馀军钜鹿北，以为将故，则又不得不重叙。"（《殿本考证》）张氏之言，不得以"支离之论"而非之。

7. 此所谓河北之军也

《笺证》曰："当时义军以楚、齐、赵三地者为劲旅，亦为各地所盛传，今楚、齐皆破，独存赵军，故敌我双方皆瞩目之。"

【研讨】

钜鹿之战态势

钜鹿之战态势，须互见《陈馀传》才能明了。郭嵩焘曰："《陈馀传》言：'陈馀乃北收常山军，得数万人，军钜鹿之北。'又言：'张敖亦北收代兵，得万人，与燕、齐兵救赵者皆壁馀旁。'其云'河北之军'者，陈馀北收常山一军，张敖北收代一军，及燕、齐兵皆在钜鹿北，项羽独军漳南，与秦兵相拒。《陈馀传》

云：‘项羽军数绝章邯甬道，王离军乏食，项羽乃悉引兵渡河，破章邯军。章邯引兵解，诸侯兵乃敢击围钜鹿秦军。’是项羽战功全在漳南。盖章邯军棘原而筑甬道属之河以饷王离军，河南、北甬道必设重兵，《陈馀传》所云‘项羽数绝秦甬道者’，漳南之甬道也，渡河破章邯军，即此所谓；‘九战绝其甬道’，又河北之甬道也。”（《史记札记》）按：郭氏研讨极是。据此，钜鹿之战，双方列阵，共有四支军队。秦军两支，王离军围攻钜鹿，驻军钜鹿之南，在漳水之北，章邯军夹漳水而军为王离军后援，驻军漳南之棘原。起义军两支，以陈馀率领的赵军及诸侯之军为河北之军，驻军钜鹿之北，项羽率领的楚军在漳南。两支秦军相包成一集团，军力集中，是其优势，但遭夹击，又是劣势；两支起义军被秦军与漳水分割，是其劣势，但依托坚城钜鹿中心吸引秦军，河北、河南两支义军在外包围，内外夹击秦军，又是其优势。项羽先断秦军甬道，疲惫王离军，然后集中兵力与河北之军共战王离，灭其一支，于是取得钜鹿大胜。《项羽本纪》突出项羽破灭王离之功，故略写漳南之战以及陈馀并力攻钜鹿秦军，而以“此所谓河北之军也”特笔张扬陈馀之功。郭嵩焘谓“其于陈馀一军特云‘此所谓河北之军也’，以明钜鹿之战得力处，全在绝秦甬道，项羽实独任之，与河北之军无涉”。此论未周。

楚兵已破于定陶，怀王恐，从盱台之彭城，并项羽、吕臣军自将之[1]。以吕臣为司徒[2]，以其父吕青为令尹[3]。以沛公为砀郡长[4]，封为武安侯，将砀郡兵[5]。

1. 并项羽、吕臣军自将之

《新注》曰：“自将之，怀王自将，夺项氏兵权。”

【研讨】

董份曰：“楚怀王拥虚器于上而能并将羽军，易置诸侯，可谓武矣。惜其终制于羽，势重不反，卒亡其躯，悲夫！”杨慎曰：

"羽甚桀，牧羊儿乃能夺其将军之，殆倚重沛公故。"（《史记评林》引）韩兆琦曰："由此益见怀王非徒拥虚名之傀儡，而是确有相当的实力；亦可由此想象异日项羽杀害怀王的后果非同一般。项羽与怀王的怨隙自此夺军始。"（《史记笺证》）

2. 以吕臣为司徒

《全注》曰："司徒，不是通常所说的六卿之一的司徒。当时楚怀王心所置官因袭战国时楚国旧制，此司徒当是楚官，主管后勤军需之类。"

3. 以其父吕青为令尹

集解 应劭曰："天子曰师尹，诸侯曰令尹，时去六国尚近，故置令尹。"瓒曰："诸侯之卿，唯楚称令尹。时立楚之后，故置官司皆如楚旧。"

《新注》曰："令尹：战国时楚官名，掌政务，位同丞相。"

4. 以沛公为砀郡长

集解 苏林曰："长如郡守也。"

《新注》曰："砀郡长：即砀郡郡守。"《笺证》曰："秦时的砀郡治睢阳，在今河南商丘县城南。"

5. 将砀郡兵

《笺证》曰："将砀郡兵，当项羽的兵权被剥夺，而刘邦则被委以'将砀郡兵'，怀王亲近刘邦的意向分明。"

初[1]，宋义所遇齐使者高陵君显在楚军，见楚王曰："宋义论武信君之军必败，居数日，军果败。兵未战而先见败征，此可谓知兵矣[2]。"王召宋义与计事，而大悦之，因置以为上将军[3]；项羽为鲁公[4]，为次将[5]，范增为末将[6]，救赵。诸别将皆属宋义[7]，号为卿子冠军[8]。行至安阳，留四十六日不进[9]。项羽曰："吾闻秦军围赵王钜鹿，疾引兵渡河，楚击其外，赵应其内，破秦军必矣。”宋义曰：“不然。夫搏牛之虻不可以破虮虱[10]，今秦攻赵，战胜则兵疲，我承其敝[11]；不胜则我引兵鼓行而西[12]，必举秦矣[13]。故不如先斗秦、赵[14]。夫被坚执锐[15]，义不如公；坐而运策，公不如义。”因下令军中曰：“猛如虎，很如羊，贪如狼，强不可使者，皆斩之[16]！”乃遣其子宋襄相齐[17]，身送之至无盐[18]，饮酒高会[19]。天寒大雨，士卒冻饥。项羽曰：“将戮力而攻秦[20]，久留不行[21]。今岁饥民贫，士卒食芋菽[22]，军无见粮[23]，乃饮酒高会，不引兵渡河因赵食[24]，与赵并力攻秦，乃曰‘承其敝’。夫以秦之强，攻新造之赵[25]，其势必举赵。赵举而秦强，何敝之承！且国兵新破[26]，王坐不安席，扫境内而专属于将军[27]，国家安危，在此一举。今不恤士卒而徇其私[28]，非社稷之臣[29]。”项羽晨朝上将军宋义[30]，即其帐中斩宋义头[31]，出令军中曰：“宋义与齐谋反楚[32]，楚王阴令[33]羽诛之。”当是时，诸将皆慑服[34]，莫敢枝梧[35]。皆曰：“首立楚者，将军家也。今将军诛乱[36]。”乃相与共立羽为假上将军[37]。使人追宋义子，及之齐[38]，杀之。使桓楚报命于怀王，怀王因使项羽为上将军[39]，当阳君[40]、蒲将军皆属项羽。

1. 初

《笺证》曰：“初：犹言‘前者’，历史家追述前事，常以

'初'字领起，用法始见于《左传》。"

2. 此可谓知兵矣

《新注》曰："知兵：懂得用兵，会打仗。"

3. 因置以为上将军

《新注》曰："上将军：主帅。"《笺证》曰："非固定官名，盖令其位居诸侯将之上，以统领诸将而言。"

4. 项羽为鲁公

《笺证》曰："鲁公：鲁县县令，当时的鲁县即今山东曲阜市。"《全注》曰："鲁公：据《高祖本纪》，楚怀王以刘邦为砀郡长，封为武安侯时，就封项羽为长安侯，号为鲁公。"按：项羽与刘邦并肩作战，项羽为主帅刘邦为之副。楚怀王并军后，封拜刘邦为郡长，为一军之主将，而封拜项羽为县长，隶属于宋义为副将，楚怀王忌惮压抑项羽之心已昭然若揭。

5. 为次将

《全注》曰："次将：地位仅次于上将军，相当于副帅。"

6. 范增为末将

《全注》曰："末将：地位低于次将，高于统领一个方面军的别将，与后世偏裨将校自我谦称的末将有所区别。"

7. 诸别将皆属宋义

《笺证》曰："诸别将：除怀王已有专门任命（如刘邦）之外的其他楚军诸将。"

8. 号为卿[一]子冠军[二]

〔一〕集解 徐广曰："一作'庆'①。"

①一作"庆"：王叔岷曰："庆、卿古通用。"（《史记斠证》）

〔二〕集解 文颖曰："卿子，时人相褒尊之辞，犹言公子也。上将，故言冠军。"张晏曰："若霍去病功冠三军，因封为冠军侯，至今为县名。"

《新注》曰："卿子冠军：卿子，是当时对男子的尊称，犹如称‘公子’，这里含有风流倜傥的意思。宋义以一介书生为上将军，故人称‘卿子冠军’。”按：“上将军”，为全军最高统帅，故言冠军也。《史记评林》引穆文熙曰：“楚王拜义为大将亦甚轻易，羽于此时必有不平之意，故于救赵时竟斩之也，岂独以其迟留哉？”

9. 行至安阳，留四十六日不进

索隐 按：《傅宽传》云“从攻安阳、扛里①”，则安阳与扛里俱在河南。颜师古以为今相州安阳县②。按：此兵犹未渡河，不应即至相州安阳。今检《后魏书·地形志》云“己氏有安阳城③，隋改己氏为楚丘”，今宋州楚丘西北四十里有安阳故城是也。正义《括地志》云：“安阳县，相州所理县。七国时魏宁新中邑，秦昭王拔魏宁新中，更名安阳。”《张耳传》云章邯军钜鹿南，筑甬道属河，饷王离。项羽数绝邯甬道，王离军乏食。项羽悉引兵渡河，遂破章邯，围钜鹿下。又云渡河湛船，持三日粮。按：从滑州白马津赍三日粮不至邢州，明此渡河，相州漳河④也。宋义遣其子襄相齐，送之至无盐⑤，即今郓州之东宿城是也。若依颜监⑥说，在相州安阳，宋义送子不可弃军渡河，南向齐，西南入鲁界，饮酒高会，非入齐之路。义虽知送子曲，由宋州安阳理顺，然向钜鹿甚远，不能数绝章邯甬道及持三日粮至也。均之二理，安阳送子至无盐为长。济河绝甬道，持三日粮，宁有迟留？史家多不委曲说之也。

①扛里：秦县名，在安阳县北，今山东鄄城县南。扛里与安阳，两县相邻，均在黄河之南。

②相州安阳：即今河南安阳市，在黄河之北，按：《汉书》项传颜注误。

③己氏有安阳城：己氏，春秋时古邑名，隋置楚丘县，在今山东曹县东南。楚丘西北的安阳古城即宋义楚军安营处。

④相州漳河：黄河北支流，源出山西，流经今河北临漳县南，再东此流经广宗、枣强、景县入于河。

⑤无盐：秦县名，在安阳古邑东北，今山东郓城县东，东平县东南。

⑥颜监：即颜师古。颜师古一度任职秘书省少监，故以颜监称之。

《新注》曰：“安阳：古邑名，在今山东曹县东北。”

【考辨】

一、行至安阳

宋义驻军安阳，在黄河之南，今山东曹县东北，古安阳邑，《索隐》所说不误。颜师古《汉书》项传注，认为在黄河北相州安阳，今河南安阳市。颜氏依据项羽数绝秦章邯军甬道，渡河持三日粮与秦军决战，在河南安阳古邑甚远，遥不相及。郭嵩焘《史记札记》支持颜说，其言曰："案钜鹿之战所云渡河者，漳水也，与大河相距绝远。由彭城北救钜鹿，岂能不径河而北？《索隐》误矣。"《正义》支持《索隐》，以宋义送子至无盐，必是由黄河之南宋州安阳于理为顺。两者又皆困惑于项羽未曾渡黄河。项羽数绝秦军甬道，渡漳河持三日粮，是在杀宋义夺楚军之后，史公省文，项羽渡黄河过程未书而已。颜师古未细察，失之毫厘，谬以千里。

二、留四十六日不进

李人鉴曰：《始皇本纪》云："子婴为秦王四十六日，楚将沛公破秦军，入武关，遂至霸上。"《白起王翦列传》云："赵卒不得食四十六日，皆内阴相杀食。"此《纪》云："行至安阳，留四十六日不进。"此皆史公书中言"四十六日"者。史公何以不言"月余"，而必云"四十六日"，且何以三事皆适为四十六日？岂古人亦有以"四十六日"表虚数者邪？余未敢断言其必如是也。《汉书·项籍传》作"至安阳，留不进"，无"四十六日"四字。（《校读记》）按：史公三言"四十六日"，是巧合，还是别有意义，存疑待考。

10. 夫搏牛之虻不可以破虮虱

[集解]如淳曰："用力多而不可以破虮虱，犹言欲以大力伐秦而不可以救赵也。"[索隐]张晏云："搏音博。"韦昭云"虻大在外，虱小在内"。故颜师古言"以手击牛之背，可以杀其上虻，而不能破其内虱，喻方欲灭秦，不可与章邯即战也"。邹氏搏音附[①]。今按：言虻之搏牛，本不拟破其上之虮虱，以言志在大不在小也。

①邹氏搏音附：搏，打击。邹诞生读搏为“附”，指附着。谓牛虻附着在骥尾上可以行千里。王叔岷《史记斠证》引《刘子·托附篇》“搏牛之虻，飞极百步；若附鸾尾，则一翥万里”以为证。按：邹氏音不合文义，非是。鸾，凤凰类的大鸟。

《新注》曰：“咬牛的牛虻却不能够咬破小小的虱子。牛虻喻秦军，虮虱喻钜鹿，城小而坚，秦军屯于坚城之下，不能马上攻破它，即使攻破了，也必然疲敝。虮，虱卵。虮虱，虱子的统称。”

【研讨】

搏牛之虻不可以破虮虱

“搏击之虻不可以破虮虱”，旧解有四说，皆不合文义。其一，如淳曰云云，谓用力多不可以破虮虱，喻大力伐秦而不可救赵，比喻不明，逻辑紊乱，此解不可通。用力者为谁？虻与虮虱喻谁？大力伐秦之军，为何不能破章邯？此如淳之解不可通处。其二，颜师古言云云，谓以手击牛之背，可杀虻而不能灭虮虱，则是以虻喻秦，虮虱喻章邯，用力者为灭秦之楚军，若尽力与章邯战，“或未能擒，徒费力也”（按：此二句三家注未引），不仅解说勉强，而且引进了用力者，不合原意。“搏牛之虻”为主语，而不是“用力者”为主语。其三，《索隐》按，即司马贞之解，谓牛虻咬牛，不去伤害虮虱，以喻志在大不在小，也就是意在灭秦，不在于与章邯一战。合于文义而比喻不当，此解以牛虻喻楚军，牛喻秦，章邯喻虮虱。其四，邹氏解搏为附，亦非。按：《新注》以牛虻喻章邯、王离等率领的秦军，能咬牛而不能咬牛身上的虮虱，虮虱喻钜鹿，城小而坚，秦军屯于坚城之下，必将疲惫，此为正解，合于宋义冷眼旁观，坐收渔人之利的说话。

11. 我承其敝

《新注》曰：“承其敝：趁秦军疲敝之时击灭之。”

12. 不胜则我引兵鼓行而西

《新注》曰：“鼓行而西：大张旗鼓地向西进兵。”

13. 必举秦矣

《新注》曰：“举：攻取。”

14. 故不如先斗秦、赵

《笺证》曰："先斗秦赵：先让秦、赵两方彼此相斗。"凌稚隆引董份曰："宋义之谋即亚夫委梁于吴、楚之说，然吴、楚骤合兵战梁地，势不可久，而梁力足与持，故亚夫策之而胜；今诸侯乌合，不可以当秦，而秦自战其地，久则兵益而势甚，故羽以为不如速攻。兵机得失，同事异形，决于毫发。"

15. 夫被坚执锐

《新注》曰："被坚执锐：身穿铁甲，手执兵器，即冲锋陷阵。被：通'披'。锐：锐利的兵器。"

16. 猛如虎，很如羊[一]，贪如狼[二]，强不可使者，皆斩之

[一] 正义 很，何恳反。

[二] [正义佚文] 羊性狠戾不慎也。《大戴礼》云："虎狼生而有贪婪之心。"

《新注》曰："很如羊：如羊相斗之凶狠。很，《说文》云：'很，不听从也。'如此，则是执拗不听指挥之意。与下句'强不可使者'重复。'猛如虎，很如羊，贪如狼'，皆以生活实际言，当是流行的俗语，两羊相斗，先退后冲，十分凶狠。很，通'狠'。"张家英曰："《史记》中未用'狠'字。"《说文·犬部》："'狠，犬斗声。'许书'很、狠'义别。'很如羊'之'很'，即违拗、不服从之义。"(《史记疑诂》)录以备考。《笺证》曰："强不可使：执意专行，不服指挥。"按：此令句句暗指项羽。史珥曰："此令明为项羽而设，杀义，势迫之也。"(《四史剿说》)

17. 乃遣其子宋襄相齐

《笺证》曰："遣其子宋襄相齐：凌稚隆引屠隆曰：'楚不杀田假，齐不发兵助楚，两国固有隙者，义何遣子相之？此羽斩义声其罪曰'与齐谋反'者也。徐孚远曰：'田荣与项梁有隙，梁死楚弱，宋义欲结援于齐，以子相之。'此亦一说。"《全注》曰："相齐：意谓协助齐国，并非任齐国相。田荣驱逐田假，田假依附项梁，田荣

遂不肯发兵助楚，这自然会导致项羽和田荣关系不睦。宋义派遣他的儿子宋襄相齐，是为了结好田荣，控制项羽。”

18. 身送之至无盐

索隐 按：《地理志》东平郡之县，在今郓州[①]之东也。

①郓州：郓，春秋时鲁邑，隋置郓州，旧治在今山东郓城县东十六里。无盐，在郓州之东。

《笺证》曰：“身：亲自。”《全注》曰：“无盐：战国齐邑，西汉置为县，在今山东东平县东南。”

19. 饮酒高会

集解 韦昭曰：“皆召尊爵，故云高。” 索隐 韦昭曰：“皆召高爵者[①]，故曰高会。”服虔云：“大会是也。”

①高爵者：有高级爵位之人。韦昭谓高爵之人聚会叫高会，非是。《新注》从服虔之说，高会，即大会，是。

《新注》曰：“大摆筵席，广会宾客。”

20. 将戮力而攻秦

王叔岷曰：“将：犹当也。”（《史记斠证》）《新注》曰：“戮力：合力、并力。”

21. 久留不行

《新注》曰：“长久屯驻，不向前进军。”

22. 士卒食芋菽

集解 徐广曰：“芋，一作‘半[①]’。半，五升器也。”骃案：瓒曰“士卒食蔬菜，以菽杂半之”。索隐 芋，蹲鸱也。菽，豆也。故臣瓒曰“士卒食蔬菜，以菽半杂之”，则芋菽义亦通。《汉书》作“半菽”。徐文曰：“芋，一作‘半’。半，五升也。”王劭曰：“半，量器名，容半升也。”

①芋，一作半：指有古本《史记》，芋字作半。《汉书》正作“半”。半，量器名，徐广谓容五升，王劭谓容半升。粮食五升，当今一千二百八十克，半升合一百二十八克，合市斤二两半。

《笺证》曰：“芋：芋头，此处代指蔬菜、野菜。”《新注》

曰："菽：豆类。"

【研讨】

士卒食芋菽

依旧注有两解。其一，裴骃《集解》引徐广云："'芋'，一作'半'。"是古本《史记》有作"半"者。《汉书·项籍传》亦作"半"。"半"，量器名，容半升。"半菽"，即半升菽。士卒食半升菽，不足饱腹。其二，"芋"，即芋头，又称芋艿，属于蔬菜类。"菽"，豆类。"芋菽"，意谓蔬菜杂半豆类而食。两说皆通，而后义为长，本书所取。

23. 军无见粮

正义 胡练反。颜监云："无见在之粮。"

《新注》曰："见粮：存粮。见，读'现'。"

24. 不引兵渡河因赵食

《新注》曰："因赵食：依靠赵地的粮食以饷军。"

25. 攻新造之赵

《笺证》曰："新建立的赵国，时赵歇等建国仅九个月，故称'新造'。"

26. 且国兵新破

《新注》曰："指楚军在定陶之败。国兵，楚人自称。"

27. 扫境内而专属于将军

《新注》曰："扫境内：倾一国之兵交给了宋义指挥。扫，悉数。境内，全国。"

28. 今不恤士卒而徇其私

索隐 私，谓使其子相齐，是徇其私情。崔浩云："徇，营①也。"

①营：图谋，经营。

《新注》曰："恤：体怜。徇其私：徇私情，指宋襄相齐事。这里的'徇'作图谋解，与前'徇下县'、'徇广陵'的'徇'不同。"

29. 非社稷之臣

《新注》曰："社稷之臣：忠于国家，能与国家共存亡的大臣。社稷，帝王祭祀社神和谷神的坛，国亡则社稷不祀，故以社稷指代国家。"

30. 项羽晨朝上将军宋义

《笺证》曰："朝：参见。"赵翼曰："古时凡诣人皆曰朝，《吕览》'尧朝许由于沛泽之中'是也；秦汉时僚属谒长官亦曰朝，《史记》'项羽晨朝上将军'是也。"

【考辨】

"朝"字之古义

张家英曰："朝"（cháo）字古有"拜见，拜访"之义。《正字通·月部》："朝，同类往见曰朝。"《谷梁传》桓公九年："诸侯相见曰朝。"《谷梁传》僖公五年同又用于卑者见尊者。如下级见上级，本例即其中之一。又子媳向公婆请安古代也可称"朝"。《国语·鲁语下》："公父文伯退朝，朝其母，其母方绩。"即其显著一例。至专用于臣见君，则古已有之，越往后越成为专利。《司马相如列传》："临邛令缪为恭敬，日往朝相如。"这显然是运用古义，是对司马相如的抬高。（《史记疑诂》）

31. 即其帐中斩宋义头

《新注》曰："帐中：宋义所住的中军营帐。"

32. 宋义与齐谋反楚

《笺证》曰："谋反：凡发动政变、兵变夺权，未有不诬对方为'谋反'者。"

33. 阴令

《新注》曰："阴令：密令。"

34. 诸将皆慑服

《笺证》曰："慑服：畏惧，服从。"

35. 莫敢枝梧

集解 如淳曰："梧，音悟。枝梧犹枝捍也。"瓒曰："小柱为枝，邪柱为梧，今屋梧邪柱是也。"正义 枝音之移反。梧，音"悟"。

《新注》曰："枝梧：枝为架屋之小柱，梧为斜柱。枝梧，支撑屋盖，引申为抵触、抗拒。"按：枝梧，也写作"支吾"。

36. 皆曰：首立楚者，将军家也。今将军诛乱

《笺证》曰："今将军诛乱：此句语气未完，下面应有'固宜为上将军'云云，因与下面的叙述句重复，故而省略对话，单由叙述语补足。此种例子《史记》多有。"按：此为半句话，史公摩写当时诸将仓皇失措之态，张口结舌乃有半句话，然后以叙述语补足。郭嵩焘曰："数语写得诸将气夺。"（《史记札记》）

37. 乃相与共立羽为假上将军

正义 未得怀王命也。假，摄也。

《新注》曰："假上将军：代理上将军。假，权摄，代理。"郭嵩焘曰："项羽之为假上将军，亦自为之名耳，诸将于是时仓皇失措，相与推戴之而已。"（《史记札记》）

38. 使人追宋义子，及之齐

《新注》曰："及之齐：一直追到了齐国，终于追上了。"

39. 怀王因使项羽为上将军

集解 徐广曰："二世三年十一月[①]。"

①二世三年十一月：指项羽夺军任上将军事在秦二世三年（前 207）十一月。徐广注与《秦楚之际月表》合。

《新注》曰："因使：因其所请而委任之。此指项羽夺回军权，怀王无可奈何委任项羽为上将军。"

【研讨】

项羽为上将军

楚怀王因项羽之请而委任羽，实属无奈，两人的矛盾进一步

升级。凌稚隆《史记评林》引卢舜治曰："当是时梁已死，羽乃万人敌也。怀王以'上将军'将宋义，而以'次将'将羽，且以'卿子冠军'号义，而以救赵之别将皆属之于义。羽心之不平不特无义，且无怀王矣。'即帐中斩其头'，使人于齐追杀其子，观史氏书法，其贬怀王之不善将将亦可概见云。"

40. 当阳君

《全注》曰："当阳君，楚怀王心在位时，黥布得到的封号。"

项羽已杀卿子冠军，威震楚国，名闻诸侯。乃遣当阳君、蒲将军将卒二万渡河[1]，救钜鹿，战少利[2]。陈馀复请兵[3]，项羽乃悉引兵渡河，皆沉船、破釜甑、烧庐舍[4]，持三日粮，以示士卒必死，无一还心[5]。于是至则围王离，与秦军遇[6]，九战，绝其甬道，大破之[7]，杀苏角[8]，虏王离。涉间不降楚，自烧杀。当是时，楚兵冠诸侯[9]，诸侯军救钜鹿下者十余壁[10]，莫敢纵兵[11]。及楚击秦，诸将皆从壁上观[11]。楚战士无不一以当十，楚兵呼声动天，诸侯军无不人人惴恐[12]。于是已破秦军，项羽召见诸侯将，入辕门[13]，无不膝行而前，莫敢仰视[14]。项羽由是始为诸侯上将军[15]，诸侯皆属焉[16]。

1. 乃遣当阳君、蒲将军将卒二万渡河

[正义] 漳水。

《新注》曰："渡河：渡过漳河。"

2. 战少利

《新注》曰："战少利：即渡河试战即有利，建立了滩头阵地。"《黥布列传》云："项籍使布先渡河击秦，布数有利。"

3. 陈馀复请兵

《新注》曰："复请兵：再次要求大增援。"

4. 皆沉船，破釜甑，烧庐舍

《新注》曰："釜（fǔ）：饭锅。甑（zèng）：蒸米用具。"

【研讨】

钱钟书曰："《太平御览》卷四八二引太公《六韬》："武王伐殷，乘舟济河，兵车出，坏船于河中。太公曰：'太子为父报仇，今死无生。'所过津梁，皆悉烧之'；《孙子·九地》：'帅与之期，如登高而去其梯，焚舟破釜，若驱群羊而往'，杜牧注：'使无退心，孟明焚舟是也。'《宋书·王镇恶传》率水军自河直至渭桥，弃船登岸，诸舰悉逐急流去，乃抚士卒曰：'去家万里，而舫乘衣粮并已逐流，唯宜死战。'古罗马大将行师，亦既济而焚舟楫，使士卒知有进无退。"（《管锥编》）按：项羽"破釜沉舟"，盖亦兵法所示，中外名将不期而共用之。

5. 持三日粮，以示士卒必死，无一还心

《新注》曰："必死：以敢死精神奋战，不胜即死。无一还心：自断退路，使全军皆有必死之心，无一人思后退。"

6. 于是至则围王离，与秦军遇

《笺证》曰："围钜鹿者，王离；护甬道以支持钜鹿之围者，乃章邯。《张耳陈馀列传》亦云：'项羽悉引兵渡河，遂破章邯。章邯引兵解，诸侯军乃敢击围钜鹿秦军，遂虏王离。'而此文竟似章邯迄未参战者，史公行文有毛病。"按：史公写钜鹿之战用短章促句，状战争之惨烈，故省说许多过程，而在《张耳陈馀列传》中用互见法补出。此等情意特笔，须细细琢磨。

7. 九战，绝其甬道，大破之

《新注》曰："九战：多次战斗。大破之：章邯守甬道，即首先破了章邯军，进而击虏王离等。”中井曰：“是谓章邯军也，非王离。”（《会注考证》引）按：据《秦楚之际月表》项羽破章邯绝甬道，在秦二世三年十二月，虏王离在三年正月（当时以十月为岁首）。

8. 杀苏角

集解 文颖曰：“秦将也。”

9. 楚兵冠诸侯

《新注》曰：“冠诸侯：压倒了救援钜鹿的各支反秦军。”

10. 诸侯军救钜鹿下者十余壁

《新注》曰：“壁：营垒。”

11. 莫敢纵兵

《新注》曰：“莫敢纵兵：没有哪支诸侯军敢于出战。即不敢出兵作战。”

12. 及楚击秦，诸将皆从壁上观

【集校】

“诸将”当作“诸侯将”

王叔岷曰：“诸将”，《通鉴》作“诸侯将”，此脱“侯”字。（《史记斠证》）李人鉴曰：“诸将皆从壁上观”当从《汉书·项籍传》及《汉纪一》作“诸侯皆从壁上观”。此《纪》上文云：“当是时，楚兵冠诸侯，诸侯军钜鹿下者十余壁，莫敢纵兵。”“诸侯”盖指燕、齐、赵等。（《张耳陈馀列传》云：“当是时，燕、齐、楚闻赵急，皆来救，张敖亦北收代兵得万余人来，皆壁馀旁，未敢击秦。”）倘作“诸将”，则承上文当指项羽之诸将，与事实不合。（《校读记》）

12. 楚兵呼声动天，诸侯军无不人人惴恐

集解 《汉书音义》曰：“惴，音章瑞反。”

《新注》曰：“惴（zhuì）恐：惊惧惶恐。”

【集校】

呼声动天

李人鉴曰：《汉书·项籍传》、《汉纪一》、《御览》卷八十一、卷三百零八引《史记》皆作“呼声动天地”，“天”下有“地”字。

13. 项羽召见诸侯将，入辕门

集解 张晏曰：“军行以车为陈，辕相向为门，故曰辕门。”

《新注》曰：“辕门：营门。辕，本是驾车用的木杠。古代行军扎营，出入处以两辆战车为阵门，辕相向为门，故称营门为辕门。”按：殿本重“诸侯将”三字，《资治通鉴》卷八《秦纪三》二世皇帝二年同。

14. 无不膝行而前，莫敢仰视

《新注》曰：“膝行而前：跪着走路。这里只是形容，诸侯将弯腰屈膝，两腿发怵，不敢站立。”

【研讨】

“无不”与“莫敢”

史公行文，常用重言，加倍形容。此《纪》叠用三“无不”，四“莫敢”，皆极状项羽的勇猛可畏，声势夺人。刘辰翁曰：“叙钜鹿之战，踊跃振动，极羽本生。”茅坤曰：“项羽最得意之战，太史公最得意之文。”陈仁锡曰：“叠用三‘无不’字，有精神。《汉书》去其二，遂乏气魄。”钱钟书曰：“数语有如火如荼之观。”凌约言曰：“羽杀会稽守，则‘一府慑伏，莫敢起’；羽杀宋义，‘诸将皆慑伏，莫敢枝梧’；羽救钜鹿，‘诸侯莫敢纵兵’；已破秦军，‘诸将膝行而前，莫敢仰视’；势愈张而人愈惧，下四‘莫敢’字，而羽当时勇猛可想见也。”郑板桥《钜鹿之战》诗：“战酣气盛声喧呼，诸侯壁上惊魂逋。项王何必为天子，只此快战千载无。”（《笺证》引）

15. 项羽由是始为诸侯上将军：

《斠证》曰：由犹于也。《御览》三百八引“项羽由是”为“羽于是”。

16. 诸侯皆属焉

《新注》曰："诸侯皆属：诸侯推羽为盟主，即上将军，听其指挥。"

章邯军棘原，项羽军漳南[1]，相持未战。秦军数却，二世使人让章邯[2]。章邯恐，使长史欣请事[3]。至咸阳[4]，留司马门三日[5]，赵高不见[6]，有不信之心。长史欣恐，还走其军[7]，不敢出故道[8]。赵高果使人追之，不及。欣至军，报曰："赵高用事于中[9]，下无可为者[10]，今战能胜，高必疾妒吾功；战不能胜，不免于死。愿将军孰计之[11]。"陈馀亦遗章邯书曰[12]："白起为秦将[13]，南征鄢、郢[14]，北坑马服[15]，攻城略地，不可胜计，而竟赐死[16]。蒙恬为秦将[17]，北逐戎人[18]，开榆中地数千里[19]，竟斩阳周[20]。何者？功多，秦不能尽封，因以法诛之[21]。今将军为秦将三岁矣，所亡失以十万数，而诸侯并起滋益多[22]。彼赵高素谀日久[23]，今事急，亦恐二世诛之，故欲以法诛将军以塞责[24]，使人更代将军以脱其祸。夫将军居外久，多内郤[25]，有功亦诛，无功亦诛。且天之亡秦，无愚智皆知之。今将军内不能直谏，外为亡国将[26]，孤特独立而欲常存[27]，岂不哀哉！将军何不还兵与诸侯为从[28]，约共攻秦，分王其地[29]，南面称孤[30]；此孰与身伏铁质[31]，妻子为僇乎[32]？"章邯狐疑[33]，阴使候始成使项羽，欲约[34]。约未成，项羽使蒲将军日夜引兵度三户[35]，军漳南[36]，与秦战，再破之。项羽悉引兵击秦军汙水上，大破之[37]。

1. 章邯军棘原[一]，项羽军漳南[二]

[一] 集解 张晏曰："在漳南。"晋灼曰："地名，在钜鹿南。"

[二] 正义 《括地志》云："浊漳水一名漳水，今俗名柳河，在邢州平乡县南。注《水经》云漳水一名大漳水，兼有浸水之目也。"

《全注》曰："棘原：在钜鹿县南，即今河北平乡县南，确切地点不详。漳南：漳水之南，与棘原相去不远。"按：棘原应从张晏说在漳南。若棘原在钜鹿之南，即漳水之北，而项羽军在漳南，既不符钜鹿之战双方态势（说详前"此所谓河北之军也"条"研讨"），也不符钜鹿之战后项羽与章邯对峙达七个月之久的军事态势，因秦军补给线在河南，章邯不可能在漳水之北与漳南之项羽对抗。棘原应在项羽漳南军事行营之南或西南，位于三户津之南或西南。而此处之"军漳南"，应为"军漳北"，因项羽击王离钜鹿下，此时在漳北。

2. 二世使人让章邯

《笺证》曰："让章邯：责备其连连败退。让，责备。"

3. 章邯恐，使长史欣请事

《全注》曰："长史欣：即司马欣，当时是章邯部下长史。长史为诸史之长，协助长官总揽政务。"张家英《史记疑诂》曰："请事：实同'奏事'，以今语译之，则略同于'请示'也。"

4. 至咸阳

《新注》曰："咸阳：秦都，旧城在今陕西咸阳市东。"

5. 留司马门三日

集解 凡言司马门者，宫垣之内，兵卫所在，四面皆有司马，主武事。总言之，外门为司马门也。索隐 按：天子门有兵阑，曰司马门也。

《笺证》曰："留司马门：在司马门等候接见。司马门：在宫廷的前门之外，以其有兵士护守，故云。司马，武官名。"

6. 赵高不见

《新注》曰："赵高：秦宦官，秦始皇死后，把持朝政，秦二世即为其所立，后为子婴所杀。"

7. 还走其军

正义 走音"奏"。

《新注》曰："还走其军：逃回自己的军中。"

8. 不敢出故道

《笺证》曰："出故道：经由来时走的道。出，经由。"《新注》曰："故道：指进都咸阳时所走的原路，驿传大道。"

9. 赵高用事于中

《新注》曰："用事于中：在朝内操纵政权。中，朝中。"

10. 下无可为者

《新注》曰："下：在下位的人。"

11. 愿将军孰计之

《新注》曰："孰计之：认真考虑赵高当道这件事。"按：《汉书》"孰"作"熟"，别本亦作"熟"。两字为古今字，互通。

12. 陈馀亦遗章邯书曰

《笺证》曰："遗（wèi）章邯书：致书与章邯。遗，给，致。"

13. 白起为秦将

《新注》曰："白起：秦昭王时大将，屡立战功，南破楚，北破赵，终被赐死。事详《白起王翦列传》。"

14. 南征鄢、郢

《笺证》曰："据《秦本纪》，昭王二十八年（前279），白起拔楚鄢（今湖北宜城东南）；二十九年（前278），拔楚郢（今湖北江陵西北），于是楚国被迫向东北迁于陈。”

15. 北坑马服

索隐 韦昭云：“赵奢子括也，代号马服。”崔浩云：“马服，赵官名，言服武事。”

《新注》曰：“公元前260年白起破赵长平军，坑杀赵降卒四十余万。马服君，赵将赵奢的封爵号，其子赵括袭爵，为赵长平军主帅，故云‘北坑马服’。北，与南伐楚相对。”

16. 而竟赐死

《笺证》曰：“白起破赵有功，遭秦相范雎嫉恨，白起称病辞职，后又因不听秦昭王的指使，遂被赐剑自裁。”

17. 蒙恬为秦将

《新注》曰：“蒙恬：秦大将军，北逐匈奴，筑长城，被赵高假传秦始皇遗命赐死。事详《蒙恬列传》。”

18. 北逐戎人

《笺证》曰：“戎人：即指匈奴。”

19. 开榆中地数千里

索隐 服虔云：“金城县所治[①]。”苏林曰：“在上郡。”崔浩云：“蒙恬树榆为塞也。”

①服虔云“榆中”为金城县治所，非是。金城县治所在今甘肃兰州东，与《蒙恬传》所载不和。蒙恬“北逐戎狄，收河南，渡河，据阳山，居上郡，筑长城”，苏林说是。

《新注》曰：“榆中：地区名，当今内蒙古包头以南河套地区。”

20. 竟斩阳周

集解 孟康曰：“县属上郡。” 正义 《括地志》云：“宁州罗川县在州东南七十里，汉阳周县。”

《新注》曰：“阳周：秦县名，县治在今陕西子长县北。”

21. 因以法诛之

《新注》曰："利用法令诛灭功臣。"

22. 而诸侯并起滋益多

《新注》曰："滋益多：越来越多。"

23. 彼赵高素谀日久

《新注》曰："素谀：一贯奉承。这里指秦二世长期受赵高奉承蒙蔽。"

24. 欲以法诛将军以塞责

《笺证》曰："想找借口杀死你（章邯）以搪塞他（指赵高）的责任。"

25. 多内郤

《新注》曰："在朝廷里有很多仇人。"内，指朝内，朝廷。郤，同"隙"，裂痕，矛盾。

26. 外为亡国将

《新注》曰："谓秦眼看就要灭亡了，领兵在外的将领就成了亡国将。"

27. 孤特独立而欲常存

《笺证》曰："孤特独立：孤立无援。'孤''特'都是'单独'的意思。"李笠曰："'孤''特''独'三字义同，累用不词，'特'疑'恃'字之误，陆机《文赋》云'孤恃独立'，盖袭此文。"按：《史记》尽有多个同义词连叠使用者，王叔岷曰："《秦始皇本纪》'臣请诸有文学《诗》《书》百家语者，蠲除去之'，'蠲''除''去'三字叠义，与此同例。"（《史记斠证》）

28. 将军何不还兵与诸侯为从

索隐 此诸侯谓关东诸侯也。何以知然？文颖曰："关东为从，关西为横。"高诱曰："关东地形从长，苏秦相六国，号为合从。关西地形横长，张仪相秦，坏关东从，使与秦合，号曰连横。"

《新注》曰："还兵：指章邯反戈一击，杀回马枪。"按：即掉转矛头与诸侯同盟反秦。《全注》曰："从：与'纵'字通，合纵。战国时苏秦倡合纵之说，使六国联合攻秦。张仪又倡连横之说，鼓动六国与秦联合。纵横之术便成为一种斗争策略，在政治和军事对峙中常被采用。'与诸侯为从'，是陈馀劝章邯与反秦的各路诸侯联合。"

29. 约共攻秦，分王其地

《新注》曰："分王其地：分裂秦地称王。"按：王（wàng），用作动词，称王。

30. 南面称孤

《新注》曰："南面称孤：指登王位。古代帝王座位向南，故'南面'代称王位。孤，帝王诸侯的自我谦称。"

31. 此孰与身伏𫓧质

索隐《公羊传》云："加之𫓧质。"何休云："要斩之罪。"崔浩云："质，斩人椹也。"又郭注《三苍》云："质，莝椹也。"

《全注》曰："孰与：表示比较抉择的虚辞。'𫓧'，通'斧'。'质'，斩人的砧板。'𫓧质'，泛指杀人的刑具。"

32. 妻子为僇乎

《笺证》曰："妻与子连带被杀，指灭族。僇，杀。"

33. 章邯狐疑

《全注》曰："狐疑：狐性多疑，所以'狐疑'用以形容遇事犹豫不决。"

34. 阴使候始成使项羽，欲约

集解张晏曰："候，军候。"索隐候，军候，官名。始成，其名。

《笺证》曰："阴使候始成使项羽：暗中派军候始成去会晤项羽。候始成，军候名始成，史失其姓。军候，校尉属下的军官。"《新注》曰："欲约：谈判投降条件。"

35. 项羽使蒲将军日夜引兵度三户

集解 服虔曰："漳水津也。"张晏曰："三户，地名，在梁淇西南。"孟康曰："津峡名也，在邺西三十里。" 索隐 《水经注》云"漳水东经三户峡，为三户津"也。淇当为"湛"。案：《晋八王故事》云"王浚伐邺，前至梁湛"，盖梁湛在邺西四十里[①]。孟康云"在邺西三十里"。又阚骃《十三州志》云"邺北五十里梁期故县也"，字有不同。

[正义佚文] 三户，恐非一地。

①盖梁湛在邺西四十里：黄本、彭本、柯本、殿本皆无此九字。

《全注》曰："度：通'渡'。三户：漳水上津渡名，在今河北磁县西南。"

36. 军漳南

《全注》曰："军漳南：《汉书·项籍传》、《资治通鉴》皆同。上云'项羽军漳南'，渡三户津后，当已军漳北。此句'南'字误。"按：此说非也。项羽败王离军钜鹿城下，已在漳北，此特渡三户，乃由漳北南渡攻击章邯也，"军漳南"不误。

37. 项羽悉引兵击秦军汙水上[一]，大破之

[一] 集解 徐广曰："在邺西。" 索隐 汙音于。《郡国志》邺县有汙城。郦元云"汙水出武安山东南，经汙城北入漳"。 正义 《括地志》云："汙水源出怀州河内县北大行山。"又云："故邘城在河内县西北二十七里，古邘国地也。《左传》云'邘、晋、应、韩，武之穆也'。"

《全注》曰："汙水：源出今河北武安县西太行山，流向东南，在临漳县西折东注入漳水，今已湮塞。"

【研讨】

章邯兵败汙水

徐孚远曰："已约降而再击之，即邯无战心而破之易，其兵愈败，则反顾之念绝，所以促其降也。"（《史记测义》）武国卿、慕中岳曰："钜鹿之战是秦楚双方带有战略决战性的重大战役，

秦军失败的决定因素应是秦朝政治上的腐败没落，丧尽天下人心的必然结果。项羽破釜沉舟固然表现了楚军决一死战的坚强意志，但双方毕竟实力悬殊，章邯拥有三十万大军，而项羽只有不足十万之众。退一步说，就是章邯钜鹿战败，尚有二十万之众，总结教训，再次交战，并非注定就处于战败之地。而陈馀一封劝降书就起了那么大的瓦解章邯的作用，不是政治上的因素起了决定作用，无论如何是解释不通的。”（《中国战争史》）韩兆琦曰：“据《秦楚之际月表》，章邯兵败投降项羽在秦二世三年七月。”（《史记笺证》）

章邯使人见项羽，欲约。项羽召军吏谋曰：“粮少，欲听其约。”军吏皆曰：“善。”项羽乃与期洹水南殷虚上[1]。已盟。章邯见项羽而流涕，为言赵高[2]。项羽乃立章邯为雍王，置楚军中[3]。使长史欣为上将军[4]，将秦军为前行[5]。

1. 项羽乃与期洹水南殷虚上

集解 徐广曰：“二世三年七月也。”骃案：应劭曰“洹水在汤阴界。殷墟①，故殷都也”。瓒曰“洹水在今安阳县北，去朝歌殷都一百五十里。然则此殷虚非朝歌也。《汲冢古文》曰‘盘庚迁于此’，《汲冢》曰②‘殷虚南去邺三十里’。是旧殷虚，然则朝歌非盘庚所迁者”。索隐 按：《释例》云“洹水出汲郡林虑县，东北至长乐入清水”是也。《汲冢古文》云“盘庚自奄迁于北蒙，曰殷虚，南去邺州三十里”，是殷虚南旧地名号北蒙也。

①殷墟：殷虚，作殷墟。虚、墟，两字为异体，正、俗字。

②盘庚迁于此汲冢曰：依下文《索隐》所引《汲冢古文》“此汲冢”三字，当为“北蒙”，才能文义畅通。

《新注》曰：“与期：约期会晤。洹（huán）水：即今河南安阳市北的安阳河。殷虚：即殷墟，殷代都城遗址，在今安阳市西之小屯村。”陈直曰：“举世瞩目之甲骨文，出于小屯村，称为‘殷虚贞卜文’，命名即本于《史记》。”（《史记新证》）《全注》曰：“洹水：即安阳河，在今河南北境，源出林县隆虑山，东流经安阳市，到内黄县北注入卫河。”

2. 为言赵高

《新注》曰：“诉说赵高专权误国，陷害忠良之事。”

3. 项羽乃立章邯为雍王，置楚军中

《全注》曰：“雍王：《高祖本纪》唐张守节《正义》认为是以雍县为名。雍县于春秋时是秦雍邑，秦德公都于此，至献公徙栎阳。雍邑故城在今陕西凤翔县南。”《新注》曰：“置楚军中：项羽封章邯为雍王而留置在楚军中，实夺其兵权。”

4. 使长史欣为上将军

《笺证》曰：“司马欣与项氏有故交，故立以为上将军，于此见项羽之用人全凭感情。”

5. 将秦军为前行

正义 胡郎反。

《新注》曰：“前行：即先锋。”

到新安[1]，诸侯吏卒异时故繇使屯戍过秦中[2]，秦中吏卒遇之多无状[3]。及秦军降诸侯，诸侯吏卒乘胜多奴虏使之[4]，轻折辱秦吏卒[5]。秦吏卒多窃言曰[6]：“章将军等诈吾属降诸侯。今能入关破秦，大善[7]；即不能，诸侯虏吾属而东[8]，秦必尽诛吾父母妻子。”诸将微闻其计[9]，以告项羽。项羽乃召黥布、蒲将军计曰：“秦吏卒尚众，其心不服。至关中不听，事必危，不如击杀之，而独与章邯、长史欣、都尉翳入秦[10]。”于是楚军夜击坑秦卒二十余万人新安城南[11]。

1. 到新安

正义 《括地志》云："新安故城在洛州渑池县东一十三里，汉新安县城也。即坑秦卒处。"

《新注》曰："新安：古邑名，故城在今河南渑池县东。"

2. 诸侯吏卒异时故徭使屯戍过秦中

《笺证》曰："诸侯吏卒：谓东方起义军的将士，此处即指项羽之所统领者。异时：昔日，指秦朝统治时期。徭使屯戍：被征调服徭役或屯守边地。秦中：汉时人们对关中地区的习惯称呼。"

3. 秦中吏卒遇之多无状

《新注》曰："无状：粗暴无礼。"

4. 诸侯吏卒乘胜多奴虏使之

《新注》曰："奴虏使之：像对待奴隶和战俘一样役使秦卒。"

5. 轻折辱秦吏卒

《笺证》曰："轻折辱：随随便便地加以侮辱。轻，随意，不当一回事。"

6. 秦吏卒多窃言曰

《新注》曰："窃言：私下议论。"

7. 今能入关破秦，大善

《笺证》曰："入关：入函谷关，指进攻秦王朝首都。函谷关在今河南灵宝市东北，是关中地区与东方各地间的重要门户。"

8. 即不能，诸侯虏吾属而东

《笺证》曰："即不能：如果不能胜秦。即，若。诸侯虏吾属而东：谓这些东方人定将裹挟着我们一齐逃向东方。吾属，我们这些人。"

9. 诸将微闻其计

《笺证》曰："微闻其计：隐隐约约地听到了他们的这些议

论。计，计议，议论。”

10. 都尉翳入秦

《笺证》曰：“都尉翳：即董翳，原在章邯部下任都尉。都尉，军职名，其地位低于将军，略同于校尉。”

11. 楚军夜击坑秦卒二十余万人新安城南

集解 徐广曰：“汉元年十一月。”

《笺证》曰：“坑秦卒：据《秦楚之际月表》，此事在汉元年（前206）十一月，刘邦已在一个月前进驻秦都咸阳。新安城南：新安故城在今河南义马市千秋乡之石河村，在今千秋乡之二十里铺村西，即故新安县城南有所谓‘楚坑’，面积约一点五万平方米，曾出土铜镞，发现一批人骨，即当年项羽坑秦卒之处。”

【研讨】

项羽坑杀秦卒

茅坤曰：“秦吏卒之‘窃言’者，特恐不能入关破秦耳，使羽能因其危惧厚为金钱以与之，以非望之恩结其心；又以诸侯兵之力战所始破秦军于赵者以壮其气，则二十万众皆吾助也，何必坑哉？”（《史记钞》）胡寅曰：“莫强于人心，而可以仁结，可以诚感，可以德化，可以义动也；莫柔于人心，而不可以威劫，不可以术诈，不可以法持，不可以力夺也。项籍生于战国，习见白起坑赵卒，效而为之，惟杀是务。二十万人不服，羽得而坑之；诸侯王不服，四面而起，羽且奈何哉！”（《读史管见》）史珥曰：“羽之亡始于此，成于咸阳，盖不待义帝之死也。”（《四史剿说》）

行略定秦地[1]，［至］函谷关有兵守关[2]，不得入。又闻沛公已破咸阳[3]，项羽大怒，使当阳君等击关[4]，项羽遂入，至于戏西[5]。沛公军霸上[6]，未得与项羽相见。沛公左司马曹无伤，使人言于项羽曰[7]：“沛公欲王关中，使子婴为相[8]，珍宝尽有之[9]。”项羽大怒，曰：“旦日飨士卒[10]，为击破沛公军。”当是时，项羽兵四十万，在新丰鸿门[11]，沛公兵十万，在霸上。范增说项羽曰：“沛公居山东时，贪于财货，好美姬[12]，今入关，财物无所取，妇女无所幸[13]，此其志不在小[14]。吾令人望其气[15]，皆为龙虎，成五采，此天子气也[16]。急击勿失[17]。”

1. 行略定秦地

《新注》曰：“向西前进，攻取秦地。行，前进。”

2. ［至］函谷关有兵守关

集解 文颖曰：“时关在弘农县衡山岭①，今移在河南谷城县。” 索隐 文颖曰：“在弘农县衡山岭①，今移在谷城。”颜师古云：“今桃林县南有洪滔涧水②，即古之函关③。”按：山形如函，故称函关③。 正义 《括地志》云：“函谷关在陕州桃林县西南十二里，秦函谷关也。《图记》云西去长安四百余里，路在谷中，故以为名。”

①衡山岭：《汉书·高帝纪上》“可急使守函谷关”颜师古注，以及《资治通鉴》周显王三十六年胡三省注，皆作“衡岭”。

②洪滔涧水：“滔”，《汉书》颜师古注作“溜”。

③函关：函谷关之省称。

【集校】

泷川《考证》曰：“依枫山、三条本于‘函谷关’上增‘至’字，作‘至函谷关’，《汉书·项籍传》亦有‘至’字。”今据增。

《笺证》曰：“函谷关：遗址在今河南灵宝市北之王垛村东，关城依山势而建，东、西、南三面的墙基尚好，墙宽十二米，残高一至三米。城内有‘老子著经处’碑与‘鸡鸣’‘望气’二台遗址。”《全注》曰：“有兵守关：当时守关的已不是秦士卒，而是刘邦的军队。”

【研讨】

沛公兵守函谷

楚怀王心曾与诸将约定，谁先平定关中，就封谁称王关中。当时项羽愿与刘邦西进入关，怀王没有答应项羽，而派刘邦向关中进军。项羽杀死宋义，与章邯相持。刘邦乘机西进，又适逢赵高谋杀秦二世，立子婴为王，秦廷纷乱，于是刘邦迅速从武关攻入关中。汉王元年十月，秦王子婴投降，刘邦进入咸阳，并派兵驻守函谷关，防止项羽和各路诸侯军入关。

3. 又闻沛公已破咸阳

《新注》曰：“秦二世三年（前 207）十月沛公由武关攻入关中破咸阳。项羽晚两个月，十二月始入关。”

4. 使当阳君等击关

【存异】

《艺文类聚》引《楚汉春秋》曰：“大将亚父至关，不得入，怒曰：‘沛公欲反耶?’即令家发薪一束，欲烧关门，关门乃开。”与此略异。

5. 至于戏西

《笺证》曰：“戏西：戏水之西。戏水源出骊山，流过今陕西省临潼县东，注入渭水。”

6. 沛公军霸上

《全注》曰：“霸上：又作‘灞上’，地处霸水西面的高原上，故名。在今陕西西安市东，接蓝田县界，为古代军事要地。”《新注》曰：“霸上高原即白鹿原。”

7. 沛公左司马曹无伤，使人言于项羽曰

《全注》曰：“左司马：司马为武官，掌管军政，有时分置左、右。刘邦军中既然有左司马，也当有右司马。‘曹无伤使人言于项羽’，当时项羽军力远在刘邦之上，曹无伤欲谄媚项羽求得封赏，所以派人进谗。”

8. 沛公欲王关中，使子婴为相

《笺证》曰：“刘邦‘欲王关中，使子婴为相’，此事他处不见，或许刘邦等当时果有此意。诚若此，则稳定关中更易为力。”

【考辨】

子婴身世

《全注》曰：“子婴，《李斯列传》说是秦始皇之弟，《秦始皇本纪》说是二世之兄子。据《秦始皇本纪》记载，子婴为秦王后，和他的两个儿子谋杀赵高，可见子婴的儿子已是成年人，按年辈推算，秦始皇死后三年不可能有已经成年的孙辈。《李斯列传》所说较为可信。子婴投降刘邦后，被监管起来。过了一个多月，即被项羽杀死。”按：秦二世诛戮秦之诸公子，子婴为始皇之孙，必当被诛。子婴亦非始皇之亲弟，当是疏族，远房之堂弟，得以幸存。秦二世三年（前 207）八月，赵高杀掉了胡亥，另立子婴为秦王。子婴与其二子合力杀掉了赵高，灭其族。为帝四十六日，刘邦入关，子婴遂降。

9. 珍宝尽有之

【考辨】

梁玉绳曰：“范增曰：‘沛公入关，财物无所取’；沛公谓项伯曰：‘吾入关，秋毫不敢有所近，籍吏民，封府库而待将军’；樊哙谓项羽曰：‘沛公入咸阳，毫毛不敢有所近，封闭宫室，还军霸上’；又《高纪》谓沛公‘封秦重宝财物府库’，是高祖之不取秦宝物，皆张良、樊哙一谏之力，而曹无伤‘珍宝尽有之’语，徒以媚羽求封耳。但《萧相国世家》云：‘沛公至咸阳，诸将皆争走金帛财物之府分之’，然则曹无伤之言未尽虚妄。谢项羽之玉璧、与亚父之玉斗，高祖何从得之？可知非毫无所取也。”（《史记志疑》）

10. 旦日飨士卒

《新注》曰："旦日：明早。飨，犒赏。"

11. 在新丰鸿门

集解 孟康曰："在新丰东十七里，旧大道北下阪口名也。"

《笺证》曰："新丰：汉县名，秦时原名郦邑，刘邦称帝后为解其父的乡关之思始改称'新丰'，在今西安临潼市东北。详见《高祖本纪》。鸿门：古地名，在今西安临潼市东五公里之鸿门堡村，其地东接戏水，南靠高原，北临渭河，是当时通往新丰的大道。由于雨水冲刷形似鸿沟，其北端出口形状似门，故称'鸿门'。"按：因项羽驻军于此，后世称鸿门为项王营。

12. 沛公居山东时，贪于财货，好美姬

《新注》曰："山东：华山以东，泛指东方六国之地。美姬：美女。"

13. 妇女无所幸

《新注》曰："幸：亲近。"按，此处有狎近、占有之意。

14. 此其志不在小

《史记斠证》曰："此其：复语，此亦其也。"

15. 吾令人望其气

《新注》曰："望其气：察望刘邦行止处的天上云气，用以推测人事吉凶。这是古代预测时局人事所用的一种迷信方法，也是一种宣传手段。"按：古时方士诡称观察云气的形状、色彩等可以测知人事上的吉凶，人们也多信以为真。此种迷信行为当兴自战国，秦、汉时期甚为盛行。所以范增令人觇望刘邦所在上空的云气。

16. 皆为龙虎，成五采，此天子气也

《新注》曰："皆为龙虎，成五采：这是刘邦行止处形成的所谓天子气。"

【存异】

王叔岷曰："《御览》十五引《楚汉春秋》云：'亚父谋曰：

吾望沛公，其气冲天，五色相缭，或似龙，或似蛇，或似虎，或似云，或似人，此非人臣之气也。即史公所本。”(《史记斠证》)

17. 急击勿失

《新注》曰：“勿失：不要失去机会。”

楚左尹项伯者，项羽季父也[1]，素善留侯张良[2]。张良是时从沛公，项伯乃夜驰之沛公军，私见张良，具告以事，欲呼张良与俱去，曰：“毋从俱死也[3]。”张良曰：“臣为韩王送沛公[4]，沛公今事有急，亡去不义，不可不语。”良乃入，具告沛公。沛公大惊，曰：“为之奈何？”张良曰：“谁为大王为此计者[5]？”曰：“鲰生说我曰[6]，‘距关，毋内诸侯[7]，秦地可尽王也[8]’。故听之。”良曰：“料大王士卒足以当项王乎？”沛公默然，曰：“固不如也，且为之奈何[10]？”张良曰：“请往谓项伯，言沛公不敢背项王也。”沛公曰：“君安与项伯有故[11]？”张良曰：“秦时与臣游[12]，项伯杀人，臣活之[13]。今事有急，故幸来告良。”沛公曰：“孰与君少长[14]？”良曰：“长于臣。”沛公曰：“君为我呼入，吾得兄事之[15]。”张良出，要项伯[16]。项伯即入见沛公。沛公奉卮酒为寿[17]，约为婚姻[18]，曰：“吾入关，秋毫不敢有所近[19]，籍吏民，封府库，而待将军[20]；所以遣将守关者，备他盗之出入与非常也[21]。日夜望将军至，岂敢反乎？愿伯具言臣之不敢倍德也[22]。”项伯许诺，谓沛公曰：“旦日不可不蚤自来谢项王[23]。”沛公曰：“诺。”于是项伯复夜去，至军中，具以沛公言报项王[24]，因言曰：“沛公不先破关中，公岂敢入乎？今人有大功而击之，不义也，不如因善遇之。”项王许诺。

1. 楚左尹项伯者，项羽季父也

索隐 名缠，字伯，后封射阳侯。

《新注》曰：“左尹：楚官名，左相。项伯：名缠，楚亡后，刘邦封他为射阳侯。赐姓刘。”《笺证》曰：“项羽季父也：文章开头已曰‘其季父项梁’，则此‘项伯’最近亦只可能是项羽的堂叔。”泷川引中井曰：“‘季’而字‘伯’，不知何缘故。”陈直曰：“在同父兄弟中为‘伯’，在共祖兄弟中为‘季’，故名‘季’字‘伯’，至今江南各地风气犹然。”

2. 素善留侯张良

《新注》曰：“张良：字子房，祖、父相韩五王，反秦起义后，张良又为韩王韩成司徒，随刘邦西征入关，故下文云：‘臣为韩王送沛公。’张良为刘邦谋主，封留侯。事详《留侯世家》。”按：“留”，秦县名。故治在今江苏沛县东南。

3. 毋从俱死也

《笺证》曰：“不要跟着刘邦一起被杀。”王念孙曰：“‘从俱死’当作‘徒俱死’。《汉书·高帝纪》作‘毋特俱死’，‘特’‘徒’一声之转。”徒，白白地。按：作“从”作“徒”皆可，此处似不必另生枝节。

4. 张良曰：臣为韩王送沛公

正义 为，于伪反。

《全注》曰：“臣为韩王送沛公：张良曾劝项梁立韩公子成为韩王，自己为申徒（即司徒，地位等同国相）。刘邦引兵从洛阳南出，张良率兵相随。刘邦便让韩王成留守阳翟，与张良一起进入武关，攻打秦关中地，所以张良有‘为韩王送沛公’语。”

5. 谁为大王为此计者

梁玉绳曰：“高帝此时尚未为王，且前后俱称‘沛公’，何忽于张良三称‘大王’邪？《留侯世家》作‘沛公’，是。”（《史记志疑》）王维桢曰：“张良反问沛公，是其素所长。”茅坤曰：“沛公之闭关，岂其始不及与良本谋矣？”（《史记评林》引）

6. 鲰生说我曰

集解 徐广曰：“鲰，音士垢反，鱼名。”骃案：服虔曰“鲰，音浅。鲰，小人貌也”。瓒曰“《楚汉春秋》鲰，姓也”。

［正义佚文］鲰，小鱼；比杂小也。

《新注》曰：“鲰生：一个无名的小人。鲰（zōu），小杂鱼，刘邦借以骂人。”《集解》谓“鲰”为姓。按：据《楚汉春秋》，说沛公者为解先生。

【考辨】

陈直曰：“《艺文类聚》引《楚汉春秋》作‘解生’，盖‘解’为‘鲰’字之误。”（《史记新证》）王叔岷以为其人原姓“解”，乃刘邦等骂之为“鲰生”也，“鲰”字非姓。（《史记斠证》）按：王说是。“鲰生”者，犹今语之“小杂种”、“臭小子”之谓也。

7. 距关，毋内诸侯

《笺证》曰：“挡住函谷关，不要让诸侯军进来。距，同‘拒’。内，同‘纳’。吴见思曰：‘一边惊惶，一边埋怨，写得十分危急。’”

8. 秦地可尽王也

《新注》曰：“谓只要守住函谷关，整个秦国旧境都是刘邦的了。”

9. 良曰：料大王士卒足以当项王乎

【考辨】

梁玉绳曰：“羽时亦未王，故沛公称羽‘将军’，此下项伯曰

'项王'，范增、项庄曰'君王'，张良、樊哙曰'项王''大王'，沛公曰'项王'，凡书'王'者三十八，似失史体。《留侯世家》、《樊哙传》及《汉书》俱不言王，甚是，惟樊哙语未尽改耳。"（《史记志疑》）

10. 沛公默然，曰：固不如也，且为之奈何

《笺证》曰："且为之奈何：锺惺曰：'此仓皇中倔强也。'按：于此见刘邦内心明知不足以敌项羽，而口中又不愿明显示弱的愠怒烦躁之情。《淮阴侯列传》：'（韩信）曰："大王自料勇悍仁强孰与项王？"汉王默然良久，曰："不如也。"'情景与此相同。'固不如也，且为之奈何'，犹言'当然是不如啦，你就先说咱对他怎么办吧！'"姚苎田曰："一笔夹写两个，一则窘迫绝人，一则从容自知，性情须眉，跃跃纸上。史公独绝之文，《左》《国》中无此文字。"凌稚隆引陈沂中曰："三曰'为之奈何'，见汉王之迫。"

11. 君安与项伯有故

《新注》曰："安：何以。有故：有交情。"

12. 秦时与臣游

《全注》曰："秦时：指秦统一全国以前。"按：秦时，应为秦统一未乱之时。张良与项伯具为六国遗民，为秦通缉而流亡，患难中为刎颈之交。"游"，交游。

13. 项伯杀人，臣活之

《笺证》曰："项伯犯了杀人的死罪，是我掩护了他。"按：活，使动用法，使他不死。

14. 孰与君少长

《新注》曰："项伯与您相比，谁的年岁大。孰，谁。"《笺证》曰："紧急中忽出此语，见刘邦收买、利用项伯的一套计划已经全然想出。"

15. 吾得兄事之

《新注》曰："我得尊他为老大哥。"《斠证》曰："得，犹以

也。《燕世家》：‘先生视可者，得身事之。’《御览》一六二引‘得’作‘以’，即其证。”

16. 张良出，要项伯

《新注》曰：“要（yāo），邀请。”

17. 沛公奉卮酒为寿

《笺证》曰：“奉卮（zhī）酒为寿：举杯敬酒，祝其健康长寿。卮，酒杯。寿，祝福长寿。”

18. 约为婚姻

《笺证》曰：“约做儿女亲家。日后未见惠帝娶项伯女为妃，鲁元亦未为项氏之妇，此‘约为婚姻’者不知究系何云。”《新注》曰：“于此可见刘邦手段。”

19. 吾入关，秋毫不敢有所近

《全注》曰：“关：指武关，在今陕西丹凤县东南，刘邦是从武关进入关中的。下‘遣将守关’之‘关’，是指函谷关。秋毫：秋天兽类新长出的细毫毛，用来譬喻细微之物。”

20. 籍吏民，封府库，而待将军

《新注》曰：“籍吏民：登记了官民的户籍。籍，登记。”《新注》曰：“将军：指项羽。”

21. 备他盗之出入与非常也

《新注》曰：“非常：意外事变。”

22. 愿伯具言臣之不敢倍德也

《全注》曰：“倍德：背叛恩德，忘恩负义。倍，通‘背’。”

23. 旦日不可不蚤自来谢项王

《笺证》曰：“旦日：明天一早。蚤：通‘早’。谢，谢罪，赔礼。”

24. 具以沛公言报项王

《新注》曰：“报：转告。”

【研讨】

梁玉绳曰："项伯之招子房，非奉羽之命也，何以言'报'？且私良会沛，伯负漏师之重罪，尚敢告羽乎？使羽诘曰'公安与沛公语'，则伯将奚对？史果可尽信哉？"（《史记志疑》）

沛公旦日从百余骑来见项王[1]，至鸿门，谢曰："臣与将军戮力而攻秦，将军战河北，臣战河南[2]，然不自意能先入关破秦[3]，得复见将军于此。今者有小人之言，令将军与臣有郤[4]。"项王曰："此沛公左司马曹无伤言之，不然，籍何以至此[5]！"项王即日因留沛公，与饮。项王、项伯东向坐[6]，亚父南向坐。亚父者，范增也[7]。沛公北向坐，张良西向侍[8]。范增数目项王，举所佩玉玦以示之者三[9]，项王默然不应。范增起，出召项庄[10]，谓曰："君王为人不忍[11]，若入前为寿[12]，寿毕，请以剑舞，因击沛公于坐，杀之。不者[13]，若属皆且为所虏。"庄则入为寿。寿毕，曰："君王与沛公饮，军中无以为乐，请以剑舞。"项王曰："诺。"项庄拔剑起舞，项伯亦拔剑起舞，常以身翼蔽沛公[14]，庄不得击。于是张良至军门，见樊哙[15]。樊哙曰："今日之事何如[16]？"良曰："甚急！今者项庄拔剑舞，其意常在沛公也。"哙曰："此迫矣[17]，臣请入，与之同命[18]。"哙即带剑拥盾入军门[19]。交戟之卫士欲止不内[20]，樊哙侧其盾以撞[21]，卫士仆地[22]，哙遂入。披帷西向立[23]，瞋目视项王[24]，头发上指，目眦尽裂[25]。项王按剑而跽曰[26]："客何为者？"

张良曰："沛公之参乘樊哙者也[27]。"项王曰："壮士！赐之卮酒。"则与斗卮酒[28]。哙拜谢，起，立而饮之。项王曰："赐之彘肩[29]。"则与一生彘肩[30]。樊哙覆其盾于地[31]，加彘肩上，拔剑切而啖之[32]。项王曰："壮士，能复饮乎？"樊哙曰："臣死且不避，卮酒安足辞！夫秦王有虎狼之心，杀人如不能举，刑人如恐不胜[33]，天下皆叛之。怀王与诸将约曰：'先破秦入咸阳者王之。'今沛公先破秦入咸阳，毫毛不敢有所近[34]，封闭宫室，还军霸上，以待大王来。故遣将守关者，备他盗出入与非常也。劳苦而功高如此，未有封侯之赏，而听细说，欲诛有功之人[35]。此亡秦之续耳，窃为大王不取也[36]。"项王未有以应，曰："坐！"樊哙从良坐。坐须臾，沛公起如厕，因招樊哙出[37]。

1. 沛公旦日从百余骑来见项王

《新注》曰："从：带领随从。"

2. 将军战河北，臣战河南

《全注》曰："'河南'，与'河北'一样都是泛称。当时项羽与秦军在黄河以北交战，取道函谷关进入关中。刘邦与秦军在黄河以南的南阳郡内交战，从武关进入关中。"

3. 然不自意能先入关破秦

《笺证》曰："不自意：自己没有料想到。"按：从来未见刘邦如此谦卑。《斠证》曰："'意'，犹'度'也。《论语·先进篇》：'億则屡中。'何晏注：'億度是非。'意、億，正、俗字。"

4. 今者有小人之言，令将军与臣有郤

《新注》曰："小人之言：坏人挑唆。"

【研讨】

令将军与臣有郤

吴见思曰："一件惊天动地事，数语说得雪淡，若无意于此者，故项羽死心塌地。辞令之妙！"杨慎曰："将飞者翼伏，将奋者足局，将噬者爪缩，将文者且朴，夫惟鸿门之不争，故垓下莫能与之争。"史珥曰："虽只是寒温语，而婉约凄咽，却有无限精神，项王一片雄心自涣然冰释矣。是谓天下之至柔，驰骋天下之至刚。"婉芷田曰："此一段，千古处危难现成榜样，未可以文字视之。"按：刘邦生性好大言，好侮人，今说话用此等腔口，盖一生中仅此一次。(《史记笺证》)

5. 此沛公左司马曹无伤言之；不然，籍何以至此

《笺证》曰："籍何以至此：为分辨、洗白自己，而将归附、投靠者道出，见羽之粗豪少谋。"

【集校】

黄善夫本于此作"何以生此"，王叔岷以为作"生此"者乃"《史》《汉》之旧"。按："生此"与"至此"并通，生字义长。

6. 项王、项伯东向坐

《新注》曰："东向坐：《考证》引中井曰：'堂上之位，对堂下者，南向为贵，不对堂下者，唯东向为尊。'《淮阴侯列传》，韩信尊贵李左车，使其东向坐，自己西向对。鸿门宴项羽自居尊位，由此可见其骄妄。"

7. 亚父者，范增也

集解 如淳曰："亚，次也。尊敬之次父，犹管仲为仲父。"

《笺证》曰："亚父：项羽对范增的敬称，言对其侍奉的礼数仅次于父。"

8. 沛公北向坐，张良西向侍

瞿方梅曰："东向尊于南向，此宾主之位也。《汉书·文纪》

注：或曰：‘宾主位，东西面。君臣位，南北向。’又《周勃传》：‘每召诸生说士，东向坐责之。’如氏曰‘勃自东向，不以宾主之礼也’可证。然考古宫室制，皆上北下南，左东右西。亦既以坐西面而东向者为尊，则当坐北面而南向者次之，坐南而北向者再次之，西向主位，则又次之。故《项羽本纪》曰：‘项王留沛公与饮，项王、项伯东向坐，亚父南向坐，沛公北向坐，张良西向侍。’是知西向次于北向，而南向次于东向也。”（引自《史记考证订补·魏其武安侯列传》）按：即鸿门宴项羽、项伯坐在了应由宾客坐的尊位上，亚父次之，沛公又次之，张良末位。依中井说正堂坐位尊卑次序为：上北下南，左东右西。厢房坐位尊卑之次序为：上西下东，左北右南。

9. 范增数目项王，举所佩玉玦以示之者三

《新注》曰：“玉玦：一种半圆形的佩带玉器。玦，与‘决’谐音，举玉玦示意项羽下决心杀掉刘邦。”

10. 范增起，出召项庄

正义 项羽从弟。

《笺证》曰：“从弟：即堂兄弟。”

11. 君王为人不忍

《新注》曰：“君王为人不忍，指项羽为人心肠软。不忍，不狠心，心肠软。”

【研讨】

项羽仁心

《笺证》曰：《淮阴侯列传》中韩信云：“项王见人恭敬慈爱，言语呕呕，人有疾病，泣涕分饮食”；《高祖本纪》中王陵、高起云：“项羽仁而敬人”，皆可与此处相发明，知项羽性格除粗豪暴戾外，尚有如此慈厚的一面。《新注》曰：一方面是项羽“仁而爱人”，有厚道的一面，另一方面年青缺乏政治斗争经验。

12. 若入前为寿

《全注》曰：“若：汝，你。下文‘若属’，即汝辈，你们。

寿：敬酒。”

13. 不者

《新注》曰：“不者：否则。不，读‘否’。”

14. 项伯亦拔剑起舞，常以身翼蔽沛公

《新注》曰：“翼蔽：像鸟翼一样遮住，掩护。”《笺证》曰：“‘翼’字用得极其形象。”

15. 于是张良至军门，见樊哙

《全注》曰：“樊哙：沛人，屠狗出身，一直跟随刘邦转战各地，勇武善战，汉统一全国后，以功封舞阳侯，曾为左丞相，孝惠帝六年卒。《史记》、《汉书》并有传。”

16. 樊哙曰：今日之事何如

吴见思曰：“哙先问，妙，写得颙望急切。”（《史记论文》）

17. 哙曰：此迫矣

《新注》曰：“此迫矣：眼前危急极了。”

18. 臣请入，与之同命

《新注》曰：“与之同命：与沛公同生死，此为双关语，谓与项羽等拼命了。”

19. 哙即带剑拥盾入军门

[正义] 拥，纡拱反。盾，食允反。

《笺证》曰：“带剑：盖樊哙乃刘邦卫士，自宜‘带剑’‘拥盾’，持盾于身前。拥，前持。”

20. 交戟之卫士欲止不内

《新注》曰：“交戟之卫士：帐前左右站岗的卫士交叉举戟，示意禁止进入。”《笺证》曰：“不内：不准其入。内，通‘纳’。”

21. 樊哙侧其盾以撞

[正义] 直江反。

《新注》曰：“侧其盾以撞：横着盾牌撞击卫士。”

22. 卫士仆地

《新注》曰："仆地：倒地。"

23. 哙遂入，披帷西向立

《新注》曰："披帷西向立：揭开营帐，站在东面正对着项羽。"《笺证》曰："披帷：用手背猛地一拨，打开门帘。西向立：与前文项王之'东向坐'正好相对。"

24. 瞋目视项王

正义 瞋，昌真反[①]。

①昌真反：音 chēn。

《全注》曰："瞋目：发怒时睁大眼睛。"

25. 头发上指，目眦尽裂

正义 眦，自赐反。

《新注》曰："目眦（zì）尽裂：眼眶都睁得绽开了。形容樊哙怒不可遏。眦，眼眶。"

26. 项王按剑而跽曰

索隐 其纪反，谓长跪。

《新注》曰："按剑而跽：提剑跪起。古人席地而坐，两膝着地，臀部坐于小腿上。如果臀部离开小腿，准备起身就形成长跪姿势，这就是跽。项羽按剑而跽，是准备决斗的戒备姿势。"

27. 沛公之参乘樊哙者也

《新注》曰："参乘：同车而乘，在右侧担任警卫的甲士。故'参乘'又称'车右'。"

28. 则与斗卮酒

《新注》曰："斗卮：容一斗的大酒杯。"按：斗，量器，容十升，此用为副词。卮，酒杯，有大小之分，大卮容四斗。"斗卮者，卮之大者。"

29. 赐之彘肩

《新注》曰："彘肩：猪肘。"

30. 则与一生彘肩

梁玉绳曰："'生'字疑误，彘肩不可生食；且此物非进自疱人，即撤自席上，何以'生'耶？"《笺证》曰："先言'斗卮酒'，后云'生彘肩'，正史公为突出勇士性格所增饰，不得随意删削。"王叔岷曰："彘肩固不可生食，与之生彘肩，正欲其难食也。梁说迂甚。"按：王氏说是也。张家英以为"生"字或疑作"全"，可备一解。(《史记疑诂》)

31. 樊哙覆其盾于地

《新注》曰："覆其盾于地：将盾牌反放地上，即平面向上。"

32. 加彘肩上，拔剑切而啖之

[索隐]啖，徒览反。凡以食喂人则去声，自食则上声。

《新注》曰："啖（dàn）：大口地吞吃。"

33. 杀人如不能举，刑人如恐不胜

[正义佚文] 秦王刑杀人民，不遗余力，常如扛举重物，恐不胜也。

《笺证》曰："如不能举：像是只怕杀不尽似的。举，克、尽。如恐不胜：就像只怕完不成任务似的。胜，胜任。《齐世家》有云：'赋敛如弗得，刑罚恐弗胜。'与此相同，皆谓极尽其力而犹恐不够。"按："不举"、"不胜"，皆"不尽"之义。《新注》曰："如恐不胜：唯恐不重。"《斠证》曰："此文举、胜互用，又亦相同。"

34. 毫毛不敢有所近

《新注》曰："毫毛：同'秋毫'，喻微小。"

35. 而听细说，欲诛有功之人

《新注》曰："细说：小人的谗言。"

36. 此亡秦之续耳，窃为大王不取也

[正义佚文] 秦暴虐以取灭亡，今诛有功之人，是秦亡续而有之也。

《新注》曰："亡秦之续：继续走秦朝灭亡的道路。"

【研讨】

樊哙智勇

樊哙闯宴，敢数落项羽，"窃为大王不取也"，看似鲁莽，实乃智激项羽使负不义之名而不听亚父之言。史珥曰："发端之妙全在鲁莽，所谓先人有夺人之志也，然非子长笔力岂能写出！"锺惺曰："樊哙所云'臣请入，与之同命'一语，感动幽明，鬼神为泣，岂寻常武人可到？其'拥盾带剑'，裂眦怒发，气固足以制人矣；饮酒啖肉之后徐折项王，节次之妙，莽莽中左师公缓步迂语气象。其一段正议，妙从樊哙吐之。尤妙在'劳苦而功高如此，未有封侯之赏'二语，盖'封侯之赏'四字明明以盟主推尊项王，项王得此意满而心解矣，其立言之妙如此。"姚苎田曰："樊哙谏还军霸上，及定天下后排闼问疾数语，俱有大臣作用。此段忠诚勇决，亦岂等闲可同！"凌稚隆引康海曰："哙语即沛公语项羽者，又即项伯语项羽者，皆张良教之也。"郭嵩焘曰："鸿门之宴写得子房如龙，樊哙如虎，是史公极得意文字。钜鹿之战写得精彩，鸿门之会却写得处处奇绝、陡绝，读之使人目眩心摇。"（《史记笺证》引）

36. 沛公起如厕，因招樊哙出

【研讨】

沛公逃宴

沛公起如厕而逃遁，果为事实否？董份曰："当时鸿门之宴必有禁卫之士诃讯出入，沛公恐不能辄自逃酒。且疾走二十里亦已移时，沛公、良、哙三人俱出良久，羽在内何为竟不一问，而在外竟无一人为羽之耳目者。矧范增欲击沛公，唯恐失之，岂容在外良久而不亟召之耶？此皆可疑。"徐氏《测议》曰："汉祖脱身至军，浔阳疑之固当。然观《史记》叙汉人饮，中坐多有更衣或如厕竟去，而主人不知者。意当时之饮与今少异，又间有良骏行四十里而酒杯犹温者，汉祖之能疾行，得此力也。其所云'步走'或史迁误。"董、徐二君之辨，俱不必疑，余所疑者鸿门、霸上之里数不合耳。里数定，则时之久暂可知矣。当日沛公借如厕得出。与良、哙数语即去，为时元不甚久。而古人饮酒与今殊礼，宁以出外为嫌。车骑犹在，更复何猜？况羽已使陈平召之，何尝竟置不问。若论禁卫诃讯，则彼尚不能御樊哙之入，乌能止沛公之出乎？度至军乃入，亦约略之词，想张良必只度其追不可及而即入焉。壮士步走数十里，固事之常，不得以史公为误也。（《史记志疑》）按：古人宴饮，可以整日谈说，中间如厕或离席漫步。时间稍长不必有疑，沛公于是乃得间。或曰：关中人宴饮，风习如此，近世犹存。

沛公已出，项王使都尉陈平召沛公[1]。沛公曰："今者出，未辞也，为之奈何？"樊哙曰："大行不顾细谨，大礼不辞小让[2]。如今人方为刀俎，我为鱼肉[3]，何辞为？"于是遂去。乃令张良留谢[4]。良问曰："大王来何操[5]？"曰："我持白璧一双，欲献项王；玉斗一双，欲与亚父[6]。会其怒，不敢献。公为我献之。"张良曰："谨诺。"当是时，项王军在鸿门下，沛公军在霸上，相去四十里[7]。沛公则置车骑，脱身独骑[8]，与樊哙、夏侯婴、靳强、纪信等四人持剑盾步走[9]，从郦山下，道芷阳间行[10]。沛公谓张良曰："从此道至吾军，不过二十里耳。度我至军中，公乃入[11]。"沛公已去，间至军中[12]，张良入谢，曰："沛公不胜杯杓，不能辞[13]。谨使臣良奉白璧一双，再拜献大王足下[14]；玉斗一双，再拜奉大将军足下[15]。"项王曰："沛公安在？"良曰："闻大王有意督过之，脱身独去，已至军矣[17]。"项王则受璧，置之坐上。亚父受玉斗，置之地，拔剑撞而破之，曰："唉！竖子不足与谋[18]。夺项王天下者，必沛公也，吾属今为之虏矣[19]。"沛公至军，立诛杀曹无伤[20]。

1. 项王使都尉陈平召沛公

集解 徐广曰："一本无'都'字①。"

①一本无"都"字：梁玉绳曰："无'都'字是也，考《世家》，陈平以击降殷王拜都尉，则平此时乃为'尉'也。"（《史记志疑》）按：尉为中级武职，有校尉、都尉、郡尉、县尉等职。校尉、都尉，低于将军之职。郡尉、县尉，统领郡级、县级的地方武装。陈平在楚为都尉，归汉为原官都尉，加典护军，皆是司警卫之职。

《全注》曰："陈平：阳武（今河南原阳县东南）人，最初在项羽部下，殷王司马卬反楚，陈平率兵击降，以劝拜都尉。后逃归刘邦，成为刘邦的重要谋士，数出奇计，辅佐刘邦统一天下，封户牖侯、曲逆侯，惠帝时曾为左丞相，吕后时为右丞相，文帝时为左丞相，卒于文帝二年。事详《陈丞相世家》、《汉书·陈平传》。"

2. 大行不顾细谨，大礼不辞小让

《新注》曰："大行不顾细谨二句：意谓干大事不要顾忌细小的差池，行大礼就不要怕小的责难。这两句是说干大事业的人不必拘泥小节。"《笺证》曰："细谨：小的谨慎。不辞：不拒绝、不害怕。小让：小的指责。《李斯列传》：'大行不小谨，盛德不辞让'；《郦生陆贾列传》云：'举大事不细谨，盛德不辞让'，盖当时为人所习用。"

3. 人方为刀俎，我为鱼肉

《全注》曰："俎（zǔ）：割肉用的砧板。"按："人"，指项羽，是切肉的刀和砧板，喻处于宰割的地位。"我"，指刘邦，是鱼和肉，喻处于任人宰割的地位。

4. 乃令张良留谢

刘邦于是让张良留下来向项羽致谢和道歉。按：刘邦不辞别，故留下张良善后，向项羽致礼、道歉。

5. 大王来何操

《新注》曰："大王来时带来了什么礼物。"

6. 玉斗一双，欲与亚父

《新注》曰："玉斗：玉制酒器。"

7. 沛公军在霸上，相去四十里

指鸿门与霸上两者之间距离四十里。去，距离。郭嵩焘曰："前云'项羽兵四十万在新丰鸿门，沛公兵十万在霸上'，提记军数，以见强弱相逼之形；此提记里数，以见脱身急难匆遽之情，后世史家直不敢如此着笔。"（《史记札记》）

8. 沛公则置车骑，脱身独骑

《新注》曰："置车骑：丢下来时所带的车骑。"按："沛公"下"则置车骑，脱身独骑"八字，为叙事中的插入语。

9. 与樊哙、夏侯婴、靳强、纪信等四人持剑盾步走

索隐 《汉书》作"纪通"[①]。通，纪成之子。

①《汉书》作"纪通"：《汉书·高帝纪》，"纪信"作"纪成"，纪通之父。此《索隐》注误。

《全注》曰："夏侯婴：姓夏侯，名婴，随从刘邦起沛，长期为太仆，刘邦为帝后，以功封汝阴侯，卒于文帝八年。因早年随刘邦击秦时，曾为滕（今山东滕州市西南）令，给刘邦驾车，所以号滕公。事详《史记》、《汉书》本传。靳（jìn）强：刘邦的将领，曾为中尉，后封汾阳侯。（事见《高祖功臣侯者年表》）纪信：刘邦的将领，事见本篇下文。"按："持剑盾步走"，此五字亦为插入语，说明沛公逃宴情形。樊哙等四人不能大摇大摆乘骑从，只能徒步走，生动显现当时潜逃景象。《汉书·高帝纪》云："沛公起如厕，招樊哙出，置车官属；独骑，与樊哙、靳强、滕公、纪成步从，从间道走军。"《史记·樊哙传》亦云："沛公留车骑，独骑一马，与樊哙等四人步从，从间道山下归走霸上军。"

10. 从郦山下，道芷阳间行

《笺证》曰：“郦山：在今西安临潼市南，西距西安市二十五公里，地处当时的鸿门之西南，霸上之东北，海拔八百米，东西长约五公里，南北宽约三公里。道芷阳间行：经芷阳抄小路而走。芷阳，秦县名，在骊山西侧，今西安市东北。间（jiàn）行，胡三省曰：‘间，空也，投空隙而行。’”

11. 度我至军中，公乃入

《新注》曰：“度（duó）：估计。”

12. 沛公已去，间至军中

《新注》曰：“间至军中：此为张良估计，按间道，即走小路近道已到军中。”

13. 沛公不胜杯杓，不能辞

《全注》曰：“不胜杯杓：意谓禁受不住酒力，已经醉了。杯杓（shāo），饮酒的杯子和舀酒的勺子，这里代指酒。”按：“不能持”，张良托词沛公刘邦醉酒，不能亲自辞行。

14. 谨使臣良奉白璧一双，再拜献大王足下

《新注》曰：“再拜献：谦辞，郑重奉上的意思。”《全注》曰：“足下：对对方的敬辞。当时对上和同辈都可以称之，犹言‘左右’。”

15. 玉斗一双，再拜奉大将军足下

《笺证》曰：“大将军：指范增。范增为项羽之‘大将军’，《史记》中仅此一见。《楚汉春秋》虽有‘大将亚父’之语，而未明确曰‘大将军’。”

16. 闻大王有意督过之

《笺证》曰：“督过：责备，怪罪。过，用如动词，责其过失。‘督’、‘过’二字连用。”王叔岷曰：“‘督过’犹言‘督责’。”

17. 脱身独去，已至军矣

集解 如淳曰：“脱身逃还其军。”

18. 唉！竖子不足与谋

集解徐广曰："唉，乌来反。"索隐音虚其反。皆叹恨发声之辞。

《新注》曰："竖子：小子。范增明骂项庄，暗斥项羽。"

19. 吾属今为之虏矣

《笺证》曰："我们都将被他所俘虏啦。吾属，我们这些人。今，将。"

【研讨】

"今"为"将"之义

"将"，未来之事，为何用"今"？钱钟书曰："吾属今为之虏矣"而"上文范增召项庄曰：'因击沛公于坐杀之。不者，若属且为所虏。'始曰'若属'，继曰'吾属'，层次映带，神情语气之分寸缓急，益现字里行间。不曰'将'，而曰'今'，极言其迫在目前。下文周苛骂曰：'若不趣降汉，汉今虏若，若非汉敌也。''今'者，未来之最逼近而几如现在。"（《管锥编》）

20. 沛公至军，立诛杀曹无伤

史珥曰："无伤见诛，而羽不悟项伯之奸，亦楚、汉成败之机也。"（《四史剿说》）

【研讨】

鸿门宴之有无

吴裕垂曰："惟步行出鸿门，故羽不及觉。其疾行至军者，岂沛公来时，良于郦山道中预伏精兵良骏以为脱身之计欤？而沛公、良、哙三人甫出，羽固使陈平出召矣，而卒得脱归者，抑沛公此时已有私交于平欤？"（《史案》）韩兆琦曰："鸿门之会破绽极多，《史记》各篇所载亦有出入，可做故事看，难当信史读。丘濬诗云：'公莫舞，公莫舞，不必区区听亚父。霸王百行扫地空，不杀一端差可取。天命由来归有德，不在沛公生与死。'（《公莫舞》）郑燮诗云：'新安何苦坑秦卒，霸上焉能杀汉王。'（《项羽》）范文澜写《通史简编》竟只字不提鸿门宴事，盖皆窥破其好奇夸大之不足以信史取。若其文学之美，自不待言。”（《史记笺证》）按：鸿门宴以文运事，用细节描写手法展开一场政治斗争的场景。鸿门宴拉开了楚汉相争的序幕，是秦亡后两大军事巨头瓜分胜利果实的一场谈判斗争，也是刘邦集团化解条件不足避免过早决战的一场胜利。刘邦闭关，项羽破关入秦，是鸿门宴的背景。如果鸿门宴是虚构的故事，则楚汉相争无从讲起。涉及鸿门宴的许多人物皆有记载，如高祖本纪、留侯世家、樊哙传等。尽管鸿门宴写得细致入微，比如人物座次皆有描写，而与实际相比较，仍是有选择，许多细节皆被隐去，所以有吴、韩二氏之疑、之问。现代重大政治斗争成年累月谈判，以此推及鸿门宴，史公文字仍是挂一漏万，岂能钻牛角。对于史笔与文笔之分野，张大可在《司马迁对中国文学的贡献》一文中有通达之论。张大可曰：“文与史相异而本质却又相通。历史要真实，文学可以虚构，这是最大的相异，好似水火不容。文学与史学，都是写人的活动，其实在本质上又相通。古代史学理论极为重视文史相异，提出了史笔与文笔的分野。直笔记事，不带任何主观色彩，如同照相一样留下逼真的影像，这就是所谓的史笔。对一件事，铺陈夸张，描写绘声绘色，细节生动，感情强烈，这就是所谓文笔。中国古史理论，反对文人修史，反对用文笔述史。例如《高祖本纪》写高祖还乡置酒，按史笔但云‘高祖还沛置酒，召故人乐饮极欢’两句，十一个字即足。司马迁洋洋洒洒写了三百多字一大段文章，看高祖悉召故人父老子弟饮酒，发沛中儿教歌，至酒酣击筑，歌呼起舞，反转泣下，缕缕不绝。《史记评林》引魏了翁曰：‘古今文字淋漓尽致，言外有情，安可及此！’如果没有这段文笔描写，何有高祖形象，焉有《大风歌》的流传。再进一步看，没有生活细节，不能状历史之真。例如《鸿门宴》，按史笔写：‘某年某月某日，刘项入关，会于鸿门，嫌隙稍解。’司马迁却铺陈了一千余字的大块文章，补充了许多史事和细节，展示了两大集团君臣的智略与斗争艺术。在这里，作者描写了刘邦在张良等人的协助下怎样收买项伯，争取项伯，挫败范增，从而在鸿门宴这场惊心动魄的斗争中化险为夷，表现了刘邦在政治上的成熟与随机应变能力，对比了项羽的幼稚、粗疏、寡谋与优柔，预示了刘邦斗智必胜，项羽斗力必败。宴会座次的细节描写与人物对话，把矛盾冲突与化解渲染到了最高潮。细节揭示了人物性格与智略，道出了成败的原因，从而反映了最大的历史真实。如果说，没有细节、故事和感情，就没有文学，同样，没有细节故事和感情也没有史学。《春秋》经文是一部天书，纯粹的史笔，隐去了历史细节，也隐去了历史真实，不是真正的史学。《左传》补充了细节、故事，融入了感情，既创造了文学，也创造了史学。在本质上，文学、史学是相通的。一见到史学中有细节，就说是虚构，完全是错误的。史笔与文笔的分野是必要的，也是必须的，但分别过了头，也就是谬误。”（《司马迁对中国文学的贡献》）

居数日，项羽引兵西屠咸阳，杀秦降王子婴[1]，烧秦宫室，火三月不灭，收其货宝妇女而东[2]。人或说项王曰："关中阻山河四塞[3]，地肥饶，可都以霸[4]。"项王见秦宫室皆以烧残破[5]，又心怀思欲东归，曰："富贵不归故乡，如衣绣夜行，谁知之者[6]？"说者曰："人言楚人沐猴而冠耳[7]，果然。"项王闻之，烹说者[7]。

1. 杀秦降王子婴

《笺证》曰："子婴墓在今西安市临潼之新丰镇刘家村，封土呈圆丘形，底径三十米，高约十米，墓前有清代毕沅所书'秦子婴墓'碑一通。"

【研讨】

项羽屠城杀降

史珥曰："范增于沛公之'财物无所取，妇女无所幸'决'其志不在小'，则亦似知兴亡之规模，何不以此力匡项羽，乃坐视其'收货宝美人妇女而东'耶？羽积数世之恨，而性本好杀，增又不劝以务德，徒拳拳杀刘邦，真所谓‘生平奇计无他事’矣。”（《四史剿说》）泷川曰：“项羽楚人，既失其祖，又失其季父，怨秦入骨。其入咸阳，犹伍子胥入郢杀王屠民烧宫殿以快其心者，谓之无深谋远虑可也，谓之残虐非道者，未解重瞳子心事。又，此时沛公年已五十，思虑既熟；项羽年二十加六，血气方刚。彼接物周匝缜密，不敢妄动；此当事真挚勇决，任意径行，是二人成败之所以分也。”（《会注考证》）

2. 收其货宝妇女而东

《考证订补》引王益之曰：“《秦纪》云：‘虏其子女，收其珍宝货财，诸侯共分之’与此不同。”按：《秦纪》，指《秦始皇本纪》。

3. 关中阻山河四塞

集解 徐广曰：“东函谷，南武关，西散关，北萧关。”

《新注》曰：“阻山河四塞：四面有险可守，关中东有函谷关，南有武关，西有散关，北有萧关。”

4. 地肥饶，可都以霸

《笺证》曰：“可都以霸：谓建都于此可以称霸于天下。”泷川曰：“言关中可都者，不始于娄敬，盖当时定论。”按：《淮阴侯列传》韩信责项羽之失亦有所谓“不都关中而都彭城”之语。

5. 项王见秦宫室皆以烧残破

《新注》曰：“以：通‘已’。”

6. 富贵不归故乡，如衣绣夜行，谁知之者

《新注》曰：“衣绣：身穿锦绣。”

【研讨】

衣锦还乡

泷川曰：“《高祖纪》云：高祖过沛，置酒起舞，慷慨伤怀，泣数行下，谓沛父兄曰：‘游子悲故乡，吾虽都关中，万岁后吾魂魄犹乐思沛。’此与项羽心事全同，世与彼而不与是，何耶？”

(《史记会注考证》)韩兆琦曰："人之常情皆然，能不以常情影响决定大事者，此刘邦、项羽之所由分。"(《史记笺证》)

7. 沐猴而冠耳

集解张晏曰："沐猴，猕猴也。"索隐言猕猴不任久著冠带[1]，以喻楚人性躁暴。果然，言果如人言[2]也。

①猕猴不任久著衣冠：此解谓猕猴性情好动多变，身着衣冠不能长久，用以譬喻楚人性格轻浮急躁，难成大事。亦通。

②人言：老百姓传言。指"沐猴而冠"这句话在楚地传说流传。

《新注》曰："沐猴而冠：猕猴戴帽子，学人样，其实并无头脑。"《笺证》曰："沐猴：猕猴。叶玉麟引吴汝纶曰：'鸿门之失，就范增口中见之；背关怀楚之失，就说者口中见之；分王不平，就陈馀说齐见之，此史公常法。'"

8. 项王闻之，烹说者

集解《楚汉春秋》、杨子《法言》云说者是蔡生[1]，《汉书》云是韩生[2]。

①蔡生：杨雄《法言·重黎篇》载，谓说者为蔡生，与《楚汉春秋》同。

②韩生：《汉书·项籍传》载，谓说者为韩生。存异待考，一般从《汉书》。

【研讨】

项羽拒谏

西晋武帝时议郎段灼上表论明王霸主，任用谔谔尽规之臣，无不昌也；任用阿谀唯唯之士，无不亡也。段灼批评项羽不纳忠言，烹说者而亡。其言曰："秦失其鹿，豪杰竞逐，项羽既得而失之。其咎在烹韩生，而范增之谋不用。假令羽既距项伯之邪说，斩沛公于鸿门，都咸阳以号令诸侯，则天下无敌矣。而羽距韩生之忠谏，背范增之深计。自谓霸王之业已定，都彭城，还故乡，为昼被文绣。此盖世俗儿女之情耳，而羽荣之。是故五载为汉所擒。至此，尚不知觉悟乃曰，'天亡我，非战之罪'，甚痛矣哉。"(《晋书·段灼传》)

项王使人致命怀王[1]。怀王曰："如约[2]。"乃尊怀王为义帝[3]。项王欲自王[4]，先王诸将相，谓曰："天下初发难时[5]，假立诸侯后以伐秦[6]。然身披坚执锐首事，暴露于野三年[7]，灭秦定天下者，皆将相诸君与籍之力也[8]。义帝虽无功，故当分其地而王之[9]。"诸将皆曰："善！"乃分天下，立诸将为侯王。

1. 项王使人致命怀王

《新注》曰："致命怀王：向怀王报告灭秦经过，并请示善后。"按："致命"，禀命，请示。

2. 如约

《新注》曰："如约，照前约办事，即'先入关者王之'。"

【研讨】

怀王熊心非碌碌之主

赵翼曰："（怀王）非碌碌不足数者，因项梁败于定陶，即并项羽、吕臣军自将之；因宋义识项梁之将败，即拜为上将军；因项羽残暴，即令汉高扶义而西；及汉高入关，羽以强兵继至，心仍守'先入关者王之'之旧约，而略不瞻徇，是其智略信义，亦有足称者，非刘圣公辈所可及也。"（《廿二史劄记》）韩兆琦曰："刘圣公即刘玄，西汉末年的起义军领袖，事见《后汉书》。"（《史记笺证》）

3. 乃尊怀王为义帝

《新注》曰："义帝：即假帝，挂名帝王。义，假也，犹如'义父''义子'之'义'。"按：王叔岷曰："《御览》八十六'义帝'下引《尚书中候》云：'空受之帝位。'"亦通。

4. 项王欲自王

《新注》曰："欲自王：想自己称王。"

5. 天下初发难时

[集解]服虔曰："兵初起时。"[正义]难，乃惮反。

6. 假立诸侯后以伐秦

《新注》曰："假立诸侯后：谓暂时，权宜封六国之后。"《笺证》曰："六国诸侯的后代，如熊心、韩成、田假、赵歇等皆是。"按："假"，姑且，暂且。权宜。

7. 暴露于野三年

[正义]暴，蒲北反。

《新注》曰："暴露于野：日晒雨淋在外作战。"按：暴(pù)，通"曝"。三年，指从陈涉起义到诸侯入关破秦争战三年。即秦二世元年（前209）七月至秦子婴二年（前206）十月，共三年又四个月。三年，举其成数。

8. 灭秦定天下者，皆将相诸君与籍之力也

《笺证》曰："将相诸君：指各路起义军的将领，即前文之所谓'诸侯将'，当时各地的称王者多未亲自入关，如熊心、赵歇、韩广、韩成等皆如此。"

9. 义帝虽无功，故当分其地而王之

《新注》曰："义帝虽然无功，因为诸侯之后，也应当分地封他为王。故当：本该当，语气实含怨怒，怨其覆命'如约'，不向己，此已露杀机。"按："故"，同"固"，本来。《汉书》直作"固"。

项王、范增疑沛公之有天下，业已讲解[1]；又恶负约[2]，恐诸侯叛之，乃阴谋曰："巴、蜀道险[3]，秦之迁人皆居蜀[4]。"乃曰："巴、蜀亦关中地也。[5]"故立沛公为汉王[6]，王巴、蜀、汉中，都南郑[7]。而三分关中，王秦降将，以距塞汉王[8]。项王乃立章邯为雍王[9]，王咸阳以西，都废

丘[10]。长史欣者，故为栎阳狱掾，尝有德于项梁；都尉董翳者，本劝章邯降楚。故立司马欣为塞王[11]，王咸阳以东至河，都栎阳[12]；立董翳为翟王[13]，王上郡，都高奴[14]。

1. 业已讲解

[集解]苏林曰："讲，和也。"[索隐]服虔云："解，折伏也。"《说文》云："讲，和解也。"《汉书》作"媾解"。苏林云："媾，和也。"是"讲"之与"媾"俱训和也。业，事也①。言虽有疑心，然事已和解也。

①业，事也：《斠证》曰："业已"，复语，"业"犹"已"也。此解亦通。

《新注》曰："业已讲解：事情已经和解。意谓原来攻打刘邦的机会已失，鸿门宴已讲和，再无借口。"

2. 又恶负约

《笺证》曰："恶负约：不愿意承担一个违背条约的罪名。恶，讨厌，不愿意。"

3. 乃阴谋曰：巴、蜀道险

《笺证》曰："阴谋：暗中商量。巴、蜀：皆秦郡名，巴郡辖今重庆市一带地区，郡治江州（今重庆市东北）；蜀郡辖今四川省西部地区，郡治成都（今成都市）。"《新注》曰："道险：交通不便。"按：范增之谋，封沛公为巴蜀王，将其困死在巴、蜀。此计为张良所破，游说项伯，改封为汉王，据有汉中之地，为日后出兵关中建立了前进基地。事详《留侯世家》。

4. 秦之迁人皆居蜀

《笺证》曰："迁人多居蜀：秦时流放人常流放到蜀地。按：可参见《吕不韦列传》《货殖列传》。迁，流放，发配。"

5. 巴、蜀亦关中地也

《笺证》曰："巴、蜀亦关中地，自东方而言，巴蜀亦处于函谷关之西，且又自战国时属秦，故项羽等可以强辞曰‘巴蜀亦关中地’。”

6. 故立沛公为汉王

集解 徐广曰：“以正月立[1]。”

①正月立：在公元前206年正月。

7. 都南郑

正义 《括地志》云：“南[1]梁州所理县也。”

①南：当作“南郑”，南下脱“郑”字。本书《秦本纪》“南郑反”，《正义》注：“南郑，今梁州所理县也。”

《新注》曰：“南郑：秦县名，汉中郡治，即今陕西南郑县。”

8. 而三分关中，王秦降将，以距塞汉王

《笺证》曰：“距塞汉王，堵着巴、蜀、汉中北出的通路，不使刘邦出来。”

9. 立章邯为雍王

《全注》曰：“雍：古邑名，在今陕西咸阳之西，凤翔县西南豆腐村，春秋时秦国都邑。旧城遗址，在1962年进行了部分发掘，遗址东南长约4.5公里，南北宽约2公里。章邯拥有秦故地，故称雍王。”周振鹤《西汉政区地理》曰：“章邯封地为秦内史西部与陇西、北地两郡。”

10. 都废丘

索隐 孟康曰：“县名。今槐里是也。”韦昭曰：“周时名犬丘，懿王所都，秦欲废之，故曰废丘。”正义 《括地志》云：“犬丘故城一名废丘，故城在雍州始平县东南十里。《地理志》云汉高二年，引水灌废丘，章邯自杀，更废丘曰槐里。”

《新注》曰：“废丘：秦县名，县治在今陕西兴平市东南。按汉高祖二年，改废丘为槐里。”

11. 故立司马欣为塞王

集解 韦昭曰："在长安东，名桃林塞。"

《全注》曰："塞王：司马欣封地内有大河、华山为阨塞，故名。"

12. 王咸阳以东至河，都栎阳

集解 苏林曰："栎音药。" 正义 《括地志》云："栎阳故城一名万年城，在雍州栎阳东北二十五里。秦献公之城栎阳，即此也。"

《笺证》曰："王咸阳以东至河：咸阳以东，直至黄河边。"周振鹤曰："塞国有秦内史东部地，于高帝末年为渭南、河上两郡，相当于《汉志》之京兆尹及左冯翊二郡。"按："都栎阳"，司马欣曾在栎阳为狱掾，今为塞王，亦可谓"富贵归故乡，衣锦昼行"了。

13. 立董翳为翟王

《全注》曰："翟王：董翳封地春秋时是白翟之地，故取以为号。"

14. 王上郡，都高奴

集解 文颖曰："上郡，秦所置，项羽以董翳为翟王，更名为翟。" 索隐 按：今鄜州有高奴城。 正义 《括地志》云："延州州城即汉高奴县。"

《笺证》曰："上郡：秦郡名，辖今陕西省北部和所临近的内蒙古自治区部分地区，郡治肤施，在今陕西省榆林东南。"《新注》曰："高奴：秦县名，县治在今陕西省延安市东北。"

徙魏王豹为西魏王[1]，王河东，都平阳[2]。瑕丘申阳者[3]，张耳嬖臣[4]也，先下河南郡[5]，迎楚河上[6]，故立申阳为河南王，都雒阳[7]。韩王成因故都，都阳翟[8]。赵将司马卬定河内[9]，数有功，故立卬为殷王[10]，王河内，都朝歌[11]。徙赵王歇为代王[12]。赵相张耳素贤，又从入关，故立耳为常山王[13]，王赵地，都襄国[14]。当阳君黥布为楚将，常冠军，故立布为九江王，都六[15]。鄱君吴芮率百越佐诸侯[16]，又从入关[17]，故立芮为衡山王[18]，都邾[19]。义帝柱国共敖[20]将兵击南郡[21]，功多，因立敖为临江王[22]，都江陵[23]。徙燕王韩广为辽东王[24]。燕将臧荼从楚救赵，因从入关，故立荼为燕王，都蓟[25]。徙齐王田市为胶东王[26]。齐将田都从共救赵，因从入关，故立都为齐王，都临菑[27]，故秦所灭齐王建孙田安[28]，项羽方渡河救赵，田安下济北数城[29]，引其兵降项羽，故立安为济北王，都博阳[30]。田荣者，数负项梁[31]，又不肯将兵从楚击秦，以故不封[32]。成安君陈馀弃将印去[33]，不从入关，然素闻其贤，有功于赵，闻其在南皮[34]，故因环封三县[35]。番君将梅𫓧功多[36]，故封十万户侯。项王自立为西楚霸王，王九郡，都彭城[37]。

1. 徙魏王豹为西魏王

《全注》曰："魏王豹：魏公子宁陵君咎之弟。陈胜攻占魏地，立咎为魏王，后咎被秦章邯打败自杀。豹又再起，收复魏地，继立为魏王。项羽分封诸侯，自己想兼有楚、魏之地，于是徙封豹为西魏王，引起魏豹的不满，终于背楚降汉。事详《史记》《汉书》本传。"

2. 王河东，都平阳

《新注》曰："河东：秦郡名，地当晋西南，郡治安邑，在今山西夏县西北。平阳：秦县名，县治在今山西临汾西南。”

3. 瑕丘[一]申阳[二]者

[一] 集解 徐广曰：“一云瑕丘公也①。”

①瑕丘公：瑕丘县令之称。瑕丘县，属山阳郡，在今山东兖州市东北。

[二] 集解 服虔曰：“瑕丘县属山阳。申，姓；阳，名。”文颖曰：“姓瑕丘，字申阳。”瓒曰：“瑕丘公申阳是。瑕丘，县名。”

《新注》曰：“申阳：人名，曾为秦瑕丘县令，故称瑕丘申阳。”

4. 张耳嬖臣也

《新注》曰：“嬖臣：宠幸之臣。”按：“嬖（bì）”，宠爱，亲狎。

5. 先下河南郡

《全注》曰：“先下河南郡：清梁玉绳《史记志疑》卷六认为‘郡’字是衍文，《汉书·项籍传》无此字。河南郡秦时为三川郡，刘邦统一全国后改名河南郡，辖有今河南西北大部。”

6. 迎楚河上

《新注》曰：“迎楚河上：项羽西进，申阳在郡境的黄河岸上迎接楚军。”《笺证》曰：“据《秦楚之际月表》，申阳之迎项羽于河上在秦二世三年七月，章邯率部投降项羽，项羽进兵关中之前。”

7. 都雒阳

正义 《括地志》云：“洛阳故城在洛州洛阳县东北二十六里，周公所筑，即成周城也。《舆地志》云成周之地，秦庄襄王以为洛阳县，三川守理之。后汉都洛阳，改为‘雒’。汉以火德，忌水，故去洛旁‘水’而加‘隹’。魏于行次为土，土，水之忌也，水得土而流，土得水而柔，故除‘隹’而加‘水’。”

《全注》曰：“雒阳：即洛阳，为三川郡治所，在今河南洛阳市东北。”

8. 韩王成因故都，都阳翟

正义《括地志》云："阳翟，洛州县也。"《左传》云："郑伯突入于栎。"杜预云："栎，郑别都，今河南阳翟县是也"。《地理志》云阳翟县是，属颍川郡，夏禹之国。

《新注》曰："因故都：居韩国之故都，即阳翟，在今河南禹县。"按：阳翟，战国时为韩国都城，秦置县。

9. 赵将司马卬定河内

《全注》曰："河内：黄河以北地区的统称。古代帝王多定都在河东、河北，所以称河北为河内，河南为河外。此指今河南黄河以北，地域大体相当于楚、汉之际设置的河内郡。"

10. 数有功，故立卬为殷王

《全注》曰："殷王：司马卬所封河内为殷商故地，故名。"

11. 王河内，都朝歌

《全注》曰："朝歌：曾为商代帝乙、帝辛别都，汉置为县，故地在今河南淇县。"

12. 徙赵王歇为代王

《全注》曰："代王：秦有代郡，战国时为赵地，地域在今山西北部、河北西北部一带。项羽徙封赵王歇于代，而把赵的主要地区封给张耳。赵王歇徙代后，都代县。"《笺证》曰："代王国都即今河北省蔚县东北之代王城。"周振鹤曰："广义的代地包括云中、雁门、代郡、太原四郡，秦楚之际匈奴南侵，燕、代、云中、雁门、代郡地多没入匈奴，代地中心实移至太原。"

13. 故立耳为常山王

《笺证》曰："常山王：封地即秦常山郡，约当今河北省石家庄一带地区。周振鹤以为常山国领有秦代的常山、钜鹿、邯郸三个郡，相当于《汉志》之赵国、魏郡、常山、中山、真定、钜鹿、广平、清河、信都十郡国，及鄚县以南之涿郡、东平舒至大河之间的渤海郡地。"

14. 王赵地，都襄国

正义《括地志》云："邢州城本汉襄国县，秦置三十六郡，于此置信都县，属钜鹿郡，项羽改曰襄国，立张耳为常山王，理信都。《地理志》云故邢侯国也。《帝王世纪》云邢侯为纣三公，以忠谏被诛。《史记》云周武王封周公旦之子为邢侯。《左传》云'凡、蒋、邢、茅，周公之胤也'。"

《新注》曰："襄国：秦信都县治，项羽以赵襄子之谥改为襄国，故治在今河北邢台西南。"

15. 立布为九江王，都六

索隐六县，古国，皋陶之后。正义《括地志》云："故六城在寿州安丰县南百三十二里，本六国，偃姓，皋繇之后所封也。黥布亦皋繇之后，居六也。"

《全注》曰："九江王：九江本为秦郡，辖境在今江西和江苏、安徽两省长江以北、淮水以南一带。郡治寿春，在今安徽寿县。黥布所封不包括今江苏地，这一地区已划归西楚。六：秦县名，在今安徽六安县北。"

16. 鄱君[一]吴芮，率百越佐诸侯[二]

［一］正义番君。番音婆①。

①番音婆："番"为"鄱"字之省写。

［二］集解韦昭曰："鄱音蒲河反。初，吴芮为鄱令，故号曰鄱君。今鄱阳县是也。"

《新注》曰："吴芮（ruì）：人名，曾为秦鄱阳令，故称鄱君。百越：当今闽浙一带之越人。因随地立君，有众多君长，故称百越。佐诸侯：指吴芮响应陈涉起义，故项羽封王，后降刘邦，封为长沙王。"

17. 又从入关

《笺证》曰："又从入关，从项羽入关者乃吴芮所派的将领梅鋗，而非吴芮本人。"

18. 立芮为衡山王

《全注》曰："衡山王：辖境在今湖北东部、湖南全部和安徽西部。境内有衡山，因以为国名。"

19. 都邾

集解 文颍曰："邾音朱，县名，属江夏。" 正义 《说文》云音诛。《括地志》云："故邾城在黄州黄冈县东南二十里[1]，本春秋时邾国。邾子，曹姓。侠居。至鲁隐公徙蕲。"音机。

①二十里：当作"百二十里"。《楚世家·正义》引《括地志》作"百二十一里"。

《新注》曰："邾：古邑名，汉置县，故邑在今湖北黄冈西北。"

20. 义帝柱国共敖

正义 共音恭。

《笺证》："柱国：是战国时的楚官名，略当于其他诸国的宰相。共敖：是战国时楚国贵族的后代，为楚怀王柱国。"

21. 将兵击南郡

《全注》曰："南郡：秦郡，辖有今襄樊市以南的湖北地区和四川巫山以东地区。"

22. 功多，因立敖为临江王

集解 《汉书音义》曰："本南郡，改为临江国。"

《笺证》曰："临江王：封地即秦之南郡。"周振鹤以为"实以秦之南郡、长沙、黔中三郡置"。徐孚远曰："项羽封三秦王，以拒汉也；封九江、衡山、临江三王，皆近楚以自蕃援也，又以内制义帝，其深心可见。"

23. 都江陵

正义 江陵，荆州县。《史记》江陵，故郢都也。

《笺证》曰："江陵：南郡郡治，在今湖北荆州市江陵城西北之纪南城。"

24. 徙燕王韩广为辽东王

集解 徐广曰："都无终。"

[正义佚文] 无终，幽州渔阳县城，汉无终故地，北戎无终子国。

《笺证》曰："燕王韩广：韩广原是陈涉部将武臣的部下，武臣在赵地称王后，派韩广率兵北定燕地。韩广攻占燕地后，遂也在燕地自称燕王，事见《陈涉世家》。辽东王：顾名思义，其封地应即秦之辽东郡，约当今辽宁省之东部地区，但《秦楚之际月表》称其'都无终'，'无终'即今天津市蓟县，当时为右北平郡的郡治所在地。"周振鹤以为韩广的辽东国实际领有辽东、辽西、右北平三个郡。《新注》曰："辽东：秦郡名，郡治在今辽宁辽阳。项羽徙燕王韩广为辽东王，都此。"

25. 立荼为燕王，都蓟

《全注》曰："荼（tú）：臧荼，曾为燕王韩广部将，因从项羽入关，项羽把燕地分割为二，徙故燕王韩广称王辽东，而以燕、蓟（今河北北部）封臧荼。后来臧荼背楚归汉，汉高祖五年反叛被俘。"《笺证》曰："燕王封地即秦之广阳郡，约当今之北京市与河北省之大清河北一带地区。都城蓟（jì），秦县名，县治即今北京市城区之西南部。"

26. 徙齐王田市为胶东王

[集解]徐广曰："都即墨。"[正义]《括地志》云："即墨故城在莱州胶水县南六十里。古齐地，本汉旧县。"胶音交。在胶水之东。

《笺证》曰："胶东王：封地即秦之胶东郡，今山东省潍河以东地区，都即墨，在今山东平度县东南。"《全注》曰："项羽把原齐国地区分割为三，东部为胶东王田市封国，中部是故齐的中心地带，为齐王田都封国，西部为济北王田安封国。"

27. 都临菑

[索隐]按：《高纪》及《田儋传》云"临济"，此言"临菑"，误。[正义]菑，侧其反。《括地志》云："青州临菑县也。即古临菑地也。一名齐城，古营丘之地，所封齐之都也。少昊时有爽鸠氏，虞、夏时有季崱，殷时有逢伯陵，殷末有薄姑氏，为诸侯，国此地。后太公封，方五百里。"

《全注》曰："临菑：即临淄，战国时齐国都城，秦为临淄郡治所，故城在今山东淄博市东北旧临淄县。"《笺证》曰："周振鹤以为田都的齐国领有秦末的临淄、琅琊两个郡。"

28. 故秦所灭齐王建孙田安

《笺证》曰："齐王建：战国时齐国的末代国君，前264年继其父位为齐王，前221年被秦所灭。"

29. 田安下济北数城

《笺证》曰："济北：秦郡名，约当今山东省之济南市与其周围地区。"按：济北郡辖地因在济水之北而得名。《全注》曰："济水为古代四渎之一，发源于今河南济源县西王屋山，过黄河后曲折东流，在山东境内入海。古济水今已不复存在。"

30. 都博阳

正义 在济北①。

《笺证》曰："博阳：在今山东泰安市东南的博县故城，当时为济北郡的郡治所在地。"

①在济北：谓博阳城在济水之北。

31. 田荣者，数负项梁

《笺证》曰："负：背叛，对不起。"按：项梁定陶之败，因荣不救，项羽深恨之。

32. 以故不封

泷川曰："一田荣不封，竟败霸王大事。"(《会注考证》)

33. 成安君陈馀弃将印去

正义 《地理志》云成安县在颍川郡，属豫州。

《全注》曰："成安君：陈馀封号。成安，秦县名，张守节《正义》云：'成安县在颍川郡，属豫州。'在今河南临汝县东南。"

《新注》曰："陈馀弃将印去：陈馀、张耳共立赵歇为赵王，张耳为相，陈馀为将，钜鹿战后，张耳责陈馀救援不力，陈馀大怒，解将印而走，两人成仇。项羽既封张耳，故不封陈馀为王，只封三县。”

34. 闻其在南皮

正义《括地志》云：“故南皮城在沧州南皮县北四里，本汉皮县城，即陈馀所封也。”

《新注》曰：“南皮：秦县名，即今河北南皮县。”

35. 环封三县

集解《汉书音义》曰：“绕南皮三县以封之。”

《笺证》曰：“将南皮县周围的三个县封给陈馀。洪亮吉曰：‘张耳嬖臣申阳皆封王，而陈馀只侯，是馀尤不平者。’”

36. 番君将梅销功多

集解韦昭曰：“呼玄反①。”

①呼玄反：即“销”，读音 juān。

37. 项王自立为西楚霸王[一]，王九郡，都彭城[二]

[一] 正义《货殖传》云淮以北，沛、陈、汝南、南郡为西楚也。彭城以东，东海、吴、广陵为东楚也。衡山、九江、江南、豫章、长沙为南楚。孟康云：“旧名江陵为南楚，吴为东楚，彭城为西楚。”

[二] 集解孟康曰：“旧名江陵为南楚，吴为东楚，彭城为西楚。”正义彭城，徐州县。

《新注》曰：“西楚：全楚之地分为西楚、东楚、南楚三大地区。今豫东、皖北与江苏西北部为西楚；彭城以东，长江下游为东楚；长江中部江南为南楚。以都邑言，彭城为西楚，吴为东楚，江陵为南楚。霸王：项羽以彭城为都，又为诸侯盟主，故称西楚霸王。九郡：项羽所辖九郡众说纷纭，一般认为是东阳、泗水、薛、东海、鄣、会稽、吴、砀、东郡。其地以彭城为中心，跨有今河南东部，山东西南部，以及安徽、江苏两省。东楚之地亦在项羽辖区内。”

【考辨】

王九郡

九郡之地，史籍未详，今从《史记志疑》的考证。梁玉绳曰："项羽王梁楚九郡，《史》《汉》皆不详，注家亦略。《史诠》谓'泗水、砀、薛、东海、临淮、彭城、广陵、会稽、鄣九郡。然临淮郡，汉武帝元狩六年置。彭城郡，宣帝地节元年置。广陵国，非郡，武帝元狩五年更江都国为广陵，中间为郡止三年。鄣郡之置，未知何时？秦无鄣郡，岂羽置之乎'？《经史问答》言'秦于楚地置十郡，项王以汉中封高祖，九江封英布，南郡封共敖，长沙为义帝都，而自得东海、泗水、薛、会稽、南阳、黔中。秦于梁地置三郡，项王以河东封魏豹，而自得砀、东郡。凡得郡八，据史记益以楚郡，适得九郡之目'。然秦无楚郡，恐是误会《楚世家》之文。南阳、黔中，中隔数国，岂能遥属于楚？程、全两说俱难信。唯钱宫詹大昕《汉书考异》谓史称九郡者，据当时分置郡名数之，引高纪六年封荆、楚二王地作证，以泗水、东阳、东海、砀、薛、鄣、吴、会稽、东郡为九甚确。"王先谦《汉书补注》认为秦于梁楚地所置之九郡为楚、泗水、薛、东海、黔中、会稽、南阳、砀、东郡。张家英《史记疑诂》在王氏基础上，去楚、黔中二郡，增颍川、陈郡。

【研讨】

都彭城

《笺证》曰："今徐州市内户部山上有戏马台，相传项羽当年曾在此观看戏马。山上有系马柱，相传为项羽系马之处。台上建有双层飞檐六角亭，两侧尚有许多其他明、清建筑与历代人士的题咏。戏马台自古以来是徐州城内的重要风景点。"恽敬曰："自淮阴斥项王不居关中而都彭城，史家亦持此说，后之言地利者祖之，以为项王失计无有大于此者。余谓项王之失计在不救雍、塞、翟三王而东击齐也。项王都彭城盖以通三川之险也；通三川盖以救秦之祸也。以彭城控三川，即以三川控三秦。九郡者，项王所手定也，军于手定之地，不患其不安；民于手定之地，不患其不习；国于手定之地，则诸侯不得以地大而指为不均。关中者，固汉王所手定也，舍已所手定之九郡，而夺他人所手定之关中，天下之人安乎？不安乎？不意四月诸侯就封，五月而田荣反齐，是月而陈馀反赵，六月而彭越反梁，西楚之势不能即日西兵，而汉王乃于五月破章邯，八月降司马欣、董翳矣。盖项王止策汉王，而田荣、陈馀、彭越三人非其所忌，故有此意外之变，此则项王之失计也。”

汉之元年四月[1]，诸侯罢戏下，各就国[2]。项王出之国[3]，使人徙义帝[4]，曰：“古之帝者地方千里[5]，必居上游[6]。”乃使使徙义帝长沙郴县[7]，趣义帝行[8]，其群臣稍稍背叛之，乃阴令衡山、临江王击杀之江中[9]。韩王成无军功，项王不使之国，与俱至彭城，废以为侯，已又杀之[10]。臧荼之国，因逐韩广之辽东，广弗听，荼击杀广无终，并王其地[11]。

1. 汉之元年四月

《全注》曰：“汉元年：即公元前 206 年。此年项羽分封诸侯，刘邦为汉王。”《新注》曰：“此未用楚纪年，而用汉纪年，故加‘之’字。”

2. 诸侯罢戏下，各就国

索隐 戏音羲，水名也。言“下”者，如许下、洛下然也。按：上文云项羽入至戏西鸿门，沛公还军霸上，是羽初停军，于戏水之下。后虽引兵西屠咸阳、烧秦宫室，则亦还戏下。今言“诸侯罢戏下”，是各受封邑号令讫，自戏下各就国。何须假借文字，以为旌麾之下乎？颜师古、刘伯之说皆非。

[正义佚文] 戏：麾，大旌也。诸侯各率其军，从项羽入关

破秦，听命受封爵，俱就国，故言“罢戏下”也。

《新注》曰：“指诸侯从项羽的旗帜下分散开去，各就国。”《全注》曰：“戏（huī），通‘麾’，用来指挥军队的大旗。‘戏下’，在主帅的旌麾之下。也有人认为‘戏’指戏水，‘戏下’即戏水旁，与‘洛下’同例。”

【考辨】

“戏下”两解

“戏下”有两解。因“戏”为多音字。《索隐》依本字读 xì，指戏水。《汉书·高帝纪》颜师古注读 huī，同“麾”，“戏下”，即为“麾下”。《周礼》：“建大麾以田。”或作戏，可证。颜氏辨之曰：“戏谓军之旌麾也，音译宜反，亦读曰麾。先是，诸侯从项羽入关者，各帅其军，听命于羽，今既受封爵，各使就国，故总言罢戏下也。一说云特从项羽在戏水之上，故言罢戏下，此说非也。项羽见高祖于鸿门，已过戏矣，又入秦烧秦宫室，不复在戏也。《汉书》通以戏为麾字。”王伯祥《史记选》亦赞同颜说。王伯祥曰：“‘洛下’‘许下’都指城言；若指水言，当云‘戏上’，不得云‘戏下’，看前文‘水上’‘霸上’，和后文‘睢水上’‘汜水上’等自明。”张家英《史记疑诂》集中《史记》中所出现的“戏下”十六例，只有《淮阴侯列传》中两例应作“麾下”解，其余十二例都应解释为水名。张氏赞同《索隐》说。按：两说皆通，以颜氏说为长。“各就国”，各到自己的封地上去。

3. 项王出之国

《新注》曰：“出之国：东出函谷关，到自己的封国上去。即项羽回到彭城。”

4. 使人徙义帝

《笺证》曰：“使人徙义帝：当时义帝尚在彭城，故必须在项羽到达之前将其迁走。”

5. 古之帝者地方千里

《全注》曰：“方千里：千里见方，即东西千里，南北千里。

按：谓领地裁长补短，合方千里。”

6. 必居上游

集解 文颖曰：“居水之上流也。游，或作‘流’。”

《新注》曰：“上游：居高临下之地。项羽忌怀王，用冠冕堂皇的托词逐放到当时尚未充分开发的长沙地区。”

7. 乃使使徙义帝长沙郴县

集解 如淳曰：“郴音綝。”

《新注》曰：“长沙：秦郡名，郡治临湘，在今长沙市南。郴县：长沙郡属县，即今湖南郴县。”郴（chēn）县，处湘水之游。陈直曰：“项羽置义帝于郴县，取义在楚地疆域之内。”

8. 趣义帝行

《笺证》曰：“催着义帝快走。趣，通‘促’。”

9. 乃阴令衡山、临江王击杀之江中

集解 文颖曰：“郴县有义帝冢，岁时常祠不绝。”

《笺证》曰：“击杀之江中：据此文击杀义帝者是衡山王吴芮与临江王共敖，然《黥布列传》则云：‘项氏立怀王为义帝，徙都长沙，乃阴令九江王布等行击之。其八月，布使将击义帝，追杀之郴县。’则杀义帝者主要是黥布，而且是杀于郴县，非杀于‘江中’。洪亮吉曰：‘义帝徙长沙，道盖出九江、衡山、临江，故羽令二王及九江王布杀之。二王虽受羽命而不奉行，故布独遣将击杀耳。’此据《汉书·高纪》颜师古注。颜氏曰：‘衡山、临江与布同受羽命，而杀之者布也。’”

【研讨】

项羽弑义帝

《新注》曰：“击杀之江中”，据《黥布列传》，义帝到达郴县后才被黥布遣将追杀。大约是衡山王吴芮、临江王共敖不愿截杀义帝，故义帝终达郴县。其后项羽迫使黥布追杀，于是产生裂痕。不久项羽伐齐，征黥布不至，布竟反楚归刘。项羽此举，大

为失计。义帝何时被击杀，梁玉绳曰："义帝之杀，此与《高纪》在汉元年四月；而《月表》在二年十月；《黥布传》在元年八月，《汉书》从《月表》，然究未知的在何月。疑四月为是。"（《史记志疑》）

10. 废以为侯，已又杀之

《笺证》曰："已：后来。据《秦楚之际月表》，项羽杀韩成在汉元年七月。"王叔岷曰："《通鉴》作'废以为穰侯。'注：'穰县，属南阳郡。'"

【研讨】

《新注》曰：项羽怨韩王成遣张良助刘邦，故托词"无军功"，不使之国，随后又杀之。这也是项羽政治上的失计。

11. 荼击杀广无终，并王其地

《笺证》曰："荼击杀广：据《秦楚之际月表》，臧荼击杀韩广在汉元年八月。"郭嵩焘曰："韩王广徙王辽东，都无终，此云'逐广之辽东，广弗听'，是广犹在蓟也；而云'荼击杀广无终'，是固已之国矣。必荼与广争国，其中战事犹多，史公但以一二语总括之。"（《史记札记》）

田荣闻项羽徙齐王市胶东，而立齐将田都为齐王，乃大怒，不肯遣齐王之胶东，因以齐反[1]，迎击田都。田都走楚。齐王市畏项王，乃亡之胶东就国。田荣怒，追击杀之即墨[2]。荣因自立为齐王，而西击杀济北王田安[3]。并王三齐[4]。荣与彭越将军印，令反梁地[5]。陈馀阴使张同、夏说说齐王田荣曰[6]："项羽为天下宰[7]，不平。今尽王故王于丑地[8]，而王其群臣诸将善地，逐其故主，赵王乃北居代[9]，馀以为不可。闻大王起兵，且不听不义[10]，愿大王资馀兵[11]，请以击常山[12]，以复赵王[13]，请以国为扞蔽[14]。”齐王许之，因遣兵之赵。陈馀悉发三县兵，与齐并力击常山，大破之。张耳走归汉[15]，陈馀迎故赵王歇于代，反之赵[16]。赵王因立陈馀为代王[17]。

1. 因以齐反

《笺证》曰：“因以齐反，据《秦楚之际月表》，田荣以齐反项羽在汉元年五月。”

2. 田荣怒，追击杀之即墨

《新注》曰：“即墨：秦县名，县治在今山东平度东南。”

3. 西击杀济北王田安

《笺证》曰：“西击杀济北王田安，据《秦楚之际月表》，田荣追杀田市于即墨，自立为齐王，事在汉元年六月；田荣击杀济北王田安在汉元年七月。”梁玉绳曰：“纪、表、传皆言田荣杀田安，唯《汉书》高纪、籍传云彭越杀之，与年表、儋传异。岂是时越受荣将军印而为之驱除耶？然越传何以不书？”（《史记志疑》）

4. 并王三齐

集解《汉书音义》曰：“齐与济北、胶东。”正义《三齐记》云：“左即墨，中临淄，左平陆，谓之三齐。”

《笺证》曰：“三齐：在齐地的三个封国，即齐、胶东、济北。”

5. 荣与彭越将军印，令反梁地

《全注》曰：“彭越：字仲，昌邑（今山东金乡县西北）人。项羽分封诸侯王时，彭越率众万余人活动于巨野泽（即大野泽，在今山东巨野县北），所以田荣联络彭越，授予将军印，在梁地反叛项羽。事见《史记》《汉书》本传。”

【研讨】

彭越反梁地

何焯曰：“田荣首难，且连彭越，横又继之，为高祖驱除，功莫先于齐也。”（《义门读书记》）韩兆琦曰：“田荣、彭越反项羽，于楚汉相争有关键意义，详见《田儋列传》《魏豹彭越列传》。”（《史记笺证》）张大可曰：“彭越后归刘邦为大将，与魏豹合传。当时彭越有众万余在钜野泽，无所属，因彭越未从项羽入关，故不封，于是齐田荣、汉刘邦相继遣人策动彭越反于梁地。项羽封王，意气用事，此大为失计。”（《史记新注》）

6. 陈馀因使张同、夏说说齐王田荣曰

《新注》曰：“张同、夏说：二人为陈馀将，夏说后为代相，被韩信所破，事详《淮阴侯列传》。说，读‘悦’。”

7. 项羽为天下宰

《笺证》曰：“为天下宰：指主持分封诸侯的事情。宰，主持、主宰。”

8. 今尽王故王于丑地

《新注》曰：“王故王：指项羽徙赵王歇于代，燕王韩广于辽东，齐王田市于胶东事。丑地：不好的边远之地。”

9. 逐其故主，赵王乃北居代

《新注》曰：“‘逐其故主，赵王乃北居代’，旧注作一句读，句法不通，梁玉绳认为‘其’字衍，非是。‘逐其故主’断句，指臧荼逐韩广，田都逐田市，张耳逐赵歇，以至于赵王歇北居代。”

10. 闻大王起兵，且不听不义

《笺证》曰：“不听不义：不听你的号召，我自己也觉得不合适。义，宜。”

11. 愿大王资馀兵

《笺证》曰：“资馀兵：借给我陈馀一些人马。”《新注》曰：“资：资助，以为凭借。”

12. 请以击常山

《笺证》曰：“击常山：迎击常山王张耳，使其不能入赵地称王。”

13. 以复赵王

《新注》曰："以复赵王：用以恢复赵王还赵地。陈馀借此打击张耳以报复夺印之怨。"

14. 请以国为扞蔽

《笺证》曰："以国为捍蔽：以我们赵国给你们齐国做屏障。捍，捍卫者；蔽，屏蔽。"

15. 张耳走归汉

《笺证》曰："封张耳为常山王的是项羽，今张耳有难不投项羽而投刘邦，盖因刘邦与张耳有旧交。张耳被陈馀打败投奔刘邦事，在汉二年（前 205）十月。"

16. 反之赵

《全注》曰："反：通返。"

17. 赵王因立陈馀为代王

《笺证》曰："立陈馀为代王：陈馀击败张耳，迎赵歇返赵，以及陈馀被立为代王而仍留赵为相事，详见《张耳陈馀列传》。"

是时，汉还定三秦[1]。项羽闻汉王皆已并关中，且东，齐、赵叛之[2]，大怒。乃以故吴令郑昌为韩王[3]，以距汉。令萧公角等击彭越[4]，彭越败萧公角等。汉使张良徇韩[5]，乃遗项王书曰："汉王失职[6]，欲得关中，如约即止，不敢东。"又以齐、梁反书遗项王曰[7]："齐欲与赵并灭楚。"楚以此故，无西意，而北击齐。征兵九江王布。布称疾不往，使将将数千人行。项王由此怨布也[8]。

1. 汉还定三秦

《全注》曰："三秦：即章邯、司马欣、董翳所封雍、塞、翟三国。这些地区原为秦国故地。据本书《高祖本纪》记载，汉元年八月，汉王采纳韩信的计策，从汉中回军关中，击破雍王章邯。次年，汉王东进略地，塞王司马欣、翟王董翳等皆降，平定了三秦。”

2. 且东，齐、赵叛之

《笺证》曰：“且东：行将出兵东下。齐、赵叛之：梁玉绳曰：‘齐叛，指田荣击杀田都、田市、田安，并王三齐也；赵叛，指陈馀破常山王迎还赵歇也。然赵叛事在二年，此时尚未，当依《汉书》作‘齐、梁叛之’为是，下文‘张良以齐梁反书遗项王’可证，指彭越反梁地也。’”按：梁氏所说与下文张良致信项王内容不合，似仍以作“齐赵”为是。

3. 乃以故吴令郑昌为韩王

《新注》曰：“故吴令：秦时吴令。郑昌以吴令随项梁起兵，为项羽旧将，故立为韩王。”按：项羽初封张良故主韩成为韩王，但项羽不令其就国，不久遂杀之。今刘邦即将东来，故项羽改立郑昌为韩王，以阻刘邦。

4. 令萧公角等击彭越

集解 苏林曰：“官号也。或曰萧令也。时令皆称公。”

《笺证》曰：“萧公角：曾任萧县县令，其名为角，姓氏不详。”钱大昕《十驾斋养新录》曰：“春秋之际，楚县令皆称公。楚汉之际，官名多沿楚制，故汉王起沛称沛公，楚有萧公、薛公、郯公、留公、柘公，汉有滕公、戚公，皆县令之称。”

5. 汉使张良徇韩

《笺证》曰：“徇韩：带兵开拓韩国地面，因张良是韩国旧臣，在此地区有号召力。”

6. 汉王失职

《新注》曰：“汉王失职，指项羽不遵怀王之约，使刘邦没有得到应得的爵土，即为关中王。”

7. 以齐、梁反书遗项王曰

《新注》曰："张良又将齐、梁反楚的事写了一封信送给项王。这是张良为刘邦东出制造的烟幕。梁，指彭越反梁地。下文'齐欲与赵并灭楚'是张良信中分析局势的内容之一，并非'梁'为'赵'字之误。"按：刘辰翁曰："子房妙处在并反书以闻，使羽留齐本此。"（《史记评林》引）

8. 项王由此怨布也

《笺证》曰："项羽征兵于黥布，黥布称疾不往，从此与项羽结怨事，见《黥布列传》。史文著此，为黥布日后叛项张本。"

汉之二年冬[1]，项羽遂北至城阳，田荣亦将兵会战。田荣不胜，走至平原[2]，平原民杀之。遂北烧夷齐城郭室屋[3]，皆坑田荣降卒，系虏其老弱妇女[4]。徇齐至北海[5]，多所残灭。齐人相聚而叛之。于是田荣弟田横[6]，收齐亡卒得数万人[7]，反城阳。项王因留，连战未能下。

1. 汉之二年冬

《笺证》曰："汉之二年冬，前205年的冬天，当时以十月为岁首，故冬为这一年的年初。按：据《秦楚之际月表》，项羽讨田荣，在汉之二年十二月，故言冬也。"陈仁锡曰："'汉之元年''汉之二年''汉之三年''汉之四年'，此子长以汉之年纪楚事例也，故加'之'字以别之。至五年楚亡，然后直书'汉五年'，示一统也。"

2. 田荣不胜，走至平原

《全注》曰："平原：秦县名，在今山东平原县西南。汉始置郡，以平原为郡治。"

3. 遂北烧夷齐城郭室屋

《新注》曰："烧夷：烧灭劫掠，夷为平地。"

4. 系虏其老弱妇女

《全注》曰："系虏：俘获，俘虏。系，拘缚，捆绑。"

【研讨】

项羽不仁

韩兆琦曰："'烧夷齐城郭室屋，皆坑田荣降卒，系虏其老弱妇女'，句首应出'项羽'二字。此项羽于楚汉战争开始后的第一次残暴不仁，皆为刘邦'为渊驱鱼，为丛驱雀'者。"（《史记笺证》）

5. 徇齐至北海

《笺证》曰："徇齐至北海，攻占齐国地盘一直到北海边。北海，即渤海，这里是指山东省潍坊市、昌乐、寿光、昌邑等一带地区，这一带北临渤海。"《全注》曰："汉景帝中二年于此置北海郡。"

6. 田荣弟田横

《全注》曰："田横：秦末与从兄田儋起兵反秦，田儋死，田荣立儋子市为齐王，田横为将。田荣死，田横立荣子广为齐王，自为齐相。后来田广被汉军所虏，田横自立为齐王。刘邦称帝，召田横至洛阳，离洛阳三十里自杀。事详本书《田儋列传》《汉书·田儋传》。"

7. 收齐亡卒得数万人

《新注》曰："亡卒：散卒。"

春[1]，汉王部五诸侯兵[2]，凡五十六万人，东伐楚。项王闻之，即令诸将击齐，而自以精兵三万人，南从鲁出胡陵[3]。四月，汉皆已入彭城，收其货宝美人，日置酒高会[4]。项王乃西从萧晨击汉军而东[5]，至彭城，日中，大破汉军[6]。汉军皆走。相随入谷、泗水[7]，杀汉卒十余万人[8]。汉卒皆南走山[9]，楚又追击至灵壁东睢水上[10]。汉军却，为楚所挤[11]，多杀，汉卒十余万人，皆入睢水，睢水为之不流[12]。围汉王三帀[13]。于是大风从西北而起，折木发屋[14]，扬沙石，窈冥昼晦[15]，逢迎楚军[16]。楚军大乱，坏散[17]，而汉王乃得与数十骑遁去。欲过沛，收家室而西[18]；楚亦使人追之沛，取汉王家；家皆亡[19]，不与汉王相见。汉王道逢得孝惠、鲁元[20]，乃载行[21]。楚骑追汉王，汉王急，推堕孝惠、鲁元车下。滕公常下收载之[22]，如是者三。曰："虽急，不可以驱，奈何弃之[23]！"于是遂得脱。求太公、吕后不相遇[24]。审食其从太公、吕后间行[25]，求汉王，反遇楚军。楚军遂与归，报项王[26]，项王常置军中[27]。

1. 春

《全注》曰："春：汉二年春。当时沿用秦历，以十月为岁首，所以上面先叙述'汉之二年冬'，然后按时叙述汉二年春。"

2. 汉王部[一]五诸侯[二]兵

[一] 集解 徐广曰："一作'劫'。" 索隐 按：《汉书》作"劫"字。

[二] 集解 徐广曰："塞、翟、魏、殷、河南。"骃案：应劭曰："雍、翟、塞、殷、韩也。"韦昭曰："塞、翟、殷、韩、魏，雍时已败也。" 索隐 按：徐广、韦昭皆数翟、塞及殷、韩等；颜师古不数三秦，谓常山、河南、韩、魏、殷；顾胤意略同，乃以陈馀兵为五，未知孰是。鄙意按：韩王郑昌拒汉，汉使韩信击破之，则是韩兵不下

而已破散也，韩不在此数。五诸侯者，塞、翟、河南、魏、殷也。正义师古云："诸家之说皆非。张良遗羽书曰'汉欲得关中，如约即止，不敢复东'，谓出关之东也。今羽闻汉东之时，汉固已得三秦矣。五诸侯者，谓常山、河南、韩、魏、殷也。此年十月，常山王张耳降，河南王申阳降，韩王郑昌降，魏王豹降，虏殷王卬，皆汉东之后，故知谓此为五诸侯。时虽未得常山之地，《功臣年表》云'张耳弃国，与大臣归汉'，则当亦有士卒尔。时雍王犹在废丘被围，即非五诸侯之数也。寻此纪文，昭然可晓。前贤注释，并失指趣。"《高纪》及《汉书》皆言"劫五诸侯兵"。凡兵初降，士卒未有自指麾，故须劫略而行。又云"发关中兵，收三河士"。发谓差点拨发也，收谓劫略收敛也。韦昭云河南、河东、河内。申阳都雒阳，韩王成都阳翟，皆河南也。魏豹都平阳，河东也。司马卬都朝歌，张耳都襄国，河内也。此三河士则五诸侯兵也。更着雍、塞、翟，则成八诸侯矣。重明颜公之说是。故《韩信传》云"汉二年出关，收魏河南，韩、殷王皆降"是。

《新注》曰："部五诸侯：部，部勒，统率。五诸侯，众说纷纭。《汉书·高帝纪》颜师古注谓为常山王张耳、河南王申阳、韩王郑昌、魏王豹、殷王卬。"按："五诸侯"以战国之数习惯言，山东六国，去一则五。篇末赞语谓项羽率"五诸侯"灭秦，因其时齐未从羽入关，故言"五诸侯"，而从羽者楚、赵、韩、魏、燕五国之师。但刘邦东出，则非只颜说五王，尚有塞王欣，翟王翳；山东齐、赵已与羽战，故"五诸侯"非指实，而是泛言天下之兵也。"部"，《史记·高祖本纪》《汉书·高帝纪》和《项羽传》皆作"劫"。

【考辨】

五诸侯

五诸侯，三家注引列四种说法：其一，徐广曰：塞、翟、魏、殷、济南；其二，应劭曰：雍、翟、塞、殷、韩；其三，韦昭曰：塞、翟、殷、韩、魏；其四：颜师古曰：常山、河南、韩、魏、殷。颜师古说不包括三秦王，加上三秦王，共八国。徐广、应劭两说，三秦王中因雍王章邯被围于废丘，没有东出。泷川引董教增曰："当据故七国，以其地言，不以其王言也。汉定三秦，即秦故地；项羽王楚，乃故楚地；其余韩、赵、魏、齐、燕为五诸侯。劫五诸侯兵，犹后言引天下兵耳。故汉伐楚，可以言'五诸侯'；楚灭秦，亦可言'五诸侯'也。"《新注》从董氏说，因无论是项羽灭秦，还是楚汉相争汉王东出，皆不止五诸侯。盖项羽所封共十八王，由是应以旧时六国之数习惯言，山东六国，去一则五，最得要领。本篇赞语"将五诸侯灭秦"句《集解》裴氏注亦是此意。

3. 南从鲁出胡陵

正义 《括地志》云："鲁，兖州曲阜县也。《地理志》云胡陵在山阳县[①]属也。"

①胡陵在山阳县："县"为"郡"字之误。《高祖本纪》"出胡陵"，《正义》曰："《地理志》：胡陵在山阳郡。"

《笺证》曰："南从鲁出胡陵，意谓直插彭城之西，以截断刘邦之退路。鲁，秦县名，县治即今山东省曲阜市。出，经由。胡陵，也作'湖陵'，秦县名，县治在今山东省鱼台东南。"

4. 收其货宝美人，日置酒高会

张文虎《舒艺室随笔》曰："沛公一入秦宫，即欲留居；今入彭城，又复如此，亦无异于淫昏之主，此范增所谓'贪财好美姬'者也，宜其为羽所破，几至灭亡哉！史公于此二事不著之《高纪》，而见之《羽纪》及《留侯世家》，此为高讳而仍不没其实。"按：高会，犹言"盛会"。

5. 项王乃西从萧晨击汉军而东

正义 《括地志》云："徐州萧县，古萧叔之国，春秋时为宋附庸。《帝王世纪》云周封子姓之别为附庸也。"

《笺证》曰："萧：秦县名，在今安徽萧县西北，当时的彭城之西六十里。”按：项羽由胡陵南至萧县，截断刘邦之退路后，在清晨由西向东，在汉军背后出其不意地发起总攻，挤压汉军落入睢水，大获全胜。

6. 至彭城，日中，大破汉军

集解张晏曰：“一日之中也。或曰旦击之，至日中大破。”

《新注》曰：“大破汉军：这里描写的是彭城大战，项羽以轻骑三万击败刘邦五十六万大军，取得了辉煌的战役胜利。汉二年夏四月刘邦攻破彭城，以为天下已定，置酒高会。汉军主力摆在彭城以东阻击项羽回救。但项羽未直指彭城。他留下大军在北海攻齐，只带三万轻骑拉到彭城正北的鲁县，绕过昭阳湖至胡陵，迂回至彭城之西的萧县，然后在黎明之时，从萧县向东，出其不意地向汉军发起了总攻，从背后打击汉军，获得了大胜。”

【研讨】

彭城大战

武国卿、慕中岳曰：“彭城大战是楚汉战争主战场项羽、刘邦亲自统率军队的第一次较量，这次战争项羽以三万精兵大败刘邦五十六万军队，主帅刘邦几乎被项羽生擒，构成了我国古代战争史上以绝对劣势之军战胜强大之军的一大奇迹。项羽军在彭城之战的胜利对改变楚、汉两军的战略态势至关重要。楚军胜利最重要的因素可以归结为，一、战略指导上的雄才大略，英勇果敢；二、奇兵突袭，出敌意外；三、以精锐骑兵为主体，充分发挥骑兵快速突击的特长；四、楚国势力雄厚，且在楚国本土作战，占了人和、地利的优势。”（《中国战争史》）陈梧桐等曰：“项羽所以能取得这次反击会战的胜利，主要在于他握有一支强大而精勇的骑兵，以迅雷不及掩耳的神速行动，给汉军以突然猛烈的打击。项羽不是由南而北实施正面攻击，也不是由东而西将汉军击溃，而是由城阳东北经鲁、胡陵至萧，走了一个反‘S’形绕至汉军的侧后，然后由西而东猛攻，企图全歼汉军于彭城、谷水、泗水、睢水之间，并基本实现了这一目标。项羽仅以三万骑兵的绝对劣势，居然对数十万汉军实施迂回歼灭作战，这一决心、勇气和战术，都是战争史上所罕见的。正因为项羽高度发挥了骑兵快速突击的优势、部队破釜沉舟的勇敢精神和奇袭战术的特殊效果，所以才取得了彭城反击会战的决定性胜利，给了汉军以毁灭性的打击，弥补了楚汉战争开始以来项羽的许多失误。”又说：“彭城之战虽然楚胜汉败，但综观楚汉战争开始以来双方的得失，刘邦之得大于失，而项羽之失大于得。刘邦虽然在彭城惨败，损失严重，功败垂成，但他夺得了关中及关东部分极为重要的战略地区，人力、物力和领土都成倍地扩张，处于进可攻、退可守的有利地位，完全摆脱了在鸿门宴前后有可能随时被项羽消灭的危险境地。项羽虽然取得彭城会战的巨大胜利，但他的所得仅仅是收复了自己失去的西楚领土，失去的则是关中和关东部分地区的大量与国；北方出现齐、赵等独立的割据势力；其最重要的盟友九江王英布已离心离德，居然在刘邦进占彭城时未能助项羽一臂之力；加上长期以来项羽缺少对汉作战的思想准备，兵力明显不足，彭城大捷后无力发展成全局性的胜利，不能越荥阳而西，更不能把战争引向关中和巴蜀。因此，项羽的战略优势，已较战争开始前大大减弱。”（《中国军事通史》）

7. 相随入谷、泗水

[集解]瓒曰：“二水皆在沛郡彭城。”

《笺证》曰：“谷、泗水：二水名。泗水源于今山东省泗水县东，流经曲阜、沛县，经彭城东，南流入淮水。谷水是泗水的支流，西从砀山、萧县流来，在彭城东北入泗水。”《全注》曰：“项羽率军自萧而东，在彭城击破汉军，汉军向东北或北方撤退，便遇到谷水、泗水。”

8. 杀汉卒十余万人

《笺证》曰：“此言被楚军所杀与被河水所淹死的总数。”

9. 汉卒皆南走山

[正义]走音奏。

《笺证》曰：“皆南走山：都逃入彭城以南的山地。”

10. 楚又追击至灵壁东[一]睢水上[二]

[一] 集解 徐广曰："在彭城。" 索隐 孟康曰："故小县，在彭城南。"

[二] 集解 徐广曰："睢水于彭城入泗水。" 正义 睢音虽。《括地志》云："灵壁故城在徐州符离县西北九十里。睢水首受浚仪县莨菪水，东经取虑，入泗，过郡四，行千二百六十里。"

《全注》曰："灵壁：位于彭城西南，在今安徽淮北市西南，不是现在的灵壁县。睢水：即濉河，自河南杞县流经河南东部、淮北市西南部，到江苏宿迁县西，注入泗水，今多淤断。"

11. 汉军却，为楚所挤

集解 服虔曰："挤音'济民'之'济'。"瓒曰："排挤也①。"

①排挤也：排挤二字倒。《汉书·项籍传》颜注引臣瓒作"挤，排也"，是。

《新注》曰："挤：逼压，推挤。"

12. 睢水为之不流

正义 为，于伪反。

史珥曰："酷摹《左氏》'舟中之指可掬'，造语极奇，范蔚宗'积甲与熊耳山齐'亦原于此。"姚苎田曰："汉兵五十六万，羽以三万人大破之，此段极写项王善战，为传末'天亡我'数语伏案。"

13. 围汉王三帀

《全注》曰："帀（zā）：与'匝'字同，环绕一周。三帀：环绕三周，即包围三重。"

14. 于是大风从西北而起，折木发屋

《新注》曰："发屋：掀去屋顶。"

15. 扬沙石，窈冥昼晦

集解 徐广曰："窈亦作'窅'字①。"

①窈，亦作“窅”字：《斠证》曰：“窈窅古通。《文子·九守篇》：‘窈窕冥冥’，《云笈七签》九一引作‘窅窅冥冥’即其比。”

《新注》曰：“窈（yǎo）冥昼晦：天昏地暗，使白日如同黑夜。窈冥，幽暗昏黑的样子。”《笺证》曰：“屈原《九歌》：‘日窈冥兮羌昼晦’，史公盖用其语。”

16. 逢迎楚军

《新注》曰：“指大风卷起的沙石，正迎着楚军进击的方向，扑面打击。”

17. 楚军大乱，坏散

《新注》曰：“坏散：阵容混乱，四散奔逃。”

18. 欲过沛，收家室而西

《笺证》曰：“欲过沛，收家室而西，观此语，竟似四年多来太公与吕后等一直居于沛县家中。”

19. 家皆亡

《笺证》曰：“家皆亡，家人俱逃亡而去，不知下落。乾隆曰：‘彭城去沛不过二百里，汉王既入，即当迎取太公，乃亟亟于货宝美人，置酒高会，此与项羽入秦何异？卒至室家俱亡，几陷其亲于鼎俎，分羹之语虽出于权变，实非君子所忍闻也。’”

20. 汉王道逢得孝惠、鲁元

集解 服虔曰：“元，长也。食邑于鲁。”韦昭曰：“元，谥也。”

《笺证》曰：“孝惠：刘邦的嫡子，名盈，吕后所生，即日后的孝惠帝。鲁元：刘邦之女。孝惠之姊，后嫁与张耳之子张敖，生子张偃，封为鲁王，于是遂为鲁太后，谥曰‘元’。这里是史官用后来的称号追述当时的事件。”

21. 乃载行

《新注》曰：“乃载行，便载在车上一同走。”

22. 滕公常下收载之

《笺证》曰：“滕公：即夏侯婴，因其曾为滕县令，故称‘滕公’‘滕婴’。夏侯婴是刘邦的太仆官，终生为刘邦赶车；刘邦死后又接着为吕后、为文帝赶车。常下收载之：《樊郦滕灌列传》叙此事云：‘汉王急，马罢，虏在后，常蹶两儿，欲弃之。婴常收，竟载之，徐行面雍树乃驰。汉王怒，行欲斩婴者十余。’写刘邦的无情似更突出，是时孝惠六岁，鲁元十四岁。”

23. 虽急，不可以驱，奈何弃之

《新注》曰：“虽急二句：虽然危急，不能快赶，但怎么忍心抛弃骨肉呢?”

24. 求太公、吕后不相遇

《全注》曰：“求：寻求，查访。太公：刘邦的父亲。吕后：刘邦的妻子，事见《吕太后本纪》《汉书·高后纪》。”

25. 审食其[一]从太公、吕后间行[二]

[一] 集解瓒曰：“其音基。”索隐食音异。按：郦、审、赵三人同名，其音合并同，以六国时卫有司马食其，并慕其名。

[二] 集解如淳曰：“间出，间步，微行，皆同义也。”

《全注》曰：“审食其（yì jī）：沛人，楚汉相争时，一直随侍吕后，以此封为辟阳侯。吕后执政，官至左丞相。文帝即位后免相，被淮南王刘长击杀。”《笺证》曰：“间行：抄小路隐蔽而行。”

26. 楚军遂与归，报项王

《新注》曰：“报项王：报告并献给项王。”

27. 项王常置军中

《笺证》曰：“项王常置军中：太公、吕后从此遂一直在俘虏营中，直到二年后之鸿沟结盟始被放回。”王叔岷曰：“《高祖本纪》作‘置之军中以为质。’《汉书·高祖纪》中亦有‘以为质’三字。”

是时吕后兄周吕侯[1]，为汉将兵居下邑[2]，汉王间往从之[3]，稍稍收其士卒。至荥阳[4]，诸败军皆会。萧何亦发关中老弱未傅，悉诣荥阳[5]，复大振。楚起于彭城，常乘胜逐北[6]，与汉战荥阳南京、索间[7]，汉败楚，楚以故不能过荥阳而西[8]。

1. 是时吕后兄周吕侯

集解 徐广曰："名泽。" 正义 苏林云："以姓名侯也。"晋灼云："《外戚表》周吕令武侯泽也。吕，县名，封于吕，以为国。"颜师古云："周吕，封名。令武，其谥也。苏云'以姓名侯'非也。"

《笺证》曰："周吕侯：吕泽，吕后之长兄，以军功被封为周吕侯。周吕，封地名。梁玉绳曰：'吕泽是时未封，依史法不当预称周吕侯。'按：梁氏所谓'预'称，用字不确，此以最高职称追述，非预也。"

2. 为汉将兵居下邑

集解 徐广曰："在梁。" 正义 《括地志》云："宋州砀山县本下邑县也，在宋州东一百五十里。"按：今下邑在宋州东一百一十里。

《新注》曰："下邑：秦县名，县治在今江苏砀山县东。"

3. 汉王间往从之

《新注》曰："间往从之：从小路赶往会合吕泽。"

4. 至荥阳

《新注》曰："荥阳：地处冲要的军事重镇，故城在今河南荥阳东北。"

5. 萧何亦发关中老弱未傅，悉诣荥阳

集解 服虔曰："傅音附。"孟康曰："古者二十而傅，三年耕有一年储，故二十三年而后役之。”如淳曰：“律，年二十三傅之，畴官各从其父畴内学之。高不满六尺二寸以下为罢癃。《汉仪注》‘民年二十三为正，一岁为卫士，一岁为材官骑士，习射御骑驰战阵’。又曰‘年五十六衰老，乃得免为庶民，就田里’。今老弱未尝傅者皆发之。未二十三为弱，过五十六为老。《食货志》曰[①]‘月为更卒，已，复为正一岁，屯戍一岁：力役三十倍于古者’。”[索隐]按：姚氏云“古者更卒不过一月，践更五月而休”。又颜云“五当为‘三’，言一岁之中三月居更，三日戍边，总九十三日。古者役人岁不过三日，此所谓‘一岁力役三十倍于古’也。”斯说得之。

［正义佚文］畴官，上遂留反。傅父业为畴也。

①《食货志》曰云云：中华书局点校本《汉书》及此处标点为：“月为更卒，已复为正，一岁屯戍，一岁力役，三十倍于古”，如此，汉代就有四种徭役：更卒、正（卒）、屯戍、力役。考西汉，只有前三种徭役，并无“力役”，而此句中的“力役”，乃前三种徭役的总称，故应在“力役”前的“岁”字下应施冒号总括。标点误，导致行文内涵大误，正确的标点应如本书为：“月为更卒，已，复为正一岁，屯戍一岁：力役三十倍于古者。”

《全注》曰：“萧何：沛人，曾为沛县吏，刘邦起义后，一直追随刘邦，辅成帝业，为汉开国名相，以功封酂侯。当时刘邦率军东出伐楚，萧何留镇关中。事详《萧相国世家》、《汉书·萧何传》。傅：即男子在成丁之年著名籍，国家据此无偿地征发劳役。从云梦秦简来看，秦朝规定十七岁傅籍。汉朝男子傅籍年龄初期为二十，后来放宽到二十三，五十六岁始免除徭役。”《新注》曰：“老弱未傅：未登记入服役名册的老弱，即不合役龄的老人和年幼者。”按：《考证》曰：“傅，著也。未傅，言未著名籍者。”男子未满二十称弱。战事紧急老弱皆被征发到前线。诣（yì），到达。此指被送到前线。

6. 楚起于彭城，常乘胜逐北

《新注》曰：“乘胜逐北：指楚乘战胜之威，追击败退的汉兵。”按：“北”，同“背”，败退。“逐北”，即追击败逃者。

7. 与汉战荥阳南京、索间

集解 应劭曰："京，县名，属河南，有索亭。"晋灼曰："索音栅。"正义《括地志》云："京县城在郑州荥阳县东南二十里。郑之京邑也。《晋太康地志》云郑太叔段所居邑。荥阳县即大索城。杜预云'成皋东有大索城'，又有小索，故城在荥阳县北四里。京相璠《地名》云京县有大索亭、小索亭①，大小氏兄弟居之，故有小大之号。"按：楚与汉战荥阳南京、索间，即此三城耳。

①大索亭、小索亭：大小索亭加京邑，共为三城。杨守敬曰："春秋即有索氏，后人以为大索。此则后之索氏兄弟所居，故号小索，以别于大索。"（《考证订补》引）按：即索城只有一个，大索、小索是前后索氏之分，并无大小索亭之分，《正义》误。

《笺证》曰："荥阳南京、索间：即今河南省郑州以西、巩县以东的狭小地区。京，秦县名，在今河南省荥阳市东南；索，古城名，在今河南省荥阳市之东南侧，旧时之城垣残基都有部分尚存。"

8. 汉败楚，楚以故不能过荥阳而西

《新注》曰："韩信挫败楚于京索之间，楚汉相争转入相持，即对峙于成皋，史称成皋之战。"按：据《史记秦楚之际月表》和《汉书・高帝纪》楚汉对峙始于汉二年（前 205）六月，至汉四年（前 203）九月，前后共二十九个月。

【研讨】

京、索阻击战

韩兆琦曰："彭城惨败之责任究应谁负，史无明文。以理推之，盖在刘邦本人。刘邦用韩信之谋，迅速收复三秦，于是便自谓天下可取，故冒进东下。至潮水般溃败至荥阳，亏得韩信、吕泽等在此预筑防线，始挡住项羽，形成两军对峙。而京索之战阻击楚军，汉败楚，此战盖韩信等诸人之力。《淮阴侯列传》云：'汉兵败散而归，信复收兵与汉王会荥阳，复击破楚京索间，以故楚兵卒不能西。'"（《史记笺证》）

项王之救彭城，追汉王至荥阳。田横亦得收齐，立田荣子广为齐王[1]。汉王之败彭城，诸侯皆复与楚而背汉[2]。汉军荥阳，筑甬道属之河[3]，以取敖仓粟[4]。

1. 田横亦得收齐，立田荣子广为齐王

《校读记》曰："收齐：谓收齐城邑也。《田儋列传》云：'以故田横复得收齐城邑，立田荣子广为齐王。'《田儋列传》明言'收齐城邑'，即其证也。"《笺证》曰："立田荣子广为齐王：据《秦楚之际月表》，事在汉二年四月，详见《田儋列传》。"

2. 诸侯皆复与楚而背汉

《新注》曰："与楚：与楚结盟，附楚。与（yù），亲附。"按：刘邦东出时有多国背楚归汉，汉败后又有多国反汉归楚，如魏王豹、塞王欣等。

3. 筑甬道属之河

《笺证》曰："（从荥阳）筑甬道一直北通到黄河边上。属（zhǔ），连接，沟通。"

4. 以取敖仓粟

集解 瓒曰："敖，地名，在荥阳西北山，临河有大仓。"

正义 《括地志》云："敖仓在郑州荥阳县西十五里，县门之东，北临汴水，南带三皇山，秦时置仓于敖山，名敖仓云。"

《新注》曰："敖仓：秦在荥阳西北敖山上所筑大粮仓，下临河。"《全注》曰："敖仓故址在今河南郑州市西北邙山上。"

【考辨】

敖仓遗址

韩兆琦曰："据《中国文物地图集》河南分册谓敖仓遗址在今荥阳市北邙乡、高村乡之苏庄、马沟村一带，并说'近年考古调查曾发现多处圆形仓窖，部分仓窖中有碳化谷物遗留。'但荥阳市文管所专家认为：秦朝在荥阳城北敖山上修筑的大粮仓，东临汴水，北靠黄河。由于黄河水不断向南冲刷，敖山今已不存。”（《史记笺证》）

汉之三年[1]，项王数侵夺汉甬道，汉王食乏，恐，请和，割荥阳以西为汉。项王欲听之。历阳侯范增曰[2]：“汉易与耳[3]，今释弗取，后必悔之[4]。”项王乃与范增急围荥阳。汉王患之，乃用陈平计间项王[5]。项王使者来，为太牢具[6]，举欲进之[7]，见使者，佯惊愕曰：“吾以为亚父使者，乃反项王使者[8]！”更持去[9]，以恶食食项王使者[10]。使者归报项王[11]，项王乃疑范增与汉有私，稍夺之权[12]。范增大怒，曰：“天下事大定矣，君王自为之，愿赐骸骨归卒伍[13]。”项王许之。行未至彭城，疽发背而死[14]。

1. 汉之三年

《新注》曰：“汉之三年：公元前 204 年。”

2. 历阳侯范增曰

正义 《括地志》云：“和州历阳县，本汉旧县也。《淮南子》云：‘历阳之都，一夕而为湖’。汉帝时，历阳沦为历湖。”

《全注》曰：“历阳侯：范增封爵。历阳为秦所置县，在今安徽和县。”

3. 汉易与耳

《新注》曰：“易与：容易对付。”按：“与”古通“举”。“易与”即“易举”、“易取”之意，《史记》中屡见，如《燕召公世家》剧辛曰：“庞煖易与耳。”《李将军列传》云：“胡虏易与耳。”

均用于军事斗争，为估计敌我双方形势得出的结论，含有对敌方蔑视之意。（参见《史记疑诂》）

4. 今释弗取，后必悔之

《新注》曰："释：放弃了这个机会。指打败汉军，突入关中。"《笺证》曰："日后楚汉结鸿沟之约后，刘邦欲退兵，张良乃曰：'今释弗击，此所谓"养虎自遗患"也'，意思完全相同。"

5. 乃用陈平计间项王

《笺证》曰："乃用陈平计：陈平原是项羽的将领，于汉之二年彭城之败前归投刘邦，事见《陈丞相世家》。"《新注》曰："间项王：离间项王与范增等人的关系，使楚君臣猜忌。"

6. 项王使者来，为太牢具

《全注》曰："太牢：古代祭祀或宴飨，牛、羊、豕三牲全备为太牢，只具羊、豕而无牛为少牢。'太牢具'，是待客时礼数最高的丰盛筵席。按：牛羊之栏曰'牢'，故三牲具谓之'太牢'。泷川曰：'太牢，犹言"盛馔"，不必拘古法。'具，盛食器具。"

7. 举欲进之

《新注》曰："端出了已准备的盛筵将要摆在席上。举，端出。欲进之，做出摆宴的样子。"

8. 乃反项王使者

《新注》曰："乃反：原来竟是。"

9. 更持去

《新注》曰："更换筵席。撤去原来端出的酒筵。"

10. 以恶食食项王使者

正义 上如字，下音寺[1]。

[1]上如字，下音寺："恶食食"，上一字"食"读本字，音 shí，名词，食物。下一字"食"，读 sì，使动词，拿食物给人吃。

按：用粗劣的食物给项王的使者吃。

11. 使者归报项王

《新注》曰："楚使回去把这情形报告给项王。《通鉴辑览》云：'陈平此计，乃欺三尺童未可保其必信者，史乃以为奇，而世传之，可发一笑。'按：陈平曾为项王都尉，知其为人，故为此计，而项王及使者竟中计，正见项王之憨愚，使者之无能。若项王能用随何、郦生之流，陈平之计，岂可行哉！"

12. 稍夺之权

《斠证》曰："之：犹其也。"

13. 愿赐骸骨归卒伍

《新注》曰："赐骸骨：请赐还我身体，即允许致仕为自由之身。归卒伍：回到平民中去。卒伍，古代的基层服役户籍编制，伍家为伍，三百家为卒。"按：古代臣子事君，即以身许人，所以自己辞官称"赐骸骨"，又作"乞骸骨"，表示请求人君赐予躯体。"赐卒伍"，回到士民中去。《考证》曰："《白起传》：'免武安君为士伍'，颜师古曰：'谓夺其爵，令为士伍。'愚按：卒伍犹言士伍，盖秦汉之语。"

14. 疽发背而死

[集解]《皇览》曰："亚父冢在江庐居巢县郭东。居巢廷中有亚父井，吏民皆祭亚父于居巢廷上。长吏初视事，皆祭然后从政。后更造祠于郭东，至今祠之。"[正义]疽，七馀反。崔浩云："疽，附骨痈也。"《括地志》云："髑髅山在庐州巢县东北五里。昔范增居北山之阳，后佐项羽。"

《新注》曰："疽（jū）：也叫痈（yōng），一种生于颈部、背部或臀部的毒疮。"按：范增在汉三年（前204）四月回彭城，疽发背死，项羽失去谋臣，由是转入被动。

汉将纪信说汉王曰："事已急矣，请为王诳楚为王[1]，王可以间出[2]。"于是汉王夜出女子荥阳东门被甲二千人[3]，楚兵四面击之。纪信乘黄屋车[4]，傅左纛[5]，曰："城中食尽，汉王降。"楚军皆呼万岁。汉王亦与数十骑从城西门出，走成皋[6]。项王见纪信，问："汉王安在？"信曰："汉王已出矣。"项王烧杀纪信[7]。

1. 请为王诳楚为王

《新注》曰："请允许我替你去蒙骗楚军，打扮成大王的样子去投降。诳：同'诓'，欺骗。"

2. 王可以间出

《笺证》曰："谓汉王乘隙而出。"

3. 汉王夜出女子荥阳东门被甲二千人

《新注》曰："被甲二千人：给二千女子穿上甲胄，武装起来吸引楚军。'被'通'披'。"《斠证》曰："《汉书·高帝纪》，'汉王'作'陈平'。盖用陈平计也。"

4. 纪信乘黄屋车

[正义]李斐云："天子车以黄缯为盖裹。"

《新注》曰："黄屋车：用黄绸做车盖的车，为天子用车。"《考证》曰："汉王未为天子，何以黄屋左纛？盖纪信用引耳目，楚人遂为其所诳。"按：《高祖本纪》"乘黄屋车"，作"乘王驾"，《水经·济水注》作"乘王车"。

5. 傅左纛

[正义]李斐曰："纛，毛羽幢也。在乘舆车衡左方上注之。"

蔡邕曰："以犛牛尾为之，如斗，或在骓头，或在衡上也。"

[正义佚文] 犛，音茅，又音狸。

《全注》曰："傅：附着。这里可解释为插着，张着。左纛：竖立在车衡左方的用犛牛尾或雉尾制成的装饰物。纛：（dào），又音 dú。"

6. 走成皋

正义《括地志》云："成皋故县在洛州汜水县西南二里。"

《新注》曰："刘邦从荥阳突围西走成皋，据《汉书·高帝纪》，时在汉三年五月。项羽留兵围荥阳，向西追击，攻下成皋。刘邦得关中兵，南下宛、叶，调项羽南下，而后刘邦北上夺回成皋，杀楚将终公。成皋：即虎牢关，汉置成皋县，为军事要冲地，故城即今河南荥阳西北之汜水镇。"按：成皋古城在汜水镇大伾山上，滨临黄河。其旧时之北城墙已沦入黄河，其西城墙已沦入汜水，其南城墙尚残存数段，共长一千五百余米，巍然矗立。

7. 项王烧杀纪信

凌稚隆曰："信之忠诚一至是乎？信不烧则帝不脱，而汉之大事去矣，厥功岂不伟哉！"《笺证》曰："项王烧杀纪信，据《汉书》在汉三年五月。《左传》成公二年晋败齐于鞍，逢丑父身代齐顷公被晋人所俘，竟蒙晋人之赦，相比之下，纪信为不幸矣。又，今荥阳市北之纪公庙村有'纪信庙'，始建于汉代，今所存者乃唐代以后所修葺。庙后有纪信墓，高七点五米，周长一百二十五米，有唐代初期卢藏用供写的'汉忠烈纪公碑'，近代又有抗日英雄吉鸿昌所题写的庙名。"

汉王使御史大夫周苛、枞公、魏豹守荥阳[1]。周苛、枞公谋曰："反国之王，难与守城。"乃共杀魏豹。楚下荥阳城[2]，生得周苛[3]。项王谓周苛曰："为我将，我以公为上将军，封三万户。"周苛骂曰："若不趣降汉，汉今虏若[4]，若非汉敌也！"项王怒，烹周苛，并杀枞公[5]。

1. 汉王使御史大夫周苛、枞公、魏豹守荥阳

集解枞音七容反。

①枞音七容反：读音为 cōng。

《全注》曰：“御史大夫：本为秦官，地位仅次于丞相，主要负责监察、执法。当时周苛在汉任此职。周苛：周昌从兄，秦时为泗水（秦郡，治所在沛县，汉初改为沛郡）卒史，后归属刘邦。事迹主要见《张丞相列传》所附《周昌列传》与《汉书·周昌传》。枞公：枞为姓，史书没有记载他的名字。魏豹：汉高祖元年二月，项羽封魏豹为西魏王，二年三月，魏豹降汉。五月背汉归楚。九月韩信俘虏魏豹，送至荥阳刘邦处。刘邦逃离荥阳，即令周苛、枞公与魏豹共守荥阳。”

2. 楚下荥阳城

《新注》曰：“汉三年五月，项羽南下宛、叶，而后东击走彭城，于六月西破荥阳。”

3. 生得周苛

《新注》曰：“生得：活捉。”

4. 若不趣降汉，汉今虏若

《笺证》曰：“若：你。趣：速，赶紧。今：将，即将。句意谓：你如不赶紧降汉，汉将俘虏你。”

5. 项王怒，烹周苛，并杀枞公

《笺证》曰：“项王怒，烹周苛，并杀枞公，据《秦楚之际月表》，刘邦逃出荥阳在汉三年七月，则荥阳陷落周苛等被杀似应在汉三年八月，而《资治通鉴》系之于五月，似误。今荥阳市北之纪公庙村有周苛、枞公的墓与庙，砖墓已遭破坏，祠庙有清代建筑之大殿三间，有清代碑刻三通。”按：项王烹周苛，应从《汉书》破荥阳之时，在汉三年六月。《秦楚之际月表》系年有误。

汉王之出荥阳，南走宛、叶[1]，得九江王布，行收兵[2]，复入保成皋[3]。汉之四年[4]，项王进兵围成皋，汉王逃[5]，独与滕公出成皋北门[6]，渡河走修武[7]，从张耳、韩信军[8]。诸将稍稍得出成皋，从汉王。楚遂拔成皋[9]，欲西。汉使兵距之巩[10]，令其不得西。

1. 南走宛、叶

《新注》曰："宛、叶（shè）：均秦县名，宛县又为南阳郡治，即今河南南阳市。秦叶县治在今河南叶县南。"

【研讨】

汉王兵出宛、叶

汉王刘邦南走宛、叶，计出袁生。《高祖本纪》云："汉王之出荥阳入关，收兵欲复东。袁生说汉王曰：'愿君王出武关，项羽必引兵南走。王深壁，令荥阳、成皋且得休。使韩信等辑河北赵地，连燕齐，君王乃复走荥阳未晚也。如此则楚所备者多，力分；汉得休。复与之战，破楚必矣。'汉王从其计，出军宛、叶间。"

2. 得九江王布，行收兵

《新注》曰："得九江王布，行收兵，黥布于汉三年冬十二月降汉，楚得淮南地。汉王令布回淮南收集旧部游击楚，有众数千。同年夏五月，汉王荥阳突围，发关中卒，南走宛、叶，并在行进中收黥布等兵，声势复振，而后北上夺回成皋。"按："行收兵"，《斠证》提出新解。曰："行犹因也。《留侯世家》：'乃使良还，行烧绝栈道。'《长短经·霸图篇》注引'行作因'，即其证。《夏侯婴传》：'汉王怒，行欲斩婴者十余。'行亦与因同义。"

3. 复入保成皋

按：汉三年五月，项羽破荥阳、成皋，刘邦牵引项羽南下宛、叶，荥阳、成皋被刘邦从宛、叶回军夺回。

4. 汉之四年

《新注》曰："公元前 203 年。按：刘邦从成皋突围至修武夺韩信军，当从《汉书·高帝纪》，时在汉三年六月，此云‘汉之四年’误。”

5. 项王进兵围成皋，汉王逃

集解 晋灼曰：“独出意。” 索隐 音徒凋反。《汉书》作“跳”字。

按：汉三年六月，汉王刘邦从宛、叶回军夺回成皋，此时项羽已破走彭越，紧随汉王之后，再围荥阳、成皋，迫使刘邦出逃，项羽再破荥阳，并夺成皋。

6. 独与滕公出成皋北门

集解 徐广曰：“北门名玉门。”

按：成皋北门滨临黄河，又名玉门。刘邦由此门出逃渡河夺韩信军。

7. 渡河走修武

《全注》曰：“修武：汉始置为县，在今河南获嘉县西南。县内有大、小修武，此为小修武。大修武在小修武西，位于今河南修武县界。”按：此时张耳、韩信已平定赵地，移兵驻修武，刘邦往从之，并夺其军。

8. 从张耳、韩信军

《全注》曰：“据本书《高祖本纪》记载，刘邦渡河后驰宿修武，自称汉王使者，早晨驰入张耳、韩信军营，夺了他们的军权，派张耳北收兵赵地，使韩信东击齐。”

9. 楚遂拔成皋

《新注》曰：“楚遂拔成皋，此为项羽东破彭越后回军第二次攻下成皋，时在汉三年六月。《汉书·高帝纪》及《通鉴》均同。”

10. 汉使兵距之巩

《笺证》曰：“距之巩：将楚军阻挡于巩县以东。巩，秦县名，县治在今河南省巩义市西南三十里。”

是时[1]，彭越渡河击楚东阿，杀楚将军薛公[2]，项王乃自东击彭越[3]。

汉王得淮阴侯兵，欲渡河南[4]。郑忠说汉王[5]，乃止壁河内[6]。使刘贾将兵佐彭越[7]，烧楚积聚[8]。项王东击破之，走彭越[9]。汉王则引兵渡河，复取成皋，军广武[10]，就敖仓食。项王已定东海[11]，来西[12]，与汉俱临广武而军[13]，相守数月[14]。

1. 是时

《新注》曰："是时：当时。指项羽第一次破荥阳、下成皋，汉王南下宛、叶，令彭越击楚后方，杀楚将薛公，项羽回救东击彭越之时，在汉三年五月。《高祖本纪》详载其事曰：'项羽闻汉王在宛，果引兵南，汉王坚壁不战。是时彭越渡睢水，与项声、薛公战下邳，彭越大破楚军。'"

2. 彭越渡河击楚东阿，杀楚将军薛公

梁玉绳曰："《高纪》及《汉书》纪传，项王击彭越是三年五月，在楚拔荥阳及成皋之前，此书于拔成皋后，一误也；越渡睢水与项声、薛公战下邳，杀薛公，此不书项声，而又曰：'渡河击东阿'，二误也。"《笺证》曰："此处应从梁说，东阿距彭城甚远，攻击东阿对项羽威胁不大；下邳则靠近彭城，正兵法所谓'攻其必救'者。"按：梁说非是，详"研讨"。

【研讨】

梁氏两误说不能成立

梁氏误读《史记》，其所云两误不能成立。彭越渡河，击楚东阿，杀楚将薛公，是奔袭数百里的一次战役，发生在项羽一夺成皋之后，二夺成皋之时，梁氏误为两次。彭越下邳之战，只杀了薛公，项声逃脱，故只书杀薛公。张大可曰："'是时'二字应作‘初’字读，是话分两头之意，即指项羽攻围荥阳，一下成皋之时，也就是彭越将兵从东阿绕出楚之后方，迂回突击至下邳，迫使项羽东救，刘邦才夺回成皋，重新部署了防线。故‘是时，彭越渡河击楚东阿，杀楚将军薛公。项王乃自东击彭越’等句为上下文之间的插说语，应单独标出为一小段，则文义显然。中华书局点校本及各种选本均属下段连读，遂使文义扞格不可通。”（《史记新注》）

3. 项王乃自东击彭越

此是项羽第一次回救，向东击彭越，时在汉三年五月。

4. 汉王得淮阴侯兵，欲渡河南

《全注》曰：“淮阴侯：即韩信。当时韩信尚未封淮阴侯，这是修史者追书之辞。”《新注》曰：“欲渡河南：刘邦打算把他从修武夺来的河北军直接拉到黄河之南收复成皋。”

5. 郑忠说汉王

《新注》曰：“郑忠时为刘邦郎中，他劝刘邦不忙渡河，屯聚蓄锐，而派卢绾、刘贾等增援彭越，再次扰楚后方，使项羽‘备多力分’，然后渡河决战。”按：郑忠说辞见《高祖本纪》。

6. 乃止壁河内

《笺证》曰：“于是留军驻扎于河内郡。秦时河内郡的郡治怀县，在小修武西。”《新注》曰：“即屯驻于修武军营内，按兵不出。”《全注》曰：“壁：营垒，壁垒。这里用为动词，扎营。”

7. 使刘贾将兵佐彭越

《全注》曰：“刘贾：刘邦堂兄，汉高祖元年为将军，六年封荆王，十一年击黥布被杀。当时刘邦派卢绾、刘贾率领两万士卒，几百骑兵，渡过白马津，进入楚地，与彭越配合攻打楚军。事详《荆燕世家》《汉书·荆燕吴传》。”

8. 烧楚积聚

【正义】上积赐反。

《新注》曰："烧楚积聚，彭越、刘贾再次乱楚后方，从白马津渡过黄河，直下梁地，攻下睢阳、外黄等十七城，据《汉书·高帝纪》，时在汉三年八月。"

9. 项王东击破之，走彭越

梁玉绳《史记志疑》曰："此即下文项王令曹咎守成皋，而往定梁地'之事，《彭越传》所谓'越北走谷城'者也。"按：梁说是。但梁氏谓："在此纪中，于事为重出，于文无所附，当衍之。"非是。重复累书，突显重大事件，是史公书法特点之一，并不是衍文。张之象曰："曰烧楚积聚，曰绝楚粮食。《高纪》称彭越反梁地，往来苦楚兵者，此之谓也。篇中眼目不可不玩。"（《史记评林》引）

10. 汉王则引兵渡河，复取成皋，军广武

《新注》曰："复取成皋，军广武：此事在汉三年九月。刘邦用郑忠策，第二次调动项羽东救睢阳，趁机渡河夺回成皋，军广武，就敖仓食。广武，古城名，在荥阳东北之广武山上。"

11. 项王已定东海

《新注》曰："东海：泛指东方，即睢阳、外黄等地，现开封以东至商丘一带地方。项羽东救睢阳，时在汉三年九月，'已定东海'已在汉四年十月，详后'是时，彭越复反，下梁地'一节。"按：《笺证》释"东海"为东海郡，可备一说。

12. 来西

《新注》曰："西：指项羽定东海后回兵西进与刘邦相战。"《笺证》曰："西：又回到西线来。"可备一说。

13. 与汉俱临广武而军

集解 孟康曰："于荥阳筑两城相对为广武，在敖仓西三皇山上。" 正义 《括地志》云："东广武、西广武在郑州荥阳县西二十里。戴延之《西征记》云三皇山上有二城，东曰东广武，西曰西广武，各在一山头，相去百步。汴水从广涧中东南流，今涸无水。城各有三面，在敖仓西。郭缘生《述征

记》云一涧横绝上过，名曰广武。相对皆立城堑，遂号东、西广武。”

《新注》曰：“汉俱临广武而军：即刘、项对峙于广武。广武山上有二城，西城为汉所筑，东城为楚所筑。”

【遗址】

二王城

楚汉相争，对峙广武，在今河南荥阳市北的广武山上有东、西广武城遗址，当地百姓称为“二王城”，即刘邦、项羽当年所对峙处。西城为刘邦所建，曰“汉王城”；东城为项羽所建，曰“霸王城”。中间隔大沟，即“广武涧”，也称“鸿沟”。沟宽八百多米，深二百米。今“二王城”的北部都已被黄河水刷掉，仅南部尚存。汉王城东西长一千二百米，南北仅存三百米；霸王城东西长一千米，南北尚存四百米，城厚二十六米。

14. 相守数月

《新注》曰：“相守数月，刘、项相持于广武，从汉四年冬十月至秋九月，整一年。”按：相守，即对峙，意谓双方势均力敌而相守也。刘、项对峙广武，智与力俱困，汉将韩信与彭越亦按兵观望，整个战场相对平寂。相守一年而此言数月者，即指此平寂时段。

【研讨】

楚汉对峙成皋，双方战略

张良下邑画策为汉王规划的灭楚战略是坚守成皋，牵制项羽，使不得西，启用韩信、彭越，说降黥布，以三人之力合击项羽，韩信、黥布张开两翼完成对项羽的战略包围，彭越扰楚后方，断楚粮道，直接支援刘邦。范增为项羽所定战略，集中全力突破汉军成皋防线，突入关中。若汉王刘邦能完成对项羽的战略包围之日，则是项羽的败亡之时。反之，若项羽能打破成皋，突入关中之日，则是刘邦败亡之时。于是双方在成皋激战，汉三年（前 204）四月至九月最为激烈，项羽占上风，五月破荥阳，杀纪信，刘邦入关收兵，南下宛、叶，项羽未能乘胜西进，而被刘邦调动南下，脱离主战场。六月，刘邦出逃成皋，北渡河夺韩信军，项羽再夺成皋，仍未西进，丧失战机。是时彭越深入楚境，再次牵引项羽回救，破走彭越，回师荥阳，刘邦不仅巩固了成皋防线，而且战线东移，十月与项羽对峙广武，汉军已占优势。张大可曰："项羽一拔成皋之后，应不顾刘邦的调虎离山之计，乘胜西进，打破汉王坚守的成皋阵线，则刘邦的南下宛、叶，彭越之绕出楚后必将归于失败，无奈此时范增已亡，项羽无谋，被刘邦调其南下宛、叶，东救下邳，疲于奔命，于是刘邦的成皋阵线复固。"

当此时，彭越数反梁地[1]，绝楚粮食，项王患之。为高俎，置太公其上[2]，告汉王曰："今不急下，吾烹太公[3]。"汉王曰："吾与项羽俱北面受命怀王[4]，曰'约为兄弟'[5]，吾翁即若翁，必欲烹而翁，则幸分我一杯羹[6]。"项王怒，欲杀之。项伯曰："天下事未可知，且为天下者不顾家，虽杀之无益，只益祸耳[7]。"项王从之。

1. 当此时，彭越数反梁地

《新注》："数反：多次扰乱。"

2. 为高俎，置太公其上

集解 如淳曰："高俎，几之上。"李奇曰："军中巢橹①，方面，人谓之俎也。" 索隐 俎亦机之类，故夏侯湛《新论》为"机"，机犹俎也。比太公于牲肉，故置之俎上。姚察按：左氏"楚子登巢车以望晋军"，杜预谓"车上橹也"，故李氏云"军中巢橹"，又引时人亦谓此为俎也。 正义 《括地志》云："东广武城有高坛，即是项羽坐太公俎上者，今名项羽堆，亦呼为太公亭。"颜师古云："俎者，所以荐肉②，示欲烹之，故置俎上。”

①巢橹：置于车上用以瞭望的高凳。李奇认为，项羽以巢橹代俎。

②俎者，所以荐肉：此颜氏以祭祀用的俎为置太公的俎，亦通。以刀俎为长。

《全注》曰：“高俎：割肉用的高大砧板，俎多木制，也有用青铜铸成，长方形，两端有足。又古代祭祀时用以载牲的高几亦名俎。此‘高俎’当指前者。把太公置高俎上表示将要烹杀。”《考证订补》引章贻燕曰：“高俎，谓俎之高者。俎制有四足，高二尺四寸，广尺二寸。项王为欲烹太公，故特作为高俎，异于常制，置太公其上，令汉军得望见之。”按：“为高俎”，指特制的高大砧板。

3. 今不急下，吾烹太公

《新注》曰：“急下：赶快投降。”

4. 吾与项羽俱北面受命怀王

《新注》曰：“北面：即为臣。古代君主南面而坐，臣下北面而朝。”按：此指项羽为怀王之臣，与刘邦共事怀王为同僚。

5. 曰“约为兄弟”

按：《汉书·项籍传》无“曰”字，或以为“曰”字为衍文，非是。有“曰”字，更加口语化，意即：我们两人说好，相约为兄弟。

6. 吾翁即若翁，必欲烹而翁，则幸分我一杯羹

《新注》曰：“而翁：你父亲。而，同‘若’，你。杯：陈直曰：‘杯谓羽觞，可盛酒，或盛羹。长沙、信阳，战国楚墓中，乐浪汉王盱王光墓中所出的羽觞最多’（《史记新证》）。”

【研讨】

吾翁即若翁

《笺证》引吴见思曰：“兵钝粮绝，项王为此，乃急着也。已为汉王窥破，必不敢没太公，故为大言。”洪亮吉曰：“烹则烹矣，必高其俎而置之，无非欲愚弄汉王，冀得讲解耳。汉王深悉

其计，矫情漫语，分羹一言，虽因料敌太清，然逞才太过，未免贻口实于来世。”凌稚隆引罗大经曰：“‘吾翁即若翁’，此语理意甚长。《左氏传》齐败于鞍，晋人欲以萧同叔子为质。齐人曰‘萧同叔子者非他，寡君之母也。若以匹敌，则亦晋君之母也。’高祖之语，与此暗合。”按：以上项羽欲杀刘邦父，刘邦巧语与之对答事，也见于《楚汉春秋》，文字大体相同。

7. 杀之无益，只益祸耳

按：“只”，只是。

【研讨】

楚内奸项伯

韩兆琦曰：“项伯之言固亦在理，然其为刘邦收买之情实，事事可见。”（《史记笺证》）王维桢曰：“项伯全沛公于鸿门，则以与张良善故；乃今复活太公，则以沛公‘约为婚姻’故。”（《史记评林》引）徐孚远曰：“项王能杀子婴而不杀太公，非仁也，欲生之以为质而讲解耳。”（《史记测义》）

楚、汉久相持未决，丁壮苦军旅[1]，老弱罢转漕[2]。项王渭汉王曰：“天下匈匈数岁者[3]，徒以吾两人耳，愿与汉王挑战决雌雄[4]，毋徒苦天下之民父子为也[5]。”汉王笑谢曰：“吾宁斗智，不能斗力[6]。”项王令壮士出挑战。汉有善射者楼烦[7]，楚挑战三合[8]，楼烦辄射杀之[9]。项王大怒，乃自被甲持戟挑战，楼烦欲射之，项王瞋目叱之，楼烦目不敢视，手不敢发，遂走还，入壁不敢复出[10]。汉王使人间问之[11]，乃项王也。汉王大惊。于是项王乃即汉王[12]，相与临广武间而语[13]。汉王数之[14]，项王怒，欲一战。汉王不听，项王伏弩射中汉王[15]。汉王伤[16]，走入成皋。

1. 丁壮苦军旅

《笺证》曰："苦军旅：苦于从军打仗。"

2. 老弱罢转漕

《新注》曰："罢转漕：疲劳于运送粮饷。罢：同'疲'。转：车载。漕：船运。"

3. 天下匈匈数岁者

《全注》曰："匈匈：字通'恟恟'，扰攘不安。"《新注》曰："此指战乱鼎沸。"按：匈匈，又通"讻讻"，本义为喧哗之声，引申为扰攘，指战乱鼎沸。

4. 愿与汉王挑战决雌雄

集解 李奇曰："挑身独战[①]，不复须众也。挑音茶了反。"瓒曰："挑战，擿娆敌求战[②]，古谓之致师。"

①挑身独战：应作独身挑战，即独身打斗，李奇所解"挑战"之意。常见于章回小说描写，两军相交，阵前斗将，大战若干回合云云。《笺证》从之。

②擿娆敌求战：为挑动敌人以求战斗，臣瓒所解"挑战"之意。擿与娆，皆有扰动、扰乱之意。扰敌，即挑动敌人。这是通常的解释。

《笺证》曰："挑战：即今所谓'决斗'。"

5. 毋徒苦天下之民父子为也

《新注》曰："毋徒句：不要平白地使天下的百姓受这样的罪。为，使，当在'毋'字后，此为倒装句。"

6. 吾宁斗智，不能斗力

《笺证》曰："《高祖本纪》谓刘邦先数项羽十项大罪，而后曰：'吾以义兵从诸侯诛残贼，使刑余罪人击杀项羽，何苦与乃公挑战！'较此更生动有力。"按：史公用互见法详此略彼，为塑造人物形象，详其所当详，略其所当略，亦免重复。以史事言，则互文相足，两相参对。

7. 汉有善射者楼烦

集解 应劭曰："楼烦，胡也[①]。"今楼烦县[②]。

①楼烦，胡也：谓楼烦为北方少数民族名。

②今楼烦县：谓楼烦人所居地在楼烦县，即今山西之宁武县。楼烦人春秋末而居于此，汉置县，后移至今陕北和内蒙古自治区南部，秦末被匈奴征服。

《新注》曰："楼烦：东北方善骑射的游牧民族，这里代称优秀的射手。"

【考辨】

善射士楼烦

"楼烦"有两解。一为居于楼烦县的胡人；一为善骑射士之称。顾炎武曰："赵西北边之国，其人强悍，善骑射，是以楚汉之际多用楼烦人别为一军。《灌婴传》'击破柘公王武，斩楼烦将五人；攻龙且，生得楼烦将十人；击破项籍军陈下，斩楼烦将二人；攻黥布别将于相，斩楼烦将三人'则项王及布亦各有楼烦之兵矣。"颜师古引李奇曰："'楼烦'后为县，属雁门，此县人善骑射。谓士为'楼烦'，取其称耳，未必楼烦人也。"（《史记笺证》引）

8. 楚挑战三合

《笺证》曰："三合：犹言三次，三回。"

9. 楼烦辄射杀之

《新注》曰："辄：每每。"

10. 目不敢视，手不敢发，遂走还，入壁不敢复出

凌稚隆曰："连用三'不敢'字，模写羽威猛如画。"（《史记评林》）

11. 汉王使人间问之

《新注》曰："间问：暗中打听。"

12. 于是项王乃即汉王

《新注》曰："即汉王：靠近汉王，即项羽逼近汉军阵地。"

13. 相与临广武间而语

《笺证》曰："临广武间而语：隔着广武涧相互对话。广武

间，即广武涧。张文虎、周寿昌等皆以为‘间’字应作‘涧’。按：‘间’，‘涧’的假借字。”

14. 汉王数之

《新注》曰：“数之：指汉王数羽十罪，载《高祖本纪》。”按：数，数落，责备。此指一条条地罗列罪状。

15. 项王伏弩射中汉王

《新注》曰：“伏弩：埋伏的弓箭手。”按：弩，装有机关的强弓。

16. 汉王伤

《笺证》曰：“汉王伤，《高祖本纪》云：‘汉王伤胸，乃扪足曰：“虏中吾指!”’表现刘邦之绝顶机灵，极为精彩，应参看。”

项王闻淮阴侯已举河北[1]，破齐赵[2]，且欲击楚，乃使龙且往击之[3]。淮阴侯与战，骑将灌婴击之[4]，大破楚军，杀龙且[5]。韩信因自立为齐王[6]。项王闻龙且军破，则恐，使盱台人武涉往说淮阴侯[7]。淮阴侯弗听。

1. 项王闻淮阴侯已举河北

《新注》曰：“举河北：完全占有河北。举，取。”

2. 破齐、赵

《笺证》曰：“破齐、赵，韩信破赵在汉三年（前 204）十月，破齐历下军在汉四年（前 203）十月。”梁玉绳曰：“韩信破赵已逾年矣，非破齐一时事，此与《高纪》皆多一‘赵’字，《汉书》无。”《新注》曰：“赵即河北，已见上文，故‘赵’字为衍文。”

3. 乃使龙且往击之

集解 韦昭曰：“音子闾反。”

龙且（jū）：楚大将。黥布叛楚，龙且击破之，是一员勇将。按：龙且救楚，据《汉书·项籍传》主将为项它，龙且为裨将。裨将中还有周兰（见《高祖本纪》）、留众（见《灌婴传》）。此只言龙且为将，盖整军实际指挥为龙且也。

4. 骑将灌婴击之

《新注》曰："灌婴：汉大将，有传。详《樊郦滕灌列传》。"按：楚汉相争，灌婴为骑将，隶属韩信，兼为汉王耳目。

5. 大破楚军，杀龙且

《笺证》曰："韩信大破齐、楚联军于潍水，杀龙且事，在汉四年十一月，详见《淮阴侯列传》。唯此纪特别突出了韩信的部将灌婴，而灌婴于破齐前后也的确功劳甚大。"按：潍水之战，《淮阴侯传》突显韩信之谋略，此纪突显灌婴实施谋略，现场争战之功，两者互文相补。

6. 韩信因自立为齐王

《笺证》曰："韩信因自立为齐王，据《淮阴侯列传》，仿佛是韩信向刘邦请求为假齐王，刘邦不得已而封之；据此纪，则是韩信先'自立为齐王'，而后始向刘邦请之。梁玉绳引《古今考》曰：'信自立为王在十一月，其使人以书与汉王言"假王"者，乃擅自立为王之后始请之。'按：此纪所叙为得其实，《淮阴侯列传》则史公因同情韩信而故意模糊其事。据《秦楚之际月表》，韩信为齐王在汉四年二月。"

7. 使盱台人武涉往说淮阴侯

《新注》曰："武涉往说淮阴侯：武涉说韩信背汉联楚，三分天下，事详《淮阴侯列传》。"

是时，彭越复反，下梁地，绝楚粮[1]。项王乃谓海春侯大司马曹咎等曰[2]："谨守成皋[3]，则汉欲挑战[4]，慎勿与战，毋令得东而已[5]。我十五日必诛彭越，定梁地，复从将军[6]。"乃东行，击陈留、外黄[7]。外黄不下，数日，已降。项羽怒，悉令男子年十五已上诣城东，欲坑之。外黄令舍人儿年十三[8]，往说项王曰："彭越强劫外黄[9]，外黄恐，故且降，待大王[10]。大王至，又皆坑之，百姓岂有归心[11]？从此以东，梁地十余城皆恐，莫肯下矣。"项王然其言，乃赦外黄当坑者。东至睢阳[12]，闻之皆争下项王[13]。

1. 是时，彭越复反，下梁地，绝楚粮

《新注》曰："是时，彭越复反，下梁地：指彭越第二次扰乱楚后方。其事在汉三年八月，即前文'项王已定东海来'为一事，故'是时'二字亦作'初'字读，追叙项羽丢失成皋的经过。《汉书·高帝纪》叙楚汉相争，对峙成皋、广武，编年井然有序。《项羽本纪》叙事用传体，以便构成汉军怎样由被动转主动，而项羽由主动变被动的强烈对比，故运用了倒叙插入的手法。这一节文字应单独成段标点，则文理不乱。点校本及各选本未明司马迁笔法，分段有误，造成时序紊乱，今特正之。"

【研讨】

彭越扰楚后方

彭越扰楚后方，断楚粮道，两次牵引项羽回救彭城，脱离主战场，丧失优势，是项羽失败的原因之一。张之象曰："曰'烧楚积聚'，曰'绝楚粮食'，《高纪》称'彭越反梁地，往来苦楚兵'者，此之谓也。篇中眼目，不可不玩。"（《史记评林》引）吴见思曰："凡三提彭越，以见楚项之病根。"（《史记论文》）

2. 项王乃谓海春侯大司马曹咎等曰

《新注》曰："曹咎等：是时，曹咎为大司马，封海春侯，与司马欣、董翳共守成皋，故曰：'曹咎等'。"

3. 谨守成皋

《新注》曰："谨守成皋：此倒叙汉三年九月事，刘邦再次调

动项羽东击彭越，回救睢阳、外黄，谋取成皋，项羽亦虑及此，故嘱曹咎等固守成皋。时楚将钟离眜等因被陈平反间，不得重用，项羽乃委重任于曹咎等无能之辈，故成皋再失。”按：郭嵩焘、梁玉绳、崔适等，未究史公倒叙之法，认为记叙失序，与《高祖本纪》不合，非是。

4. 则汉欲挑战

《笺证》曰：“则：若。《高祖本纪》直作‘若’。”

5. 慎勿与战，毋令得东而已

《新注》曰：“毋令得东而已：只要不使汉军东进就是头功。”按：曹咎等不听项羽节制，结果丢失了成皋、荥阳，汉军阵线东推至荥阳以东的广武，迫使项羽处于守势，楚汉相争形势大大逆转。

6. 复从将军

《新注》曰：“再与将军会合。”

7. 乃东行，击陈留、外黄

正义 《括地志》云：“陈留，汴州县也。在州东五十里，本汉陈留郡及陈留县之地。”孟康云：“留，郑邑也。后为陈所并，故曰陈留。”臣瓒又按：“宋有留，彭城留是也。此留属陈，故曰陈留。”

《笺证》曰：“陈留：秦县名，县治即今河南省开封县东南的陈留镇。”

8. 外黄令舍人儿年十三

集解 苏林曰：“令之舍人儿也。”瓒曰：“称儿者，以其幼弱，故系其父，《春秋传》曰‘仍叔之子’是也。”

《新注》曰：“外黄令舍人儿：外黄县令门客的儿子。舍人，寄食于官僚贵族之家的士人，秦汉时亦为私属官员。”

9. 彭越强劫外黄

正义 强，其两反。

《笺证》曰：“强劫外黄：用武力逼着外黄人干事。劫，劫持，挟制。”

10. 故且降，待大王

《新注》曰：“故且降，待大王：所以权且投降彭越，实则等待大王来救援。”

11. 百姓岂有归心

《笺证》曰：“百姓们还能有归顺你的心思吗？张文虎曰：‘《御览》引此作“岂有归哉”，《汉书》同。’”

12. 东至睢阳

正义《括地志》云：“宋州外城本汉睢阳县也。《地理志》云睢阳县，故宋国也。”

《新注》曰：“睢阳：秦县名，县治在今河南商丘南。”

13. 闻之皆争下项王

《笺证》曰：“皆下项王：都纷纷向项羽投降。”凌稚隆曰：“舍人儿年十三，尚能说羽赦外黄当坑者，亚父七十而顾不能谏羽，以致戮子婴、杀义帝、斩彭生、坑秦卒二十万众，智愚之相去何远哉？设羽以其任增者任舍人儿，楚之为楚未可知也。”（《史记评林》）按：斩彭生，应为斩韩生，或蔡生。

【研讨】

项羽残贼

杨维桢曰：“孟子云‘为天下驱民者，桀与纣也’，籍亦为汉驱者尔，其能与汉争天下哉。迹其剽悍猾贼之性，嗜杀如嗜食，如起会稽即诱杀守者，其后矫杀宋义，屠咸阳、残灭襄城，杀秦降王子婴，斩韩王广、王陵母，甚至于杀义帝，此真天下之桀项也，欲举大事伯西楚其可得乎？或曰：‘籍虽好杀欲坑外黄，而愧于舍人儿之一言；欲烹太公，而悟于项伯之微谏，使得一二人佐籍亦可伯。’余则曰：‘籍之勇匹夫之勇耳，籍之仁妇人之仁耳，纵辅以伊尹、太公之佐，其能率桀纣为汤武也哉。’”（《史记评林》引）

汉果数挑楚军战[1]，楚军不出。使人辱之，五六日，大司马怒，渡兵汜水[2]。士卒半渡，汉击之，大破楚军，尽得楚国货赂[3]。大司马咎、长史翳、塞王欣皆自到汜水上[4]。大司马咎者，故蕲狱掾，长史欣亦故栎阳狱吏，两人尝有德于项梁，是以项王信任之[5]。当是时，项王在睢阳，闻海春侯军败，则引兵还。汉军方围钟离眛于荥阳东[6]，项王至，汉军畏楚，尽走险阻。

1. 汉果数挑楚军战

《新注》曰："句意谓：果不出项羽所料，他一东走，刘邦立即挥师渡河，一次又一次向曹咎挑战。"

2. 大司马怒，渡兵汜水

[集解]张晏曰："汜水在济阴界。"如淳曰："汜音祀。《左传》曰'鄙在郑地汜'。"瓒曰："高祖攻曹咎成皋，渡汜水而战，今成皋城东汜水是也。"[索隐]按：今此水见名汜水，音似。张晏云在济阴，亦未全失。按：古济水当此截河而南，又东流，溢为荥泽。然水南曰阴，此亦在济之阴，非彼济阴郡耳。臣瓒之说是。[正义]《括地志》云："汜水源出洛州汜水县东南三十二里方山。《山海经》云'浮戏之山，汜水出焉'。"

《笺证》曰："渡兵汜水：谓渡汜水而东，以击汉军。汜水，源于今河南省嵩山北麓，流经荥阳城西、成皋城东，北入黄河。"

3. 尽得楚国货赂

《新注》曰："货赂：货物钱财，即楚军的积聚。"

4. 大司马咎、长史［翳、塞王］欣皆自到汜水上

[集解]郑氏①曰："到音经鼎反。以刀割颈为到。"

①郑氏：绍兴本作“郑德”。

《全注》曰：“翳、塞王：此三字当是衍文。下文仅举‘大司马咎’‘长史欣’，未言翳，又翳未曾为长史。《高祖本纪》《汉书·高帝纪》和《项籍传》皆无此三字。说详梁玉绳《史记志疑》卷六。”按：梁玉绳曰：“《高纪》及《汉书》纪传皆无‘翳塞王’三字，此后人妄增之。翳降汉后，虽与欣同叛归楚，而不复再见。盖欣与项王有旧恩，故得弃瑕而仍任用之，非翳可比矣。卢学士云：‘翳塞王’三字必非《史记》本文，观下但举咎、欣两人可知。翳旧为都尉，不为长史。’”

5. 两人尝有德于项梁，是以项王信任之

《新注》曰：“两人尝有德于项梁：曹咎、司马欣有德于项梁事已叙于篇首，这里特地复述，在于说明项羽疏贤用亲，无独当一面之良将，所以失败。”

【研讨】

不用贤而任其私，项羽之所以败也

曹咎、司马欣两人尝有德于项梁，而为项羽所信用。吴见思曰：“狱掾凡两应，分封一点，见其私也；此处一点，见不用贤而任其私，项羽之所以败也。”（《史记论文》）郭嵩焘曰：“两人者，项氏所以始终，其才则一狱吏耳，所以明项羽怙私恩而遗天下远略也。”又曰：“项羽东击田荣而彭城失，此击彭越而成皋失，中间彭越数反，项羽数往击之，用此知高祖任韩信为大将，关以东之事尽以委之，而（自己）用其全力以当项羽，允为经营天下之大略。”（《史记札记》）《中国历代战争史》曰：“观夫荥阳对峙之战，可得以下之结论：一，专求以力胜者，其力虽强，然遇智者之敌，终必挫折；二，以弱敌强，采取守势之作战，最后仍必须争取主动，陷敌于疲于奔命，方能转变原来之强弱形势；三，优势之取得，有赖于军队战斗力之坚强，及战略形势之优越；四，大军作战必须先求后方策源地之安全，后方安全，实为战略之重要条件。刘邦之敌项羽，为中国古代以弱敌强，最后转败为胜最典型之例证，洵足为后代作战之楷式焉。”

6. 汉军方围钟离眛于荥阳东

集解 《汉书音义》曰："眛音末。"

《新注》曰："钟离眛：项羽猛将。"

是时，汉兵盛食多，项王兵疲食绝[1]。汉遣陆贾说项王，请太公[2]，项王勿听。汉王复使侯公往说项王[3]，项王乃与汉约：中分天下[4]，割鸿沟以西者为汉，鸿沟而东者为楚[5]。项王许之，即归汉王父母妻子[6]，军皆呼万岁。汉王乃封侯公为平国君[7]，匿弗肯复见[8]。曰："此天下辩士，所居倾国[9]，故号为平国君。"项王已约，乃引兵解而东归[10]。

1. 是时，汉兵盛食多，项王兵疲食绝

《新注》曰："是时：此为广武对峙之时，汉已得天下三分之二，故'兵盛食多'；项羽谋臣死，良将亡，故'兵疲食绝'。"按：凌稚隆曰："太史公叙汉，曰'取敖仓粟'，曰'就敖仓食'，曰'兵盛食多'；叙楚，曰'烧楚积聚'，曰'绝楚粮食'，曰'兵罢食尽'，皆纪中关键，当玩。"（《史记评林》）

2. 汉遣陆贾说项王，请太公

《新注》曰："陆贾：刘邦谋士，说客，事详《郦生陆贾列传》。"《笺证》曰："请太公：请求项羽放回太公、吕后等人。"

3. 汉王复使侯公往说项王

《新注》曰："侯公：辨士，史失其名，姓侯。"

4. 中分天下

《新注》曰："中分：平分。"

【研讨】

中分天下和约之背景

中分天下条约之达成，刘、项双方各有所图。郭嵩焘曰：

“是时灌婴之军已至淮北，深入其根本之地，项羽腹背受敌，所以‘兵罢食绝’者，彭城危急，而转输之路穷也。高祖此时之力足以制项羽，项羽即不解兵东归，韩、彭之军毕集，以殄灭项羽有余。高祖始遣陆贾，继遣侯公，必欲与项羽‘中分天下’者，为欲得太公、吕后耳。又按，是时彭城已失，梁、楚之地皆不能为羽有，所谓‘鸿沟为界’者，将以何为界也？当时必约还给西楚地；项羽所以解而东归，亦自度其力足以收取彭城与汉相持也。”（《史记札记》）

5. 割鸿沟以西者为汉，鸿沟而东者为楚

集解 文颖曰：“于荥阳下引河东南为鸿沟，以通宋、郑、陈、蔡、曹、卫，与济、汝、淮、泗会于楚，即今官渡水也。” 正义 应劭云：“在荥阳东二十里。”张华云[1]：“大梁城在浚仪县北，县西北渠水东经此城南，又北屈分为二渠。其一渠东南流，始皇凿引河水以灌大梁，谓之鸿沟，楚汉会此处也。其一渠东经阳武县南，为官渡水。”按：张华此说是。

①张华云：张华谓鸿沟为秦始皇引河水以灌大梁所凿，不确。鸿沟为战国时魏惠王所凿，流经大梁城北，再折而南汇入颍水。黄河在鸿沟之北，秦军引河灌大梁，要穿越鸿沟而必决鸿沟之水，故张华误以为一也。

《新注》曰：“鸿沟：战国时魏国开凿的一条运河，引黄入淮。北起荥阳，经中牟、开封，南流至淮阳东南入淮水支流颍水。”按：当时彭越、韩信在鸿沟之东，以鸿沟为界中分天下，此为刘邦调动彭、韩与楚战之计，项羽接受这一和约是政治上的又一失计。

6. 项王许之，即归汉王父母妻子

赵翼曰：“《史记》谓‘归汉王父母妻子’，而班书但言‘归太公、吕后’，而不言‘父母妻子’。盖以高祖之母久已前死（高祖起兵时母死于小黄），羽所得者但有太公与吕后，非真有母与子在项羽军中。不知高祖母虽已前死，而楚元王为高祖异母弟，则高祖犹有庶母也。孝惠帝尚有庶兄肥，后封齐为悼惠王。当高

祖路遇孝惠时，与孝惠偕行者但有鲁元公主，则悼惠未偕行可知也。悼惠既未偕行，又别无投归高祖之事，则必与太公、吕后同为羽所得，故高祖有子在项军也。然则《史记》所谓‘父母妻子’乃无一字虚设，而《汉书》改云‘太公、吕后’转疏漏矣。”（《廿二史札记》）

7. 汉王乃封侯公为平国君

正义 《楚汉春秋》云：“上欲封之，乃肯见。曰‘此天下之辩士，所居倾国，故号曰平国君’。”按：说归太公、吕后，能和平邦国[①]。

①和平邦国：此张守节所解“平国之意”，因侯公化解楚汉双方战争，带来国家和平，故封为“平国君”。这只是字面意义，而实质意义乃其反意，即下文刘邦骂言“所居倾国”之意。

《新注》曰：“平国君：为‘倾国’之反称，含讥刺意。”按：中井曰：“取其反称也。”（《考证》引）

9. 匿弗肯复见

《新注》曰：“匿弗肯复见：侯公不愿受‘平国君’之封，因而躲藏隐居，不再露面，不见刘邦。”按：郭嵩焘《史记札记》认为是刘邦不肯见侯公，其言曰：“侯公必多为长短之说以明得失之数，重之以盟誓要约，项羽为所诱惑，急归其父母妻子。高祖所以匿不肯见者，诚有所讳也。”《史记笺证》申其义曰：“刘邦这种过河拆桥、事成后反而辱骂侯公的行为，与其在战场上被楚将丁公放过，事后反将丁公处死的情形相同，事见《季布栾布列传》。”可备一说。

10. 此天下辩士，所居倾国

《笺证》曰：“所居倾国：言其口舌之利足以坏人国家，而且是走到哪里，坏到哪里。倾，颠覆。”《新注》曰：“刘、项订和约在汉四年九月。此时灌婴已从齐地进兵至淮北，彭城告急。刘、项对峙广武经年，项羽多次请和，刘邦不允，而在胜利前夕反主动请和，其用心在于诈项羽东归，释放太公、吕后。项羽亦知之，故陆贾往说不听，侯公再说乃听之。于此可见侯公真倾国之士也。”

11. 项王已约，乃引兵解而东归

解：分离。指双方解除军事对峙，脱离战场。东归：指项羽率军东归，先行撤退。郭嵩焘曰：“按《灌婴传》，‘齐地已定，韩信自立为齐王，使婴别将攻楚将公杲于鲁北，渡淮，尽降其城邑。至广陵，下下邳，击破楚骑于平阳，遂降彭城。’婴之入彭城尚在鸿沟定约以前，宜其遽解而东归也。”（《史记札记》）

汉欲西归，张良、陈平说曰：“汉有天下太半[1]，而诸侯皆附之。楚兵疲食尽，此天亡楚之时也，不如因其机而遂取之[2]。今释弗击，此所谓‘养虎自遗患’也[3]。”汉王听之。汉五年[4]，汉王乃追项王至阳夏南，止军[5]，与淮阴侯韩信、建成侯彭越[6]，期会而击楚军。至固陵[7]，而信、越之兵不会[8]。楚击汉军，大破之。汉王复入壁，深堑而自守，谓张子房曰[9]：“诸侯不从约[10]，为之奈何？”对曰：“楚兵且破，信、越未有分地[11]，其不至固宜。君王能与共分天下，今可立致也[12]。即不能，事未可知也。君王能自陈以东傅海，尽与韩信[13]；睢阳以北至谷城，以与彭越[14]：使各自为战[15]，则楚易败也。”汉王曰：“善。”于是乃发使者告韩信、彭越曰：“并力击楚，楚破，自陈以东傅海与齐王，睢阳以北至谷城与彭相国[16]。”使者至，韩信、彭越皆报曰：“请今进兵。”韩信乃从齐往，刘贾军从寿春并行，屠城父，至垓下[17]。大司马周殷叛楚，以舒屠六[18]，举九江兵[19]，随刘贾、彭越，皆会垓下，诣项王[20]。

1. 汉有天下太半

集解 韦昭曰："凡数三分有二为太半，一为少半。"

《新注》曰："太半：大半，三分之二。"《全注》曰："当时汉占领的地域已包括巴、蜀、关中、燕、赵、韩、魏、齐、梁，比楚占领的鸿沟以东的地域广阔，所以说'汉有天下太半'。"

2. 不如因其机而遂取之

《新注》曰："因其机：乘此机会。"

【研讨】

"机、饥、几"三字有别而又相通

"因其机"，诸本作"机"，景祐本作"饥"，《汉书·高帝纪》及《汉纪》作"几"。《汉书》注，郑氏曰："几，微也。"颜师古曰："机，危也。"按：机者，乘此机会；饥者，趁其疲困；几者，乘其微弱艰难之时，三字皆可通。李人鉴认为"饥"字为长，"机"字乃"饥"之误，"几"，亦误。李氏引据曰："本书《秦本纪》有'因其饥而伐之'一语，复有'因其饥伐之'一语，《晋世家》亦有'因其饥伐之'一语。南宋绍兴间杭州刊本、明崇祯十四年常熟毛晋汲古阁刊本及《御览》卷二百九十引《史记》皆作'饥'。"（《校读记》）按："机"与"饥"，二字皆通。

3. 今释弗击，此所谓"养虎自遗患"也

正义 遗，唯季反。

按："遗"，《正义》曰"唯季反"，音 wèi，赠送，此为留下。

【研讨】

汉王类勾践

郭嵩焘曰："是时天下已归汉，高祖所以与项王约中分天下，为欲得太公、吕后而已，岂能纵项羽东归，待张良、陈平之说而始追击之哉？此史家烘托之辞，非事实也。"（《史记札记》）李光缗曰："项羽之待汉王，犹夫差之待勾践；夫差之仇怨也恕，勾践之仇怨也酷；项羽之负约也小，汉王之负约也大。"(《增订史记评林》)韩兆琦曰："张良、陈平此语与当年刘邦处劣势向项羽乞和时，范增之对项羽所讲者相同，亦与勾践败吴后范蠡之劝勾践遂一举灭吴之语相同，参看《越王勾践世家》。"(《史记笺证》)

4. 汉五年

《新注》曰："公元前202年。"

5. 汉王乃追项王至阳夏南，止军

集解 如淳曰："夏音贾[1]。" 正义 《括地志》云："陈州太康县，本汉阳夏县也。《续汉书·郡国志》云阳夏县属陈国。"按：太康县城夏后太康所筑，隋改阳夏为太康。

①夏音贾：即阳夏之"夏"，读音为jiǎ。

《新注》曰："阳夏：秦县名，县治即今河南省太康县。止军：屯驻下来。"

6. 建成侯彭越

梁玉绳曰："越为魏相国，未闻封侯，盖所赐名号，曹参亦有'建成侯'之称，本传不载。"

7. 至固陵

集解 徐广曰："在阳夏。"骃案：晋灼曰"即固始也"。正义 《括地志》云："固陵，县名也。在陈州宛丘县西北四十二里。"

《新注》曰："固陵：秦县名，县治在今河南省太康县南。"

8. 而信、越之兵不会

《新注》曰："信越之兵不会：汉三年十月韩信已破齐，项羽已居劣势，而刘项相峙广武经年不决者，因韩信、彭越观望故也。"按："不会"，该到达而不到达，指信越之兵不到达固陵，合击项羽。

9. 谓张子房曰

《新注》曰："张子房：刘邦谋士张良，字子房。"

10. 诸侯不从约

《笺证》曰："不从约：不遵约定，不守约束。"按："诸侯"，指韩信、彭越等。

11. 信、越未有分地

集解 李奇曰："信、越等未有益地之分[1]也。"韦昭曰："信等虽名为王，未有所画经界[2]。"

［正义佚文］分，扶问反。

①未有益地之分：指没有给韩信、彭越所掌控的土地之外，另增加土地的酬功。

②未有所画经界：没有给韩信、彭越等人，明确划分领属的土地疆界。画：画界。经界：即疆界。

《新注》曰："未有分地：没有明确画界。"

12. 君王能与共分天下，今可立致也

《笺证》曰："君王句：谓汉王能够'舍得把天下的地盘给他们每人分一块，将会使之立刻前来。'立致：立即招来。"茅坤曰："此一策遂定汉兴亡之略。"屠隆曰："子房之语亦是祸此二人之基。"(《史记评林》引)

13. 君王能自陈以东傅海，尽与韩信

正义 傅音附，著也。陈即陈州[1]，古陈国都也。自陈著海，并齐旧地，尽与齐王韩信也。

①陈州：春秋时陈国，秦置陈县，东汉置郡，治陈县，在今河南淮阳县。北周始置陈州，寻废为淮阳郡。唐复置陈州。

《笺证》曰："自陈以东傅海：自陈县一直东到海边，大体包括今河南省东部，山东省西南部和安徽、江苏两省的北部地区。傅海，直到海边。傅，贴近。"

14. 睢阳以北至谷城，以与彭越

正义 《括地志》云："谷城故城在济州东阿县东二十六里。"睢阳，宋州也。自宋州以北至济州谷城际黄河，尽与相国彭越。

《新注》曰："睢阳以北至谷城：即今河南东部及山东西部地区。谷城，秦县名，县治在今山东东阿县南。"

15. 使各自为战

[正义]为，于伪反。

《笺证》曰："使各自为战，使其各为自己获取分地而战。"锺惺曰："刘邦一生学问只在用人。"凌稚隆引屠隆曰："子房此语，亦是祸此二人之基。"张文虎曰："此事不书于《高纪》，不书于《留侯世家》，信、越列传，而书之于《羽纪》者，明非此不能破羽，然信、越死机已伏于此。"

16. 彭相国

《全注》曰："彭相国，即彭越。彭越曾为魏王豹相国。"

17. 刘贾军从寿春并行，屠城父[一]，至垓下[二]

[一][集解]如淳曰："并行，并击之。"[正义]父音甫①。寿州寿春县②也。城父，亳州县也。屠谓多刑杀也。刘贾入围寿州，引兵过淮北，屠杀亳州、城父，而东北至垓下。

①父音甫：即父读音为fǔ。

②寿州寿春县：寿春县，秦汉时为九江郡治。隋置寿州，寻废为郡，唐复置州。

[二][集解]徐广曰："在沛之洨县。洨，下交切。"骃案：应劭曰"垓音该"。李奇曰"沛洨县聚邑名也"。[索隐]张揖《三苍注》云："垓，堤名，在沛郡。"[正义]按：垓下是高冈绝严，今犹高三四丈，其聚邑及堤在垓之侧，因取名焉。今在亳州真源县①东十里，与老君庙相接。洨音户交反。

①真源县：唐时属亳州，今为河南鹿邑县，不属亳州（安徽亳县）。

《新注》曰："刘贾军从寿春并行：此时刘贾与黥布等已深入楚后方，据有淮南，故从寿春出发北上与南下的韩信军同时进军合围项羽。寿春，秦县名，即今安徽寿县。屠城父，至垓下：刘贾从寿春北上，先向西北趋固陵，故先至城父，随后追击项羽东至垓下。城父，古邑名，在今安徽亳县东南，位于寿春西北。垓（gāi）下，古地名，又名垓下集，在今安徽灵璧东南的沱河北岸，位于寿春东北。”

18. 大司马周殷叛楚，以舒屠六

集解 如淳曰：“以舒之众屠破六县。” 正义 《括地志》云：“舒，今庐江之故舒城是也。故六城在寿州安丰南百三十二里，偃姓，咎繇之后。”按：周殷叛楚，兼举九江郡之兵，随刘贾而至垓下。

《新注》曰：“以舒屠六：周殷，守淮南的楚将，为大司马，他投降了刘贾，带领舒县（今安徽舒城）之众北上，屠灭了城守六县（今安徽六安）的楚军。”

19. 举九江兵

正义 九江郡，寿州也。楚考烈王二十二年，自陈徙寿春，号云郢。至王负刍为秦将王翦、蒙武所灭，于此置九江郡。应劭云：“自庐江寻阳分为九江。”

《笺证》曰：“带着九江郡的全部人马。举：全部。”

20. 随刘贾、彭越皆会垓下，诣项王

《新注》曰：“诣项王：各路汉军都追向项王。”

【考辨】

垓下之战形势

泷川引中井曰：“‘诣项王’三字疑衍。”（《会注考证》）梁玉绳曰：“此段颇有缺误，当云：‘韩信乃从齐往，彭越乃从魏往，刘贾军从寿春迎黥布并行屠城父，大司马周殷叛楚，以舒屠六，举九江兵随刘贾、黥布皆会垓下。’”（《史记志疑》）韩兆琦曰：“此数句关系不明，事实为刘贾入楚地攻克寿春后，周殷又从舒县叛楚归汉，协助刘贾控制了九江郡的局势；而后又西行迎来了原为九江王，后来单身归汉的黥布；黥布军经过城父时，屠之。最后，周殷、黥布等皆随刘贾一同与刘邦、韩信等会师垓下。”

按：史公行文不误，“诣项王”三字非衍文。前文云“刘贾军从寿春并行”，此云“周殷随刘贾、彭越、皆会垓下”，前后文是一个意思，指楚大司马周殷叛楚后与汉将刘贾“并行”，即合编于刘贾军中。周殷叛楚，迎黥布，实为黥布所策反。刘贾本与彭越为一路军，刘贾受彭越节制，刘彭之军攻下彭城后，两人分兵，彭越东指扬州，刘贾西向迎周殷，故周殷叛楚归汉，即可以说“随刘贾”亦可以说“随刘贾、彭越”，两者并无矛盾。李人鉴《校读记》据《新序·善谋下》“韩信乃从齐行”下有“彭越兵自梁至”将“韩信乃从齐往”以下一节行文调整为：“韩信乃从齐往，彭越兵自梁至，刘贾军从寿春至垓下。大司马周殷叛楚，以舒屠六，举九江兵迎黥布并行屠城父，随刘贾皆会垓下，诣项王。”此更为顺畅，以备参考。

项王军壁垓下，兵少食尽[1]，汉军及诸侯兵围之数重。夜闻汉军四面皆楚歌[2]，项王乃大惊曰：“汉皆已得楚乎？是何楚人之多也？”项王则夜起，饮帐中。有美人名虞[3]，常幸从；骏马名骓[4]，常骑之。于是项王乃悲歌忼慨[5]，自为诗曰：“力拔山兮气盖世，时不利兮骓不逝。骓不逝兮可奈何，虞兮虞兮奈若何[6]！”歌数阕[7]，美人和之[8]。项王泣数行下[9]，左右皆泣，莫能仰视。

1. 项王军壁垓下，兵少食尽

《笺证》曰：“谓汉军诸路到达垓下后，与项羽尚有一次决定性的大战。据《高祖本纪》云：‘五年（前202），高祖与诸侯兵共击楚军，与项羽决胜垓下。淮阴将三十万自当之，孔将军居左，费将军居右，皇帝在后，绛侯、柴将军在皇帝后。项羽之卒可十万。淮阴先合，不利，却；孔将军、费将军纵，楚兵不利，淮阴复乘之，大败垓下。’而后始得云‘兵少食尽，汉军及诸侯兵围之数重。’”

2. 夜闻汉军四面皆楚歌

集解 应劭曰：“楚歌者，谓《鸡鸣歌》也。汉已略得其地，故楚歌者多鸡鸣时歌也。” 正义 颜师古云：“楚人之歌也，犹言‘吴讴’‘越吟’。若鸡鸣为歌之名，于理则可，不得云‘鸡鸣时’也。高祖①戚夫人楚舞，自为楚歌，岂亦鸡鸣时乎？”按：颜说是也。

①高祖：《汉书·高帝纪》“四面皆楚歌”句颜师古注，“高祖”下有“令”字。

《新注》曰：“四面楚歌，汉军收缩包围，其歌声达于项羽军营。此时汉军多楚人，刘邦令唱楚地民歌，用以瓦解项羽军心。”按：“楚歌”，楚人之歌，犹如吴讴、越吟之类。应劭解楚歌为鸡鸣之歌，颜师古驳之，是。

3. 有美人名虞

集解 徐广曰：“一云姓虞氏。” 正义《括地志》云：“虞姬墓①在濠州定远县东六十里。长老传云项羽美人冢也。”

①虞姬墓：《括地志》云“在濠州定远县东六十里”，非是。此地名“嗟虞墩”，在定远县南六十里。北宋乐史所撰《太平寰宇记》云：“虞姬墓，在县南六十里，高六丈，即项羽败杀姬葬此。”具体地点在今定远县南六十里二龙乡潭村附近，东北距汉东城县遗址二十里。《集韵》：“墩，平地有堆者。”嗟虞墩，乃是自然土堆，不是墓冢。这是民间传说，谓项羽垓下突围携带虞姬之首，到此因汉兵追击紧迫，葬虞姬首于此，心中悲伤，故称“嗟虞墩”。晚清安抚巡抚冯煦在为灵壁虞姬墓所撰《重修虞姬墓碑》文中，已辨其非。霸王别姬在垓下，虞姬墓自然应在安徽灵壁。虞姬墓在今灵壁县城东十五华里虞姬乡霸王村，现为安徽省级重点文物保护单位。虞姬墓前有一石碑，两旁对联为：“虞兮奈何，自古红颜多薄命；姬耶安在，独留青冢向黄昏。”横额刻“巾帼千秋”。

《笺证》曰：“有美人名虞，《集解》引徐广曰：‘一云姓虞氏。’”泷川曰：“《汉书》作‘姓虞氏’。”王先谦引周寿昌曰：“妇人从夫姓，即以姓，已姓为名，晋李恒妻卫铄，称名曰‘李卫’；赵孟頫妻管道升，称名曰‘赵管’，皆是。”

4. 骏马名骓

正义 音隹。顾野王云青白色也。《释畜》[①]云：“苍白杂毛，骓也。”

①释畜：《尔雅》篇名，第十九。

《新注》曰：“骓（zhuī）：毛色青白相间的马。”

5. 于是项王乃悲歌忼慨

《全注》曰：“忼慨：也作‘慷慨’，愤激悲叹的样子。”

6. 力拔山兮气盖世，时不利兮骓不逝。骓不逝兮可奈何，虞兮虞兮奈若何

《笺证》曰：“力拔山兮气盖世四句：朱熹曰：‘慷慨激烈，有千载不平之余愤。’吴见思曰：‘“可奈何”“奈若何”，若无意义，乃一腔怒愤，万种低回，地厚天高，托身无所，写英雄失路之悲，至此极矣。’钱钟书引周亮工曰：‘垓下是何等时？虞姬死而子弟散，匹马逃亡，身迷大泽，亦何暇更作歌诗？即有作，亦谁闻之，而谁记之欤？吾谓此数语者，无论事之有无，应是太史公“笔补造化”，代为传神。’按：‘骓不逝’，指千里马不再奔驰，喻霸王力竭，不能保护虞姬而悲伤。‘逝’，往，去。这里义为奔驰，行进。”

7. 歌数阕

《新注》曰：“连唱了几遍。阕（quē），曲终，指唱完一遍。”

8. 美人和之

正义 和音胡卧反。《楚汉春秋》云：“歌曰‘汉兵已略地，四方楚歌声。大王意气尽，贱妾何聊生’。”

《全注》曰：“和（hè）：跟着唱。”

8. 项王泣数行下

正义 数，色庚反[①]。行，户郎反[②]。

①数，色庚反：读音 shǔ。

②行，户郎反：读音 háng。

于是项王乃上马骑[1]，麾下壮士骑从者八百余人[2]，直夜溃围南出，驰走[3]。平明，汉军乃觉之，令骑将灌婴以五千骑追之。项王渡淮，骑能属者百余人耳[4]。项王至阴陵[5]，迷失道，问一田父，田父绐曰："左[6]。"左，乃陷大泽中[7]。以故汉追及之。项王乃复引兵而东，至东城[8]，乃有二十八骑。汉骑追者数千人。项王自度不得脱[9]，谓其骑曰："吾起兵至今八岁矣，身七十余战[10]，所当者破，所击者服，未尝败北，遂霸有天下。然今卒困于此[11]，此天之亡我，非战之罪也。今日固决死，愿为诸君快战[12]，必三胜之[13]，为诸君溃围、斩将、刈旗[14]，令诸君知天亡我，非战之罪也。"乃分其骑以为四队[15]，四向[16]。汉军围之数重，项王谓其骑曰："吾为公取彼一将。"令四面骑驰下[17]，期山东为三处[18]。于是项王大呼驰下[19]，汉军皆披靡[20]，遂斩汉一将。是时，赤泉侯为骑将，追项王[21]，项王瞋目而叱之，赤泉侯人马俱惊，辟易数里[22]，与其骑会为三处。汉军不知项王所在，乃分军为三，复围之。项王乃驰，复斩汉一都尉，杀数十百人。复聚其骑，亡其两骑耳。乃谓其骑曰："何如？"骑皆伏曰："如大王言[23]！"

1. 于是项王乃上马骑

正义 其倚反①。凡单乘曰骑。后同。

《斠证》曰："项王乃上马骑，《汉书》《汉纪》'乃'并作'遂'，乃犹遂也。"

①其倚反：谓"骑"字读音为jì。一人一马为一骑。

【集校】

"上马"下"骑"字为衍文

李人鉴曰："上马"下"骑"字乃后人所加，《汉书·高帝纪》云："羽与数百骑走。"又《项籍传》云："于是羽遂上马，戏下骑从者八百余人。"《汉纪三》云："羽遂上马，乃从八百余骑，直夜溃围南出。"各处"上马"下皆无"骑"字，而皆以"骑"字作名词用，读若寄。此《纪》下文云，"骑能属者百余人耳"，"至东城乃有二十八骑"，"谓其骑曰"，"乃分其骑以为四队，四向"，"项王谓其骑曰"，"令四面骑驰下，期山东为三处"，"与其骑会为三处"，"复聚其骑，亡其两骑耳"，"乃谓其骑曰：'何如?'骑皆伏曰：'如大王言。'"，"乃令骑皆下马步行，持短兵接战"，凡以"骑"作名词用者十余处。观此则知"从者八百余人"上之"骑"字亦名词，非动词，上下文正相应，与《汉书·高帝纪》《项籍传》及《汉纪》亦相吻合。(《校读记》)

2. 麾下壮士骑从者八百余人

正义 麾亦作"戏"，同呼危反。

①麾亦作"戏"，同呼危反：指"麾"字又写作"戏"，而"戏"的读音为麾，即呼危反，音huī。

《笺证》曰："麾下：犹言'部下'，师古曰：'麾，大将之旗也。'"

【集校】

壮士骑当作"壮骑"

李人鉴曰："壮"下"士"字亦后人所加。"骑"字既为名词，如云"壮士骑"，则不可通；如以"骑"字为动词，而云"壮士骑从者八百余人"，于文亦冗赘。盖史文"壮"下本无"士"字而云"麾下壮骑从者八百余"也。史公书中言"壮骑"者，颇不乏其例。《匈奴列传》云："单于遂独身与壮骑数百溃汉围西北遁走。"《卫将军骠骑列传》云："右贤王惊，夜逃，独与其爱妾一人，壮骑数百驰溃围北去。"又云："单于遂乘六羸，壮骑可数百直冒汉围西北驰去。"（又云："常与其壮骑先其大将军。军亦有天幸，未尝困绝也。"）两《传》所叙匈奴单于及右贤王夜溃汉围事与此《纪》所叙项羽夜溃汉围事绝相类似，而皆用"壮骑"一语，则此《纪》之合作"壮骑"，"壮"下不当有"士"字，可不待烦言矣。在史公书中，除"壮骑"一语外，类似者尚有"精骑""轻骑""轻勇骑"等。如《匈奴列传》云："右贤王大惊，脱身逃走，诸精骑往往随后去。"此言"精骑"者也。《淮阴侯列传》云："选轻二千，人持一赤帜。"《刘敬叔孙通列传》云："轻骑一日一夜可以至秦中。"《卫将军骠骑列传》云："汉军因发轻骑夜追之。"此言"轻骑"者也。《卫将军骠骑列传》云："与轻勇骑八百直弃大军数百里赴利。"此言"轻勇骑"者也。后人读史公书，习见"壮士"一语，遂以为"壮"下脱一"士"字而为增入之，其病盖在于于史上下文及类似之情事未能细加研寻也。（《校读记》）

3. 直夜溃围南出，驰走

《全注》曰："直夜：当夜。一说半夜，中夜。《汉书·项籍传》作'夜直'，当释为中夜。"

【研讨】

"直夜"与"夜直"辨

"直夜"作为一个词组，因直可训为"当"和"正"，带来有"当夜"与"正夜"，即中夜、半夜两解。"夜直"，只能训为"夜正"，故《全注》曰，"夜直，当释为中夜"。别家注本，以及论说普遍作"中夜"讲，谓项羽在夜半，即零点突围。汪受宽在《史·汉项羽本纪对读记》一文中认为把"直夜"或"夜直"作为一个词组解释是错误的。汪氏曰："'直夜溃围南出，驰走'，《汉书》作'夜直溃围南出驰'。这是一种极重要的改动，因为这种句式明显没有将'夜直'视为一个词组，而是以'直'与其下的词相连成组。于是，这句文字应该如此读：'夜——直溃围——南出——驰’。就是说‘直’不是‘夜’的修饰或限制词，而是‘溃围’的副词。意为‘径直’。全句联起来解释，就是：在夜里径直冲开汉军的包围圈，向南方奔逃。”（《信阳师院学报》2009年第1期）按：《史记》《汉书》之不同，此处各自解读，不必求同。

4. 骑能属者百余人耳

正义 属音烛。

《新注》曰：“骑能属者：能追随他的骑兵。属（zhǔ），跟随。”

5. 项王至阴陵

集解 徐广曰：“在淮南。” 正义 《括地志》云：“阴陵县故城在濠州定远县西北六十里。《地理志》云阴陵县属九江郡。”

《新注》曰：“阴陵：秦县名，县治在今安徽定远西北。”

6. 田父绐曰“左”

集解 文颖曰：“绐，欺也。欺令左去。[1]”

[1]欺令左去：骗项羽向左走。项羽南驰，与田父相对，田父言左去，即向西走。于是项羽偏离了南驰的方向。

《新注》曰：“田父：老农夫。绐（dài）：欺骗。左：向左行。”按：阴陵遗址在今定远县城西北六十里靠山乡古城村，已立有县级文物保护碑。

7. 乃陷大泽中

《全注》曰：“大泽：大面积的沼泽地。相传在今安徽定远县西南迷沟。”按：大泽在古阴陵县东南阴陵县境内，故称阴陵大泽，在今定远县西卅里店一带，详下“考辨”。

【考辨】

阴陵大泽

南宋以前权威的舆地志书也无阴陵大泽的只字片语。以致后世出现一些无端的臆测。其实正史中并不是一无线索可寻。《梁书·韦睿列传》记载：梁武帝天监五年（506）岁末，后魏中山王元英寇梁北徐州，围刺史昌义之于钟离（今凤阳县东北二十五里临淮镇），众号百万，而钟离守城梁军仅有三千，军情异常紧急。次年二月，梁武帝命豫州刺史韦睿率众北援钟离。“睿自合肥迳道，由阴陵大泽行，值涧谷，辄飞桥以济师”，车驰卒奔，旬日即至钟离城下，三月，大破魏师。司马光撰《类篇·辵部》：“迳，直也。”“迳道”，即直道。故《资治通鉴》即直书其事为“睿自合肥取直道，由阴陵大泽行”。由此可知阴陵大泽位于合肥与钟离（梁北徐州刺史治所）的南北连线上，当古东城县邑西北、阴陵县邑东南，约在今定远县城西西卅里店迤南一带。从田野踏勘所见及卫星遥感地形图所示，西卅里店南部东西各一、二十里范围内地势低洼且地形复杂。阴陵大泽盖为古池水、古洛涧、古濠水等水系及莫耶山南花水在其处汇聚而成的沼泽。历经沧桑，阴陵大泽早已淤塞成农田，但残迹尚存。《古今图书集成·方舆汇编》之《职方典》八二九卷《凤阳府部·定远县》有如下记载：“石塘湖在县西十五里”“秦塘、胡迤塘、济明塘，俱在县西南二十里”“马长涧在县西二十五里”“白涧在县西三十五里”“清流塘在县西三十里”“关塘在县西南四十里”。这些塘口均在古阴陵大泽范围之内。有些塘口如今已改建成小型水库。（《项羽垓下突围南驰乌江路线考察报告》，载《渭南师院学报》2009年第1期）阴陵大泽尚有附会不足信的新旧两说。旧说认为阴陵大泽在今和县北八十里石杨镇绰庙社区裕民圩的红草湖，在阴陵山南麓。南宋王象之《舆地纪胜》首次提出。《大明一统志》《大清一统志》《直隶和州志》《历阳典录》等承袭其说。此说与《史》《汉》记载项羽突围南驰乌江路线时序颠倒，不足采信。新说为今人冯其庸先生在《项羽不死于乌江考》一文（载《中华文史论丛》2007年第2期）中提出，阴陵大泽在今淮南市境内的高塘湖，其上有窑河大桥。这个高塘湖是青洛河上的堰塞湖，湖龄不过半个世纪。高塘湖形成原因，是1938年黄河在郑州花园口决堤后，黄河夺淮入海，造成淮河河床抬升，水流不畅，支流积水，直至20世纪60年代初才汇为巨浸。1978年出版的《淮南市志·地理篇》对高塘湖历史有明确记载。

8. 项王乃复引兵而东，至东城

集解《汉书音义》曰："县名，属临淮。"正义《括地志》云："东城县故城在濠州定远县东南五十里。《地理志》云东城县属九江郡。"

《新注》曰："东城：秦县名，县治在今安徽定远东南。"按：东城遗址在今定远县东南五十里处大桥乡三官村。遗址今已为农田，但残存夯土城墙依稀可见，南北长各二里，东西长各一里半，城周七里，南临池水，今名池河。

9. 项王自度不得脱

《新注》曰："自度不得脱：自己估量不能脱险。"按：冯其庸《项羽不死于乌江考》释此曰："'项王自度不得脱'，这是司马迁明确的交代，项羽已不可能脱身了。"冯氏此解谓项羽被困于东城死定了。冯氏对于"脱"字做了误训。《汉书·项籍传》颜注："脱，免也。"是项羽猜度，免不了一场恶战，并非是"不可能脱身"。度，估量，或然之辞，冯氏解为必然之辞，所以说"已不可能脱身"。已，指已成事实，必然如此，是冯氏对"度"字的误训。

10. 身七十余战

《笺证》曰："史公称道将军之勇好用'七十'字，李广临死前对其部下语亦曰：'广结发与匈奴大小七十余战'，如李白诗称山之高与年代之久好用'四万八千'字同。"

11. 然今卒困于此

正义 卒，子律反[①]。

《新注》曰："卒：终于。"

①卒，子律反：读音为zú。

12. 愿为诸君快战

《新注》曰："快战：痛快地打一胜仗，以明天之亡我。"按：

别本及《汉书》作“决战”，意为痛快淋漓地决死一战，抗争天命，比“快战”义为长。

13. 三胜之

《新注》曰：“三胜：即下文的溃围、斩将、刈旗。”

14. 为诸君溃围、斩将、刈旗

《新注》曰：“刈（yì）旗：砍倒军旗。”

15. 乃分其骑以为四队

于是部署二十八骑为四个作战单位。分，分兵部署。四队，四个分队。

16. 四向

《笺证》曰：“四向：朝着四个方向，盖围作一个圆阵，《汉书》作‘为圆阵，外向’。师古曰：‘圆阵，四周为之也。外向，谓兵刃皆在外也。’”

17. 令四面骑驰下

《新注》曰：“驰下：冲下去。指冲杀突围。”

18. 期山东为三处

正义 期遇山东，分为三处，汉军不知项羽处。《括地志》云：“九头山[①]在滁州全椒县西北九十六里。《江表传》云项羽败至乌江，汉兵追羽至此，一日九战，因名。”

①九头山：九头山，一名阴陵山，又称九斗山，位于和县境内，与江浦、全椒两县交界，曾为三县所共有。曰九头山，盖因此山由插花山、灰头山、龙王山、马鞍山、癞头山、犁头尖山、宝塔山、蔡家山、横山等九个山峰组成，最高峰海拔 145 米。九头山处东经 118°18′，北纬 30°02′。呈东北一西南走向，横亘在滁河南岸，长约 10 公里，宽处约 5 公里，占地 40 平方公里。从全椒往南看，九个山头清清楚楚，故全椒人称为九头山。从和县、江浦北望九头山，则是苍莽一片，故称阴陵山。谓阴陵山，因在海拔 315 米的如方山之北，山北为阴，故称阴陵山。项羽退逃乌江，路经九头山，“一日九战”，故又名九斗山。历代地理志书《元和郡县图志》《舆地纪胜》《方舆胜览》《大明一统志》《读史方舆纪要》，以及全椒、和县、江

浦三县的县志皆有记载。

《新注》曰："约定在山的东面分三处集合。"按：此为四隤山之战。四隤山，亦称四马山，在九头山南八公里，距东南乌江浦河岸三十里。《考证订补》引曾国藩曰："期山东为三处者，本由山上四面分驰而下，既下则皆聚会于山之东面也。分为三处者为疑阵，使汉兵不知羽所在，猝不敢前也。皆会于东者，东面滨大江，甚近，将渡江也。"

19. 于是项王大呼驰下

正义 火故反[①]。

①火故反：谓"呼"，读音为hù。

20. 汉军皆披靡

正义 上披彼反。靡，言精体低垂。

《新注》曰："披靡：草木随风倒伏的样子，喻汉军之惊惧四散。"

21. 赤泉侯为骑将，追项王

《全注》曰："赤泉侯：即杨喜，汉高祖二年为郎中骑将，隶属淮阴侯韩信。随从灌婴斩项羽后，始封赤泉侯。"

22. 辟易数里

正义 言人马俱惊，开张易旧处，乃至数里。

《新注》曰："辟易：四散倒退。"按：辟易，因惊恐畏惧而退避。《笺证》曰："辟：同'避'。易：易地，挪动了地方。"

【研讨】

辟易数里

凌约言曰："羽叱楼烦，楼烦'目不能视，手不能发'；羽叱杨喜，杨喜'人马俱惊，辟易数里'，羽之威猛可想象于千百世之下。"（《史记评林》引）韩兆琦曰："《三国演义》'张翼德大闹长板桥'有所谓'飞望见曹操后阵脚移动，乃挺矛又喝曰：'战又不战，退又不退，却是何故？'喊声未绝，曹操身边夏侯杰惊

得肝胆碎裂，倒撞于马下’云云，即化用此文。”（《史记笺证》）

23. 骑皆伏，曰：“如大王言。”

《笺证》曰：“伏：通‘服’。”郭嵩焘曰：“项王自叙七十余战，史公所记独钜鹿、垓下两战为详。钜鹿之战全用烘托法，不一及战事；而于垓下显出项羽兵法及其斩将搴旗之功。项羽英雄，史公自是心折，亦由其好奇，于势穷力尽处自显神通。钜鹿、鸿门、垓下三段，自是史公《项羽纪》中聚精会神，极得意文字。”（《史记札记》）

于是项王乃欲东渡乌江[1]。乌江亭长檥船待[2]，谓项王曰：“江东虽小，地方千里，众数十万人，亦足王也。愿大王急渡。今独臣有船，汉军至，无以渡。”项王笑曰：“天之亡我，我何渡为[3]！且籍与江东子弟八千人渡江而西[4]，今无一人还，纵江东父兄怜而王我[5]，我何面目见之？纵彼不言，籍独不愧于心乎？”乃谓亭长曰：“吾知公长者，吾骑此马五岁[6]，所当无敌，尝一日行千里，不忍杀之，以赐公。”乃令骑皆下马步行，持短兵接战[7]。独籍所杀汉军数百人[8]。项王身亦被十余创。顾见汉骑司马吕马童[9]，曰：“若非吾故人乎？”马童面之[10]，指王翳曰[11]：“此项王也。”项王乃曰：“吾闻汉购我头千金，邑万户[12]，吾为若德[13]。”乃自刎而死[14]。王翳取其头，余骑相蹂践争项王，相杀者数十人。最其后[15]，郎中骑杨喜，骑司马吕马童，郎中吕胜、杨武[16]，各得其一体[17]。五人共会其体，皆是[18]。故分其地为五[19]：封吕马童为中水侯[20]，封王翳为杜衍侯[21]，封杨喜为赤泉侯[22]，封杨武为吴防侯[23]，封吕胜为涅阳侯[24]。

1. 于是项王乃欲东渡乌江

集解瓒曰："在牛渚。"索隐按：晋初属临淮。正义《括地志》云："乌江亭即和州乌江县是也。晋初为县。注《水经》云江水又北，左得黄律口，《汉书》所谓乌江亭长杈船以待项羽，即此也。"

①牛渚：有两牛渚。江东牛渚，又称牛渚圻，就是长江南岸的采石矶，属当涂县，在乌江浦斜对岸，江南津渡。江西岸牛渚，见《历阳典录》牛渚条，云"水东十五里，直江南采石矶"。又，李白在江西和城州写六首《横江词》中有《牛渚西江夜》可以为证。臣瓒所云即指江西牛渚。

②乌江县：西晋太康六年（285）从东城县分出乌江亭，始置太康县，明废县置镇，并入和县。

《新注》曰："乌江：指乌江浦，津名，即今安徽和县东北四十里长江西岸渡口。其地有乌江亭。"按："东渡乌江"是"东渡于乌江"之省说。在先秦两汉典籍中，介词"于"若与动词连用引进处所名词构成介宾结构时，介词"于"经常省略。故"东渡乌江"，即从乌江向东渡过长江。长江下游有一段从西南向东北流的江段称横江，江东、江西由此而来。乌江浦是横江段上的一个渡口，因渡口所在河段，河沙呈乌黑色，故名乌江。乌江浦在江之西，而不在江之北。故从乌江浦渡江称"东渡"。

2. 乌江亭长杈船待

集解徐广曰"杈音仪，一音俄"。骃案：应劭曰"杈，正也"。孟康曰"杈音蚁，附也，附船著岸也"。如淳曰"南方人谓整船向岸曰杈"。索隐杈字，服、应、孟、晋各以意解尔。邹诞生作"漾船"，以尚反，刘氏亦有此音。

《全注》曰："亭长：秦、汉时，十里设一亭，筑有楼屋，内置兵器。亭有亭长一人，主管地方治安警卫，缉捕盗贼，调处民间争讼，止宿来往官吏，有时也宿留一般行为。杈：通'舣'，音 yǐ，摆船靠岸。”按：乌江亭长职责保证乌江浦的畅通，故㭒船以待项羽也。

3. 项王笑曰：天之亡我，我何渡为

钱钟书曰：“马迁行文，深得累叠之妙。如写项羽‘自度不能脱’，则曰：‘此天之亡我，非战之罪也’，再则曰：‘令诸君知天亡我，非战之罪也’，三则曰：‘天之亡我，我何渡为！’心已死而意犹未平，认输而不服气，故言之不足，再三言之矣。”（《管锥编》）

4. 籍与江东子弟八千人渡江而西

吴见思曰：“八千人渡江而西，忽化而为二万、六七万、数十万；忽化而八百余人、百余人、二十八骑，至无一人还，其兴也如江涌，其亡也如雪消，令人三叹！”

5. 纵江东父老怜而王我

《新注》曰：“纵：即使。”

6. 吾骑此马五岁

正义 音奇[1]。

①音奇：谓句中“骑”字读 qí，动词用，项羽乘骑此马五年。按：“骑”字读 jì，名词用，骑兵。《项羽本纪》中，“骑”字多作名词。

7. 持短兵接战

《新注》曰：“短兵：短小的轻便兵器，因步战所用。”按：项羽令二十六骑，全体下马步战，以示决死之心。

8. 独籍所杀汉军数百人

李人鉴曰：此《纪》于篇首称“项籍”，计称“籍”者十五处。在陈婴、黥布、蒲将军以兵属项梁后改称“项羽”，计称“羽”者三十余处。入关以后，悉称“项王”，直至篇末（其间有“始楚怀王初封项籍为鲁公”一语，此述前事，自当称“籍”，不得以“项王”称也）。而此处乃有“独籍所杀汉军数百人”一语，以上下文皆称“项王”观之，此独称“籍”，殊觉不伦。梁玉绳《史记志疑》亦以为“语病”。疑此《纪》原无“独籍所”三字。（《校读记》）

按：此处称“籍”承前“籍独不愧于心乎”而行文，李氏之疑非是，而总结项羽的称谓，揭示史公行文之例，仍有价值。

9. 顾见汉骑司马吕马童

《笺证》曰：“骑司马：骑兵中主管法纪的官。”王伯祥曰：“吕马童当系项王旧部反楚投汉者，故下以‘故人’称之。”陈直曰：“‘马童’即‘童马’，为初壮之马，盖当时之习俗语，故取以为名。”

10. “若非吾故人乎?”马童面之

集解 张晏曰：“以故人故，难视斫之，故背之。”如淳曰：“面，不正视也。”

《新注》曰：“面之：面对面认出了项王。”《全注》曰：“面：有两说：一，通‘偭’，以背相向。二，面对。”按：如淳取前说，《新注》取后说，以后说为是。王先谦引刘攽曰：“面之，直面向之。”直面，就是正面相视。

11. 指王翳曰

集解 如淳曰：“指示王翳[1]。”

①指示王翳：向王翳介绍。

《全注》曰：“王翳：梠本书《高祖功臣侯者年表》记载，汉高祖三年，以郎中骑将随从刘邦，为淮阴侯韩信属下，后来跟从灌婴共斩项羽。”

12. 吾闻汉购我头千金，邑万户

正义 汉以一斤金为一金[1]，当一万钱也。

①一斤为一金：秦汉时黄金货币，以一斤重为一个单位叫“金”，合铜钱一万钱。

《新注》曰：“购：悬赏征求。邑万户：封邑万户侯。”

13. 吾为若德

集解 徐广曰：“亦可是‘功德’之‘德’。”正义 为，于伪反。言吕马童与项羽先是故人，旧有恩德于羽。一云德行也。

方苞曰："吾为若德，言我自刭，使汝献功受赏，是为汝德也。"(《史记注补正》)按：以今言之，则为"我替你做件好事，即送头与你去领赏封侯。"(《史记笺证》)

14. 乃自刎而死

《笺证》曰："今安徽和县乌江镇东南一公里的凤凰山上有项王祠与项王墓。项王祠建于唐代，其篆额'西楚霸王灵祠'六字为唐代和州的地方长官李阳冰所题。原祠有正殿、青龙宫、行宫等，祠内奉有项羽、虞姬、范增等人的塑像。祠前有一联云：'司马迁乃汉臣，本纪一篇，不信史官无曲笔；杜师雄真豪士，灵祠大哭，至今草木有余悲。'孟郊、杜牧、苏舜钦、王安石、陆游等均有题咏。1986 年重修庙宇，巍峨壮观。祠后有项羽的衣冠冢，明人题曰：'西楚霸王之墓'。"

【研讨】

项羽乌江自刎

项羽不渡乌江，自刎而死，历来颇多争议。凌稚隆曰："项羽不听亭父言，所谓小不忍者。后人有诗曰：'江东子弟多豪俊，卷土重来未可知'，可概见矣。"刘子翚曰："羽所以去垓下者，犹冀得脱也，乃为田父所绐，陷于大泽；亭长之言甚甘，安知不出田父之计耶？羽意谓丈夫途穷宁战死，不忍为亭长所执，故托以江东父老所言为解耳。使羽果无东渡意，岂引兵至此哉！"(《史记评林》引)姚苎田曰："项王之意必不欲以七尺躯随他手坑斩，观其溃围奔逐，岂不欲脱？迨闻亭长言，而又不肯上其一叶之舟，既又赐以爱马而慰遣之，粗糙爽直，良可爱也。"(《史记菁华录》)按：项羽垓下突围，弃十万之众而南驰，实欲东渡以图再起。一路奔逃，无奈天时不利，有大雾迷路，又人和不谐，为田父所绐，行至乌江，仅一叶扁舟，不能同渡二十六骑，岂可再弃从骑而一人独还江东。于是顿然醒悟，以死谢天下，故改变主意，由欲渡转为拒渡。南宋李清照《夏日绝句》诗云："生当作人杰，死亦为鬼雄。至今思项羽，不肯过江东。"张大可曰："项羽的人格魅力就是绝不服输，他乌江自刎，向不平的天公发出抗议。他垓下突围本意是渡过乌江返回江东，重整旗鼓与刘邦较量，但他到了乌江边，眼看身边的二十六骑都不能保护，东山再起的希望破灭。于是毅然改变主意，不渡乌江，以战死沙场来谢幕。因此项羽的乌江自刎，不是怯懦者无可奈何的逃避，而是勇敢者的人生顿悟，是英雄伟人的自觉承担历史责任的壮举。项羽赠马亭长，又送人头给故人，以德报怨，这与刘邦背信弃义，忘恩负义形成鲜明对照。司马迁精彩淋漓地写项羽乌江自刎，是《项羽本纪》对项羽重彩浓抹，精心刻画的艺术形象。一位顶天立地的英雄，屹立天地间，永久活在人们心中。乌江人民世代敬仰，在项羽自刎处建衣冠冢，并立庙祭奠，至今巍峨壮观。”(《论项羽》载《信阳师院学报》2009 年第 1 期)

15. 最其后

《笺证》曰：“最其后：过后汇总起来。最，同‘聚’。《汉书》作‘最后’，无‘其’字，则可读如今日之‘最后’。”

16. 郎中骑杨喜、骑司马吕马童、郎中吕胜、杨武

《全注》曰：“郎中骑：即郎中骑将，隶属郎中令，下统一定数量的郎中，当时为郎中骑者颇多。郎中为汉王守卫和扈从人员，无固定员额。吕胜：据《高祖功臣侯者年表》记载，汉高祖二年，以骑士随从刘邦出关。杨武：据《高祖功臣侯者年表》记载，汉高祖元年，以郎中骑将随从刘邦，曾击阳夏，斩项羽时为都尉。”

17. 各得其一体

《笺证》曰：“一体：一肢，通常以四肢加头称为‘五体’。”

18. 五人共会其体，皆是

《新注》曰：“共会其体，皆是：验核五人所得尸体，能合并在一起，确是项羽。”

19. 分其地为五

《新注》曰：“将悬赏的万户邑分为五份封五人为侯。”

20. 封吕马童为中水侯

索隐 按《晋书·地道记》[①]，其中水县属河间。正义《地理志》云中水县属涿郡。应劭云："在易、滱二水之中，故曰中水。"

①《晋书·地道记》：应为《晋书·地理志》。中水县，属河间国。

《全注》曰："中水侯：吕马童封于中水为侯，故地在今河北献县西北。"

21. 封王翳为杜衍侯

索隐 按《地理志》，县在南阳。按：《表》作"王翥"也。

正义《括地志》云："杜衍侯故县在郑州南阳县西八里。"

《全注》曰："杜衍侯：王翳所侯杜衍，在今河南南阳市西南。"

22. 封杨喜为赤泉侯

索隐 南阳有丹水县，疑赤泉后改。按：《汉书·表》及《后汉》作"憙"，音火志反。

《全注》曰："赤泉侯：唐司马贞《索隐》云：'南阳有丹水县，疑赤泉后改。'丹水为秦所置县，在今河南淅川县西南，南有丹水流过。"

23. 封杨武为吴防侯

索隐《地理志》县名，属汝南，故房子国。正义 吴防，豫州县。《括地志》云："吴房县本汉旧县。"孟康云："吴王阖庐弟夫概奔楚，楚封于此，为堂溪氏，本房子国，以封吴，故曰吴房。"

《全注》曰："吴防侯：杨武所侯吴防，在今河南遂平县。"

24. 封吕胜为涅阳侯

集解 徐广曰："五人后卒，皆谥壮侯。"索隐《地理志》南阳县名。正义 涅，年结反。《括地志》云："涅阳故城在郑州穰县东北六十里，本汉旧县也。应劭云'在涅水之阳'。"

《全注》曰：“涅（niè）阳侯：吕胜所侯涅阳，在今河南邓州市东北，位于涅水（今赵河）北岸，故名。”

项王已死[1]，楚地皆降汉，独鲁不下[2]，汉乃引天下兵欲屠之，为其守礼义，为主死节[3]，乃持项王头视鲁，鲁父兄乃降[4]。始，楚怀王初封项籍为鲁公，及其死，鲁最后下，故以鲁公礼葬项王谷城[5]。汉王为发哀，泣之而去[6]。诸项氏枝属[7]，汉王皆不诛。乃封项伯为射阳侯[8]。桃侯[9]、平皋侯[10]、玄武侯[11]皆项氏，赐姓刘氏[12]。

1. 项王已死

集解 徐广曰：“汉五年之十二月也。项王以始皇十五年己巳岁生，死时年三十一。”

项羽死于汉五年，公元前202年，依徐广注，年三十一，上推生年为公元前232年己巳岁。

2. 独鲁不下

《笺证》曰：“只有鲁县（今山东曲阜）还在为项羽坚持守城。”

3. 为其守礼义，为主死节

《笺证》曰：“当年楚怀王曾封项羽为‘鲁公’，故鲁人对项羽忠心耿耿。”

【研讨】

鲁为主死节

史珥曰：“鲁不急下，动汉王‘守礼义，为主死节’之褒，羽得此颇不寂寞。”（《四史剿说》）韩兆琦曰：“此亦史公因同情项羽，而于篇终极力为之周旋处。”（《史记笺证》）

4. 乃持项王头视鲁，鲁父兄乃降

《新注》曰："视鲁：即示鲁，把项王头给鲁人看。"

【研讨】

"鲁父兄乃降"句，"父兄"二字应属上读

李人鉴曰："上文言'独鲁不下'，则下文当云'鲁乃降'，不当云'鲁父兄乃降'。本书《高祖本纪》云：'鲁为楚坚守不下。汉王引诸侯兵北，示鲁父老项羽头，鲁乃降。'《汉书·高帝纪》云：'乃持羽头示其父兄，鲁乃降。'《通鉴》亦作'持项王头示鲁父兄，鲁乃降'。盖《纪》文本作'持项王头示鲁父兄，鲁乃降'，传写者误倒'鲁'字于上。"（《校读记》）

5. 故以鲁公礼葬项王谷城

集解 《皇览》曰："项羽冢在东郡谷城，东去县十五里。"

正义 《括地志》云："项羽墓在济州东阿县东二十七里，谷城西三里。《述征记》项羽墓在谷城西北三里半许，毁坏，有碣石'项王之墓'。"

《全注》曰："谷城：有两说，一谓东郡之谷城，在今山东平阴县西南。一谓鲁之小谷，即曲阜市西北小谷城。前一说较为通行。《水经注》卷八载，济水'北过谷城县西……城西北三里，有项王羽之冢，半许毁坏，石碣尚存，题云"项王之墓"'。《水经注》所说为东郡之谷城。"

6. 汉王为发哀，泣之而去

按："发哀"，发丧。

【研讨】

汉王葬羽发哀

汉王刘邦憎羽咬牙切齿，而为羽发丧，尽哀而去，这是一个成熟政治家的表现。王鸣盛曰："为义帝发丧，'袒而大哭'，此犹自可；杀项羽，'以鲁公礼葬，为发哀，泣之而去'，天下岂有我杀之即我哭之者？不知何处办此一副急泪！"又曰："《郑当时传》'诏项籍故臣皆名籍'，怨毒如许，哭之何为？"泷川曰：

“《田儋列传》云：‘田横自刭，高帝曰：夫起布衣，兄弟三人更王，岂不贤乎哉？为之流涕，发卒二千人以王者礼葬田。’高祖盖喜泣耳。”（《史记笺证》引）按：政治从属于时势，刘邦一泣，化解楚汉相争族群对立，有利于失败一方的归服 。单纯的道德感情论事，不得要领。《三国志·武帝纪》曹操“临祀绍墓，哭之流涕”，此乃一代枭雄效汉王之所为而已。

7. 诸项氏枝属

《新注》曰：“枝属：宗族。”

8. 乃封项伯为射阳侯

[集解]徐广曰：“项伯名缠，字伯。”[正义]射音食夜反。《括地志》云：“楚州山阳，本汉射阳县。《吴地志》云在射水之阳，故曰射阳。”

《全注》曰：“射阳侯：项伯所封射阳，在今江苏宝应县东北，因位于射水之北，故名。”

【研讨】

项伯受汉封

韩兆琦曰：“项伯助刘邦倾项羽，可谓尽其力矣，不知其于项羽之死内心安否？”（《史记笺证》）

9. 桃侯

[集解]徐广曰：“名襄。其子舍为丞相①。”[正义]《括地志》云：“故城在滑州胙城县东四十里②。《汉书》云高祖十二年封刘襄为桃侯也。”

①其子舍为丞相：刘舍为相在景帝时，见《景帝本纪》与《汉兴以来将相名臣年表》。

②四十里：《万石张叔列传》“代桃侯舍”，《正义》作“三十里”。

《全注》曰：“桃侯：名襄。椐本书《高祖功臣侯者年表》，汉高祖十二年始封襄为桃侯。所封桃即桃丘，在汉东郡东阿县境内。”

10. 平皋侯

集解 徐广曰："名佗。" 正义《括地志》云："平皋故城在怀州武德县东二十里，汉平皋县。"按：佗音徒何反。

《笺证》曰："平皋侯：名佗，封地平皋，在今河南省温县东。按：《汉书·项籍传》有所谓'羽使从兄子项它为大将、龙且为裨将救齐'云者，盖即此人。"

11. 玄武侯

集解 徐广曰："《诸侯表》中不见。"

《笺证》曰："玄武侯：名字不详，《高祖功臣侯者年表》亦无'玄武侯'。按：史失载。"

12. 皆项氏，赐姓刘氏

李人鉴《校读记》曰："《汉书·高帝纪》、《项籍传》及《汉纪三》并云'封项伯等四人为列侯，赐姓刘氏'，此《纪》'项伯'下脱'等四人'三字，当据补。"又曰："《高祖功臣侯者年表》谓射阳侯六年正月丙午封，平皋侯七年十月癸亥封，桃侯十二年三月丁巳封，缺玄武侯。射阳侯、平皋侯、桃侯《表》中皆有'赐姓刘氏'一语。"按：李说是也。即"皆项氏"，包括射阳侯项伯，亦赐姓刘氏。中华书局修订本已据诸本在"赐姓刘"下补"氏"字，为"赐姓刘氏"，今从之。

太史公曰：吾闻之周生曰[1]："舜目盖重瞳子[2]"，又闻项羽亦重瞳子。羽岂其苗裔邪[3]？何兴之暴也[4]！夫秦失其政，陈涉首难[5]，豪杰蜂起[6]，相与并争，不可胜数。然羽非有尺寸[7]，乘势起陇亩之中[8]，三年，遂将五诸侯灭秦[9]，分裂天下，而封王侯，政由羽出[10]，号为"霸王"，位虽不终，近古以来未尝有也[11]。及羽背关怀楚[12]，放逐义帝而自立，怨王侯叛己，难矣。自矜功伐[13]，奋其私智而不师古[14]，谓霸王之业，欲以力征经营天下[15]，五年卒亡其国[16]，身死东城[17]，尚不觉寤而不自责，过矣[18]。乃引“天亡我，非用兵之罪也”[19]，岂不谬哉！

1. 吾闻之周生曰

集解 文颖曰：“周时贤者。” 正义 孔文祥云：“周生，汉时儒者，姓周也。”按：太史公云“吾闻之周生”，则是汉人，与太史公耳目相接明矣。

《新注》曰：“周生：汉时儒者，史失其名。”《全注》曰：“从‘吾闻之’一语来看，周生与司马迁耳目相接，曾生活在同一时代。”《笺证》曰：“应是司马迁的长辈。”

2. 舜目盖重瞳子

集解《尸子》曰：“舜两眸子，是谓重瞳。”

《全注》曰：“盖：或然之辞，是一种不能肯定的语气。”《新注》曰：“重瞳：两个瞳孔，古人认为这是神异非凡的品相。”按：泷川曰：“余闻之医生，今人二瞳、三瞳者往往而有。”

3. 羽岂其苗裔邪

《新注》曰：“苗裔：后代。邪：通‘耶’。”

4. 何兴之暴也

《笺证》曰：“意谓（要不然）项羽为什么能兴起这么突然呢？暴，突然，《黥布列传》亦有所谓‘何其拔兴之暴哉’，与此处的意思、用语皆同。”

【研讨】

项羽重瞳子

司马迁以“重瞳子”将项羽与舜两人相联系，只是借势比兴，对项羽暴风骤雨式的兴灭发生感慨，乃是高度评价和赞赏其灭秦之功业，又惋惜其失败而已。论者多所责难，非其笃论。如王若虚曰："陋哉此论，人之形貌容有偶相同者，羽出舜后千有余年，而独以此事遂疑其为苗裔，不亦迂乎？商均，舜之亲子，遗体在焉，然不闻其亦重瞳也，而千余年之远裔乃必重瞳耶？周生何人？所据何书而上知古帝王之形貌？正复有据，亦非学者之所宜讲也。"（《史记辨惑》）泷川曰："史公好以帝王将相为古圣贤苗裔，若以秦为伯翳后、以英布为皋陶后之类。"（《史记考证》）刘咸炘曰："史公于古今之变最致意，不然，楚本不出舜，重瞳岂必一家？史公何作此痴语邪？"（《太史公知书意》）

5. 陈涉首难

《笺证》曰："首难：首先发动起事。"

6. 豪杰蜂起

《新注》曰："蜂起：像蜂一样成群的兴起来。"

7. 然羽非有尺寸

《新注》曰："尺寸：喻微薄的凭借，或尺寸之地，或尺寸之权势。"

8. 乘势起陇亩之中

《全注》曰："陇亩：草野，民间。"按：谓项羽趁群雄并起之势由一个平头百姓揭竿而起。

9. 三年，遂将五诸侯灭秦

集解 此时山东六国，而齐、赵、韩、魏、燕五国并起，从伐秦，故云五诸侯。

将五诸侯：指楚率领五国，谓六国灭秦。参见本篇前注"五诸侯"之"考辨"。

10. 政由羽出

《笺证》曰："政由羽出：意即天下的一切大事，都由项羽说了算。"泷川曰："数句可以见史公列项羽于本纪之意。"（《会注考证》）

11. 近古以来未尝有也

《新注》曰："近古：近代，指战国及秦楚之际。"

12. 及羽背关怀楚

正义 颜师古云："背关，背约不王高祖于关中。怀楚，谓思东归而都彭城。"

《全注》曰："背关怀楚：谓放弃关中形胜之地，而怀念楚地，建都彭城。"

【研讨】

项羽背关怀楚

《笺证》引顾炎武曰：背关，"谓舍关中形胜之地，而都彭城也"。怀楚，即其"富贵不归故乡，如衣绣夜行"之想。《新注》曰："项羽入关烧杀抢掠，他的残暴行为激起了关中人民的不满，于是放弃了具有战略意义的关中而东归彭城。"

13. 自矜功伐

《笺证》曰："'自矜功伐'，夸耀自己的战功，如前项羽所谓：'身被坚执锐首事，暴露中野三年，灭秦定天下者，皆将相诸君与籍之力也'；以及'身七十余战，所当者破，所击者服，未尝败北'云云。功伐，犹言'功勋'。《左传》庄公二十八年杜预注：'伐，功也。'"

14. 奋其私智而不师古

《笺证》曰："不师古：不学习古人成功的经验，不接受古人失败的教训。师古，以古为师。"

15. 谓霸王之业，欲以力征经营天下

《新注》曰："力征经营天下：指只依靠武力来夺取天下，故项羽行兵多残暴不仁，常常是屠城滥杀，钜鹿之战坑秦降卒二十万，引起了关中人民的愤怨。"

16. 五年卒亡其国

正义 卒音子律反。五年，谓高帝元年至五年，杀项羽东城。

按："五年"，谓楚汉相争五年，汉元年至汉五年。由于秦汉以农历十月为岁首，又中西历对照，恰好有一年之岁差，再减虚岁之月数，楚汉相争，实际只有三年又五个月，起于汉元年八月汉王还定三秦，至汉五年十二月击杀项王。汉元年八月，为公元前206年9月，至汉五年十二月，为公元前202年1月，故实有三年又五个月。楚汉成皋对峙，自汉二年六月至汉四年九月，即公元前205年7月至前203年10月，共28个月，合两年又四个月。

17. 身死东城

按："身死东城"，谓项羽身死东城县地。项羽自刎于东城县所属之乌江浦。此言"东城"，是地名借代中以大代小，以东城指代所属之"乌江浦"。也就是说，"身死东城"与"自刎乌江"是一码事。俞樾《古书疑义举例》说："古人之文有举大名以代小名者，后人读之而不能解，每每失其义矣。"

18. 尚不觉寤而不自责，过矣

《新注》曰："寤：通'悟'。"

19. 乃引"天亡我，非用兵之罪也"

《新注》曰："项羽垓下败亡，走投无路，还对部下说：'我起兵到现在八年，亲身参加七十余战，从没有打过败仗，于是称霸天下。现在落到这地步，是天亡我，不是我不会打仗。'司马迁直斥其非，故赞语详列项羽失败的原因。引，援引，据为理由。"

【研讨】

太史公论项羽失败之因

张大可曰："《项羽本纪赞》历述项羽之失败，其因有五：第一，分裂天下，引起争斗；第二，背关怀楚，失去地利；第三，放逐义帝，诸侯叛乱；第四，自矜功伐，不行仁政；第五，专恃武力，失去民心。《太史公自序》又云：'子羽暴虐，汉行功德。'司马迁的这些观点无疑是正确的。"（《史记论赞辑释》）

【索隐述赞】

亡秦鹿走，伪楚狐鸣①。云郁沛谷②，剑挺吴城③。勋开鲁甸④，势合砀兵⑤。卿子无罪⑥，亚父推诚。始救赵歇，终诛子婴。违约王汉，背关怀楚⑦。常迁上游，臣迫故主⑧。灵壁大振⑨，成皋久拒⑩。战非无功，天实不与。嗟彼盖代，卒为凶竖⑪。

①伪楚狐鸣：指陈胜、吴广起义，建立张楚政权。狐鸣，陈胜、吴广在大泽乡发动起义，用篝火狐鸣，呼曰“大楚兴，陈胜王”，制造气氛，动员戍卒起义。

②云郁沛谷：指沛公刘邦在芒砀山聚众起义。沛公所居山谷，祥云郁结，称为天子气。

③剑挺吴城：指项梁、项羽在会稽郡斩郡守殷通起义。吴城，秦吴县城，即今江苏省苏州市，为会稽郡治所。项羽挺剑斩秦会稽太守殷通。

④勋开鲁甸：功业初建于鲁郊。指楚怀王封项羽为鲁公，为宋义副将。北上救赵事。

⑤势合砀兵：指项羽与沛公刘邦合兵抗秦。秦二世二年（前 208）六月，项梁战死定陶，楚怀王收缩兵力于彭城。项羽驻兵彭城，沛公驻军砀郡。楚怀王封沛公为砀郡长，砀兵，即指沛公军。随后，楚兵分两路伐秦，沛公西进，项羽受卿子冠军宋义节制，北上救赵。

⑥卿子无罪：卿子，即卿子冠军宋义，为项羽所杀。此句及下文列举项羽过恶。杀卿子冠军，逐走忠诚的亚父范增，诛秦降王子婴，违背楚怀王先入关者王秦的约定，改封沛公为汉王，放弃关中形胜回到楚地，驱走故主楚怀王，这些都是导致项羽失败的原因。

⑦背关怀楚：背关，放弃关中。怀楚，留恋楚地，指项羽回到彭城。

⑧常迁上游，臣迫故主：常，通尝，曾经。项羽贬逐楚怀王离开彭城，流放到郴县，古时尚未开发的今湖南长沙地区，美其名曰：“古之地者地方千里，必居上游。”随后又杀之。项羽的这种行为是“臣迫故主”，政治上的大为失计，成为刘邦讨伐项羽的口实。

⑨灵壁大振：指汉二年，公元前 205 年 4 月，项羽彭城大捷。此役，项

羽用轻骑兵三万奇袭刘邦率领的诸侯之军56万。刘邦败走成皋，诸侯又背汉附楚。项羽彭城大捷，书为灵壁大振，与三年后项羽兵败灵壁垓下呼应。

⑩成皋久拒：楚汉相争，两军对峙成皋，从汉二年六月至汉三年九月，随后又对峙广武至汉四年九月，总计两年又五个月，统称成皋对峙。

⑪嗟彼盖代，卒为凶竖：啊，项羽一代盖世英雄，最终成为一个恶棍。盖代，一代盖世英杰。凶竖，凶残的坏小子。

语译

项籍是下相人，表字羽。最初起兵时，二十四岁。其叔父叫项梁，项梁的父亲就是楚国将领项燕，是被秦国将领王翦所杀的那个人。项家世世代代做楚将，封在项地，所以姓项。

项籍年少时，学习识字书写，没有学成，放弃不学了；学习剑术，又没有学成。项梁很生他的气。项籍说："学认字足够记写名姓就行了，剑术只能对抗一个人，不值得学，我要学对抗一万人的本事。"项梁就教项籍兵法，项籍非常高兴，略微知道其中的大意，又不肯学下去。项梁曾因罪遭栎阳官吏逮捕，就请蕲县的狱掾曹咎写信给栎阳的狱掾司马欣，由于这封请托信，得以释放。项梁杀了人，和项籍在吴中逃避仇人。吴中有贤能的士大夫都不及项梁，每当吴中有大徭役和丧事，项梁常为他们主办。暗中用兵法组织部署宾客和子弟，借此了解他们各人的才能。秦始皇帝出游到会稽，渡浙江时，项梁和项籍一起去观看。项籍说："他可以取而代之！"项梁捂住他的口，说："不要胡说，会灭族的！"项梁因此认为项籍有奇才。项籍身高八尺有余，力能举起大鼎，才气过人，即使是吴中的子弟都已畏惧项籍了。

（以上为第一段，写项羽叔侄在国破家亡后的流离生活中蓄聚反秦力量，着重记叙项羽的粗疏与不凡。）

秦二世元年七月，陈涉等人在大泽乡起义。九月，会稽郡守殷通对项梁说："长江以西全都反叛了，这也是上天要灭亡秦朝的时候了。我听说先下手的能制服人，后下手的会被人制服。我想要起兵，请您和桓楚为将领。”这时桓楚正逃亡在沼泽之中。项梁说：“桓楚逃亡，人们不知道他的藏身之处，只有项籍知道。”项梁于是出去，告诫项籍持剑在外等待。项梁又进去，和郡守坐在一起，说：“请召见项籍，让他接受使命去召桓楚。”郡守说：“好。”项梁召唤项籍进来。一会儿，项梁用眼色暗示项籍说：“可以行动了！”项籍就拔出剑来砍下郡守的头。项梁提着郡守的头，佩带着郡守的印绶。左右侍卫大惊，一片混乱，项籍砍杀了几十上百人。满府的人都害怕屈服，没有人敢动手反抗。项梁就召集过去有交往的豪强官吏，告诉他们这样做是为了起兵反秦。于是调集吴地的兵士，派人收占所属各县，得到精兵八千人。项梁安排吴中豪杰担任校尉、候、司马。其中有一人没有被任用，自己跟项梁讲。项梁说：“从前办理某个人的丧事，让你主办某件事，没能办成，因此不任用你。”众人拜伏。项梁担任会稽郡守，项籍担任副将，巡行攻下属各县。

广陵人召平这时替陈王攻打广陵，没有攻下。听说陈涉败逃，秦兵又将来到，就渡江南下，假托陈王的命令拜项梁为上柱国。说：“江东已经平定，赶紧带兵向西进攻秦。”项梁于是就带领八千人北上渡江向西。听说陈婴已攻下东阳，就派遣使者想与他联合一起西进。陈婴是过去东阳县令属下的小吏，在一县之中素来诚实谨慎，被称为长者。东阳的年轻人杀死县令，聚集几千人，想推举首领，没有适宜的人，就来请陈婴。陈婴以才能不及来谢绝，大家强行立陈婴为首领。县中跟从的有二万人。年轻人想拥立陈婴立即称王，用青巾裹头，标明是异军突起。陈婴母亲对他说：“自从我做了你家的媳妇，还没有听说你家先祖自古以来有过显贵的人。现在忽然获得大的名声，不是好兆头，不如有所归属，事情成功了能够封侯，事情失败了也容易逃亡，并非世人特别注意的人物。”陈婴于是不敢称王。对他的军吏说：“项氏世世代代为将军，有名望于楚国。现在想发动大事，将帅非这等人不行。我们依靠有名望的大族，灭亡秦朝是一定的。”众人听从他的话，以军队归属项梁。项梁渡过淮河，黥布、蒲将军也以部队归属他。总共六七万人，驻军在下邳。

这时，秦嘉已经拥立景驹为楚王，驻军彭城东面，想抵抗项梁，项梁对军吏说："陈王最先发动起义，作战不利，不知去向。现在秦嘉背叛陈王而拥立景驹，大逆无道。"于是进军攻打秦嘉。秦嘉的军队败逃，追击到胡陵。秦嘉回军交战一天，秦嘉战死，军队投降。景驹逃跑，死在梁地。项梁已经兼并了秦嘉的军队，驻军胡陵，将要领兵西进。章邯的秦军抵达栗地，项梁派偏将朱鸡石、余樊君和章邯交战，余樊君战死。朱鸡石的军队战败，逃奔到胡陵。项梁就领兵进入薛地，杀了朱鸡石。项梁先前派遣项羽另外攻打襄城，襄城坚守，攻打不下。等到攻下襄城后，项羽把襄城军民全部坑杀，回来报告了项梁。项梁听说陈王确实死了，召集各部将领在薛地会合，商议大事。这时，沛公也从沛地起兵，赶来参加。

居鄛人范增，年纪七十岁了，一直隐居在家，善出奇计，前来游说项梁说："陈胜失败本属应当。秦朝灭亡六国，楚国是最没有罪的。自从怀王入秦国一去不返，楚国人怀念他一直到如今，故而楚南公说：'楚国即使只剩下三户，灭亡秦国的也必定是楚国。'现今陈胜首先起事，不拥立楚王的后代而自立为王，他的势运不会长久。现在您在江东起兵，楚地蜂拥而起的将领都争着依附您，这是因为项家世代为楚将，能够重新拥立楚国的后代啊！"项梁认为他的话有道理，就在民间访求楚怀王的孙子名叫心的人，当时流落在民间，正在替人家牧羊。项梁拥立他为楚怀王，来顺从人民的愿望。陈婴担任楚国的上柱国，赐封五个县，辅佐楚怀王建都盱眙。项梁自称为武信君。

项梁休整了几个月，领兵攻打亢父，和齐国田荣、司马龙且的军队一起援救东阿，在东阿大败秦军。田荣率军回去，驱逐了齐王田假。田假逃到楚国。田假的相国田角逃到赵国。田角的弟弟田间原先是齐国的将军，留在赵国不敢回去。田荣拥立田儋的儿子田市为齐王。项梁已经攻破东阿的秦军，于是乘胜追击，并多次派遣使者催促齐国发兵，想联合他们一起西进。田荣说："楚国杀掉田假，赵国杀掉田角、田间，我就出兵。"项梁说：

"田假是盟国之王，走投无路来投奔我，我不忍心杀他。"赵国也不肯杀掉田角、田间来和齐国做交易。齐国也就不肯出兵帮助楚国。

项梁派遣沛公和项羽攻打城阳，攻下后屠杀了全城。接着西进，在濮阳以东攻破秦军，秦军收缩退入濮阳城里。沛公、项羽攻打定陶，定陶没有攻下，撤离，往西攻城略地，一直到雍丘，大败秦军，杀死李由。回军攻打外黄，外黄没有攻下。

项梁从东阿起程，向西推进，打到定陶，再次打败秦军，项羽等人又斩杀了李由，更加轻视秦军，露出骄傲的神情。宋义就劝谏项梁说："作战胜利而将领骄傲、士卒怠惰的就会失败。现在士卒稍有松懈，而秦军一天天增加，我很为您担心。"项梁不听，就派宋义出使到齐国，宋义在路上遇到齐国使者高陵君叫显的，说："您将要会见武信君吧？"回答说："是的。"宋义说："我认定武信君的军队必定失败，您慢慢走就能免去一死，走得快就会赶上灾祸。"秦朝果然调动了全部机动军队增援章邯，攻打楚军，大败楚军于定陶，项梁战死。沛公、项羽离开外黄攻打陈留，陈留坚守，不能攻下。沛公、项羽一起谋划说："现在项梁军队战败，分散作战，士卒很害怕。"两人于是与吕臣的军队会合一起向东撤退靠近怀王。吕臣驻军在彭城之东，项羽驻军在彭城之西，沛公驻军在砀县。

章邯攻破项梁军队以后，就认为楚地的军队不足担忧了，于是渡过黄河攻打赵国，大败赵军。在这个时候，赵歇为赵王，陈馀担任将军，张耳担任国相。赵国君臣全部都逃到钜鹿城。章邯命令王离、涉间围攻钜鹿，章邯驻军在他们南面，修筑甬道给他们运送粮食。陈馀担任将领，统领数万人驻扎在钜鹿以北，这就是所称的河北军。

楚军已经在定陶被打败，怀王恐惧，从盱眙到了彭城，合并项羽、吕臣的军队，亲自统率。任命吕臣为司徒，以吕臣的父亲吕青为令尹。任命沛公为砀郡守，封他为武安侯，统领砀郡的军队。

当初，宋义所遇见的齐国使者高陵君名叫显的还在楚军中，见到楚王说："宋义认定武信君的军队必定失败，过了几天，军队果然失败。军队未曾作战而预先看见失败的征兆，这可以说是懂得用兵。"楚王召见宋义，同他商议大事，非常欣赏他，就安排他担任上将军，封项羽为鲁公，担任副将，范增担任末将，援救赵国。各部将领都归属宋义，号称卿子冠军。宋义行军到了安阳，停留了四十六天而不进军。项羽说："我听说秦军把赵王围困在钜鹿，我们迅速领兵渡过黄河，楚军在城外攻打，赵军在城内接应，打败秦军是必定了的。"宋义说："不是这样。能叮咬大牛的牛虻却不能够咬破小小的虱子。现在秦军正在攻打赵国，如果打胜了军队已是精疲力竭，我们可趁机消灭；秦军如果战败，那么我们就统领军队大张旗鼓地向西进发，必定能够推翻秦朝。所以不如先让秦赵两军相斗。披甲执戟，我宋义不如您；运筹策略，您不如我宋义。"于是下令军中说："猛如虎，狠如羊，贪如狼，倔强不听指挥的，一律斩杀。"宋义派遣他的儿子宋襄去辅助齐王，亲自送他到无盐，饮酒聚会。当时天气寒冷，下着大雨，士兵又冻又饿。项羽说："大家应当齐心协力攻打秦军，却长久停留而不进军，如今正赶上饥荒，百姓贫困，兵士们吃的是山芋和豆子，军中没有存粮，而宋义竟饮酒聚会，不领兵渡黄河从赵国取得粮食，和赵国合力攻秦，而说什么'利用他们的疲惫'。以秦的强大，攻打刚刚成立的赵国，形势必定是攻占赵国。赵国被攻占，秦国更加强大，哪有什么疲惫可以利用呢！况且我国的军队刚遭挫败，楚王坐不安席，集中全国的兵力粮草全部交给将军，国家安危，在此一举。现在不体恤士卒而谋取私利，不是国家的栋梁之臣。"项羽早晨晋见上将军宋义，就在宋义的帐中砍下了他的头，向军中发布命令说："宋义与齐国阴谋反叛楚国，楚王密令项羽杀了他。"在这个时候，将领们个个畏服，没有人敢抗拒，都说："首先拥立楚王的是将军家，现在又是将军诛灭了乱臣贼子。"就共立项羽为代理上将军。项羽派人追赶宋义的儿子，一直追到齐国，杀了他。项羽另派遣桓楚向怀王报告情况，怀王就任命项羽为上将军，当阳君、蒲将军都归属项羽。

项羽杀掉卿子冠军以后，威震楚国，名声传遍诸侯。于是派遣当阳君、蒲将军率领士兵两万人渡过漳河，援救钜鹿。初战告捷后，陈馀再次请求增援。项羽就统军全部渡过漳河，沉掉所有船只，砸破饭锅用具，烧掉营垒，携带三天的干粮，借此向士卒表示决一死战，无有退还之心。楚军一到就包围了王离，与秦军交战多次，截断他们的甬道，大破秦军，杀了苏角，俘虏王离。涉间拒不降楚，自焚而死。此战，楚军奋勇当先居诸侯之首。在钜鹿城下，诸侯的救援军有十多座营寨，都不敢出战。等到楚军攻打秦军时，诸侯军将领都在壁垒上观看。楚军战士无不以一当十，楚军杀声震天，诸侯军无不人人惊惧惶恐。当打败了秦军，项羽召见诸侯将领，他们进入辕门时，无不跪着前行，没有人敢抬头仰视。项羽从此成为诸侯的上将军，各路诸侯军都隶属于他。

章邯的军队驻扎在棘原，项羽的军队驻扎在漳南，两军对峙，尚未交战。秦军屡次后撤，秦二世派人责问章邯。章邯恐惧，派长史司马欣回咸阳报告。司马欣到了咸阳，在司马门停留了三天，赵高不愿接见，流露了不信任的意思。司马欣恐惧，逃回军中，不敢走原路。赵高果然派人按原路追赶，没有追到。司马欣回到军中，报告说："赵高在朝中当权，在下位的人不敢有所作为。现在作战如果能够胜利，赵高必定嫉妒我们的功劳；不能胜利，更免不了一死。请将军仔细考虑。"陈馀也给章邯写信说："白起担任秦将，南征楚都鄢郢，北征坑杀马服君赵括，攻城夺地，不可胜数，而最终被赐死。蒙恬为秦将，向北驱逐戎人，开拓榆中数千里土地，最终被斩于阳周。什么原因呢？功劳太大，秦朝无法全部封赏，就借法律杀了他们。现在将军担任秦将已有三年了，士卒损失伤亡以十万数计，而诸侯军纷纷起事，越来越多。赵高一贯阿谀奉承，长时间蒙蔽二世，如今形势危急，也担心二世皇帝要杀他，所以他想借法律诛杀将军来推卸罪责，派人替代将军来逃脱他的灾祸。将军您在外时间很久了，朝内多有仇人，有功是死，无功也是死。况且上天要灭亡秦朝，无论愚人智人都已看清。现在将军已不能入朝直谏，只能在朝外等着做亡国之将，孤兵无援却想长久支撑，难道不可悲吗？将军为何不回兵，与诸侯联合，相约共同攻打秦国，瓜分秦地为王，面南而坐，称孤道寡；这跟身伏斧砧，妻子儿女被杀相比，怎么样呢?”章邯心中犹豫不决，暗中派遣军候名叫始成的出使项羽军，想要订立和约。和约尚未订成，项羽派蒲将军夜以继日地领兵渡过三户津，驻扎在漳河以南，与秦军接战，再次打垮了他们。项羽统率全军在汙水上进攻秦军，把他们打得大败。

章邯派人进见项羽，请求订立和约。项羽召见军官们商议说：“粮食缺乏，我打算接受章邯的和议。”军官们都说：“好。”项羽与章邯约好日期在洹水南面的殷虚上会晤。完成了订盟礼仪。章邯见到项羽流下眼泪，给他讲说赵高的事情。项羽就封章邯为雍王，安置在楚军中，让长史司马欣担任上将军，统率秦军作为先锋。

到了新安，诸侯军中的官兵以前服徭役、防守边疆路过关中时，秦朝的官兵对待他们大多粗暴无礼。等到秦军投降了诸侯军，诸侯军中的官兵多乘胜把秦军作为奴隶俘虏使唤，随意折辱他们，秦军官兵多私下议论说：“章将军等人骗我们投降了诸侯，现在如果能够入关破秦，是大好事；如果不能，诸侯军俘虏我等去东方，秦朝必定会杀尽我们的父母妻儿。”诸将暗中听到这样的议论，报告给项羽。项羽就召见黥布、蒲将军等商议道：“秦军官兵人数还很多，他们内心不服，到了关中不听指挥，事情必定危险，不如攻击杀掉他们，而只带章邯、司马欣、都尉董翳进入秦地。”于是楚军乘夜色在新安城南坑杀了秦兵二十多万。

（以上为第二段，写项羽起义，南征北战，勇猛无敌，不愧为是一个盖世英雄。这时期的项羽，尽管行军多暴，由于天下苦秦久矣，项羽反秦，仍然得到人民的拥护。钜鹿战后，羽为诸侯盟主。）

项羽向咸阳推进，到达函谷关，有军队把守，不能进入。又听说沛公已经攻下咸阳，项羽大怒，派遣当阳君等攻打函谷关。项羽军破关进入，到达戏水西面。沛公驻军霸上，还没有和项羽相见。沛公的左司马曹无伤派人对项羽说：“沛公想在关中称王，让子婴当相，奇珍异宝都占为己有。”项羽大怒，说：“明天早晨犒赏士兵，给我打垮沛公的军队!”当时，项羽兵力为四十万，驻扎在新丰的鸿门，沛公有兵力十万，驻扎在霸上。范增劝说项羽道：“沛公在山东时，贪图财宝，喜好美女。现在进入关内，不取财物，不近妇女，这表明他的志向不小。我让人观察了他那边的云气，都显出龙虎形状，五彩缤纷，这是天子的气象哩。赶快进攻，不要错过机会。”

楚国左尹项伯，是项羽的叔父。一直与留侯张良友好，张良这时跟随沛公，项伯就连夜骑马到沛公的军营，私下会见张良，把实情全部告诉他，想叫张良跟他一起走，说：“不要跟沛公一起送死。”张良说：“我是替韩王护送沛公的，沛公现在情况危急，逃走是不义的，不能不告诉他。”张良于是就进去，告诉了沛公。沛公大惊失色，说：“这怎么办?”张良问：“谁替大王出的这个主意?”沛公答道：“有个臭小子劝我说：‘据守函谷关，不要接纳诸侯，可以占有整个秦地称王呢。’因此听了他的话。”张良说：“估计大王的兵力足够抵挡项王吗?”沛公沉默不语，说：“当然不如，这该怎么办呢?”张良说：“请让我去告诉项伯，就说沛公不敢背叛项王。”沛公说：“您何以与项伯有交情呢?”张良说：“在秦的时候项伯与我相交，项伯杀了人，我救了他，现在事情危急，幸亏他来告诉我。”沛公说：“他与您谁大谁小?”张良说：“他比我年长。”沛公说：“您替我请他进来，我要以兄长的礼节接待他。”张良出去，邀请项伯。项伯就进入会见沛公。沛公举杯敬酒为项伯祝寿，相约结成儿女亲家，说：“我进入关中，秋毫不敢接近，登记官民户籍，封闭府库而等待将军，之所以要派遣将领把守关口，为了防备其他强盗出入和非常情况。日夜盼望将军到来，怎么还敢反叛！请您详细给将军说明，我不敢背弃恩德。”项伯答应了，对沛公说：“明天不可不早早前来给项王谢罪。”沛公答应说：“是。”于是项伯连夜离去，回到军营中，把沛公的话详细地报告给项王，趁机说道：“沛公不先攻破关中，您怎么敢进来呢？现在人家有大功劳却要攻击他，这是不道义的，不如就此好好善待他。”项王答应了。

沛公第二天一清早就带着一百多人马拜见项王，来到鸿门，谢罪说："臣与将军协力攻秦，将军在河北作战，我在河南作战，然而没有料到我能先入关攻破秦军，得以在这里再次见到将军。现在有小人说坏话，让将军和我产生嫌隙。"项王说："这是沛公的左司马曹无伤说的，不然，项籍怎么会这样呢！"项王当天就留沛公一起喝酒。项王、项伯面朝东坐，亚父范增面朝南就座。沛公面朝北坐，张良面朝西陪坐。范增多次以目示意项王，又三次举起所佩玉玦来暗示，项王默然不应。范增起身，出来召唤项庄，对他说："君王心软不肯下手，你进去上前敬酒，敬完酒请求舞剑，趁机刺杀沛公于座席上。不然的话，你们这帮人终将为他所俘虏。"项庄就进去敬酒。敬酒完毕，说："君王与沛公饮酒，军中没有什么可以取乐，请让我舞剑吧！"项王说："好。"项庄拔剑起舞，项伯也拔剑起舞，常用身体掩护沛公，项庄没有机会刺击。这时张良到军门，见到樊哙 。樊哙问："今天的事情怎么样？"张良说："很危急！现在项庄拔剑起舞，想要击杀沛公。"樊哙说："紧迫了，我请求进去，与沛公同生死。"樊哙立即带剑拿盾进入军门。双岗卫士举起交叉的矛戟想阻止不让进去，樊哙侧过盾一撞，卫士仆倒在地，樊哙于是进去，揭开帷帐，面西站立，瞪大眼睛看着项王，头发竖起，两边眼角都睁裂了。项王按剑挺身问："来客是干什么的？"张良说："这是沛公的参乘，叫樊哙。"项王说："壮士！赐他一杯酒。"就给他一大斗酒。樊哙拜谢，站起身喝了。项王说："赐他猪肘。"又给他一条生猪肘。樊哙把盾牌扣在地上，把猪肘放在上面，拔剑切了大口吞吃。项王问："壮士，能再喝酒吗？"樊哙说："臣连死尚且不躲避，一杯酒难道还值得推辞！秦王有虎狼一样的心肠，杀人唯恐杀不完，处人刑罚唯恐不重，天下人都背叛了他。怀王同将领们约定：'先攻破秦军进入咸阳的在关中称王。'现在沛公先破秦入咸阳，秋毫无犯，封闭宫室，还军霸上，用以等待大王的到来。之所以派将领把守关口，是为了防备其他强盗出入和意外情况。劳苦功高到这样，未有封侯的奖赏，却听信小人谗言，想杀有功之人。这是继续走秦朝灭亡的老路，我非常遗憾大王这样做。"项王无话可答，说："请坐。"樊哙紧靠张良坐下。坐了一会儿，沛公起身上厕所，趁机招呼樊哙出来。

沛公已经出去，项王派都尉陈平召唤沛公。沛公说："刚才出来，没有告辞，怎么办呢？"樊哙说："干大事不拘小节，行大礼不避小的责备。眼下人家是屠刀和砧板，我们是鱼肉，还告辞什么？"于是决定离去，留下张良致歉。张良问："大王来时带了什么？"沛公说："我带白璧一双，想献给项王，玉斗一双，想献给亚父，正赶上他们发怒，没敢进献。您替我献上吧！"张良说："遵命。"当时，项王驻军在鸿门下，沛公驻军在霸上，相距四十里。沛公就丢下车马侍从，脱身而走，独自骑马，樊哙、夏侯婴、靳强、纪信等四人持剑拿盾，徒步随行，从骊山而下，顺着芷阳小路走。沛公对张良说："从这条道到我们军营，不过二十里。等我回到军营，您再进去。"沛公从小路回到了军中后，张良这才进去谢罪，说："沛公没有酒量，不能告辞，谨让小臣张良奉上白璧一双，敬献大王足下，玉斗一双，敬奉大将军足下。"项王问："沛公在哪里？"张良答："听说大王有意责罚他，脱身独自离开，已经回到军营里了。"项王接受了玉璧，放在座席上。亚父接过玉斗，扔在地上，拔出剑来击成碎片，骂道："唉！项庄这小子不足以共谋大事。夺取项王天下的，必定是沛公了！我们这些人眼下就要成为他的俘虏了！"沛公回到军营，立刻杀了曹无伤。

停留了几天，项羽领兵向西屠戮咸阳城，杀死投降的秦王子婴，烧毁秦的宫室，大火三月不灭，劫掠秦朝的财宝和妇女运往东方。有人劝项王说："关中有山河为屏障，四塞为阻险，土地肥沃，可以定都称霸。"项王一看秦朝宫室都已被焚烧而残破，又思恋家乡，想要向东回转，就说："富贵不回故乡，好比穿着锦绣衣服在夜间行走，谁能看得到？"说客说："人家说楚人像猕猴戴了人的帽子，果真是这样。"项羽听到这话，煮死了说客。

项王派人向怀王报告情况，请示善后的事，怀王说："按约定办。"项王就尊怀王为义帝。项王想要自己称王，就先封众将相为王。他对众将说："天下开始发难时，暂时拥立诸侯的后裔为王，以便讨伐秦朝。然而亲身披甲执剑首先起事，风餐露宿在外作战，经历了三年，才灭掉秦朝平定天下的是各位将相和项籍的力量啊！义帝虽然没有功劳，作为诸侯的后代也该分给他土地，尊他为王。”将领们都说：“好。”于是划分天下，封将领们为侯为王。

项王、范增怀疑沛公想要占有天下，但事情业已和解，又不愿意违背约定，担心诸侯背叛，于是暗地里商量说：“巴郡、蜀郡道路艰险，秦朝流放的人都在蜀中。”就说道：“巴郡、蜀郡也是关中的土地。”因此封立沛公为汉王，管辖巴、蜀、汉中，定都南郑。又把关中划分成三部分，封秦朝降将为王，来阻挡汉王。项王封章邯为雍王，领属咸阳以西地区，定都废丘。长史司马欣，过去任栎阳狱掾时，曾有恩于项梁；都尉董翳，最早劝章邯投降楚军。因此封司马欣为塞王，领属咸阳以东至黄河地区，定都栎阳；封董翳为翟王，领有上郡，定都高奴。

迁徙魏王豹为西魏王，领属河东地区，定都平阳。瑕丘人申阳，是张耳的宠臣，最先攻下河南郡，在黄河上迎接楚军，因此封申阳为河南王，定都洛阳。韩王成仍居故地，定都阳翟。赵将司马印平定河内，多有战功，因此封司马印为殷王，称王于河内，定都朝歌。迁徙赵王歇为代王。赵国的相张耳向来贤能，又跟从项王入关，因此封张耳为常山王，领有赵地，定都襄国。当阳君黥布为楚将，常常战功居第一，因此封黥布为九江王，定都于六县。鄱君吴芮率领百越兵协助诸侯，又随从入关，因此封吴芮为衡山王，定都邾县。义帝的柱国共敖带兵攻南郡，功劳多，就立共敖为临江王，定都江陵。改封燕王韩广为辽东王，燕将臧荼跟随楚军援救赵国，一同入关，因此封臧荼为燕王，定都于蓟。改封齐王田市为胶东王，齐将田都跟从楚军共同援救赵国，又追随项王入关，因此封田都为齐王，定都临淄。先前被秦所灭亡的齐王田建的孙子田安，在项羽渡河救赵的时候，攻下济北数座城邑，领兵降项羽，因此封田安为济北王，定都博阳。田荣多次背弃项梁，又不肯领兵跟随楚军攻打秦军，因此不封立他。成安君陈馀舍弃将印离去，没能跟从入关，但一向听说他很有贤能，有功于赵国，又听说他在南皮，因此就把南皮周围三县封给他。番君的部将梅销功劳很多，因此封他为十万户侯。项王自封为西楚霸王，领统九郡，定都彭城。

（以上为第三段，写项羽入关，并分封十八王。本段重点写鸿门宴，这是项羽事业的转折点，由反秦斗争转为楚汉相争。由于项羽缺乏政治经验，而又刚愎自用，思想守旧，第一个回合就打了败仗。）

汉王元年四月，诸侯在戏下解散，各自前往封国。项王出关到封国，派人迁徙义帝，说："古代帝王拥有土地，方圆千里，一定要建都上游。"于是派遣使者把义帝迁往长沙郡的郴县，催促义帝动身。义帝的群臣渐渐叛离他，项羽就密令衡山王、临江王把义帝杀死在长江中。韩王成没有军功，项羽不让他赴封地，带他一起到彭城，废黜为侯，后来又杀掉他。臧荼到达封国，就驱逐韩广到辽东，韩广不听，臧荼在无终杀掉韩广，兼并了他的土地。

田荣得知项羽改封齐王田市到胶东，而封齐将田都为齐王，就大怒，不肯让齐王到胶东，因而带领齐军反叛，迎战田都。田都逃到楚国。齐王田市害怕项王，就逃到胶东前往封国。田荣恼怒，追击到即墨，把他杀了。田荣于是自封为齐王，而向西进军杀死济北王田安，兼并了三齐的土地。田荣授予彭越将军印，让他在梁地反叛。陈馀暗地里派张同、夏说劝说齐王田荣说："项羽为天下主宰，不公平。现在把原来的诸侯封在坏地方，却把他的群臣诸将封到好地方，赶走原来的主人，使赵王向北居于代地，我认为这样做是不可以的。听说大王起兵，并且不听从不公正的命令，希望大王资助陈馀一些兵力，让我去攻打常山王，来恢复赵王原有的封地，请拿我的封国做您的屏障。"齐王答应了他，于是派兵到赵国。陈馀征发三县全部的兵力，和齐军合力攻打常山国，大败常山军。张耳逃走，归附汉王。陈馀从代地迎接原来的赵王赵歇返回赵国。赵王因此立陈馀为代王。

这时，汉王回军平定三秦。项羽听说汉王已经全部兼并了关中，将要东进，齐国、赵国又背叛他，大怒。于是任命原来吴县县令郑昌为韩王，来抵挡汉军。命令萧公角等人攻打彭越，彭越打败了萧公角等人。汉王派张良招抚韩地，就给项王写信说："汉王失去了应得的封职，希望得到关中，一如盟约所说，就停止军事行动，不敢向东出兵。"又把齐国、梁地的反叛书送给项王说："齐国想与赵国合力消灭楚国。"项王因此无意西进，而向北攻打齐国。项王征调九江王黥布，黥布称病不去，只派部将带几千人随行。项王从此怨恨黥布。

汉王二年冬天，项羽向北进军到城阳，田荣领兵会战。田荣战败，逃回平原，平原的百姓杀了他。项羽于是北进烧杀踏平了齐国的城郭房屋，全部坑杀了田荣手下投降的士卒，掳掠了齐国的老弱妇女，巡行齐国一直到北海，做了许多残酷灭绝的事。齐人重新相聚反叛项羽。这时田荣的弟弟田横收集齐国逃亡的士卒几万人，在城阳反叛。项王因此停下来，连战多次，没有攻下城阳。

春天，汉王统率五个诸侯国为主力的天下之兵，共五十六万人，向东攻打楚国。项王听闻此消息，就命令将领们攻打齐国，而自己带领精兵三万人南进，从鲁县出兵胡陵。四月，汉军已经全部进入彭城，掳掠那里的财货、珍宝和美女，每天摆酒聚会。项王绕到汉军西边，天刚蒙蒙亮，从汉军背后萧县发起进攻，向东压迫，抵达彭城，中午时分，大败汉军。汉军全部逃走。汉军被挤压进入谷水、泗水，死亡十余万人。汉兵向南逃入山地，楚军又追击到灵壁东南的睢水上。汉军退却，被楚军逼压，多被杀死，汉军十余万人都掉进睢水，睢水因此而不流动。楚军将汉王包围了三重。这时大风从西北刮起，折去树木，掀掉屋顶，飞沙走石，天昏地暗，迎面扑向楚军。楚军大乱，溃不成军，汉王才得以和几十名骑兵逃走。汉王经过沛县，想携带家眷西逃；楚军也派人追到沛县，捉拿汉王家眷；汉王全家都逃走了，没有能与汉王相见。汉王路上遇到孝惠帝和鲁元公主，就带他们坐车一起逃走。楚军骑兵追赶汉王，汉王慌急，把孝惠帝、鲁元公主推落车下。滕公每次都下车抱他们上车，像这样有三次。滕公说："虽然危急，不能快赶，但怎么忍心抛弃骨肉呢？"汉王终于逃脱，寻找太公、吕后，没有遇上。审食其随太公、吕后从小道寻找汉王，反而碰上楚军，楚军于是把他们一起带回去，报告给项王，项王常把他们安置在军中作人质。

这时，吕后的哥哥周吕侯为汉王领兵驻守下邑，汉王从小路去投奔他，稍稍收集士兵。到达荥阳，各路败军都汇集起来，萧何也紧急征调关中未登记服役名册的老弱全部开赴荥阳，汉军声势重新大振。楚军从彭城出兵，经常乘胜追击败逃的汉军，与汉军在荥阳南面的京邑、索亭之间大战，汉军挫败楚军，楚军因此不能越过荥阳而西进。

项王援救彭城，追赶汉王到荥阳，田横也得以收复齐地，立田荣的儿子田广为齐王。汉王在彭城吃了败仗，诸侯都重新依附楚而背叛汉。汉王驻扎在荥阳，修筑甬道，通到黄河，来取得敖仓的粮食。

汉王三年，项羽多次侵夺汉军的甬道，汉王粮食缺乏，恐惧，请求讲和，划分荥阳以西归汉。项王想听从讲和，历阳侯范增说："汉军容易对付了呀，现今放弃不攻打，以后一定要后悔。"项王就与范增急速围攻荥阳。汉王忧虑，就采纳陈平的计谋离间项王。项王的使者来了，为他备办牛、羊、豕三牲俱全的筵席，端出刚要开宴，一见使者，假装惊愕地说："我以为是亚父的使者，原来竟是项王的使者。"更换撤去筵席，拿来粗劣饭食给项王使者吃。使者回去报告项王，项王就怀疑范增与汉王有私情，渐渐剥夺他的权力。范增大怒，说："天下事势已大致平定，君王您自己努力办吧，希望赐我这把老骨头回乡为民吧!"项王答应了，范增还未走到彭城，背上毒疮发作而身亡。

汉将纪信劝谏汉王说："事情已经危急了，请让我假扮成您去欺骗楚军，您可以乘机逃出。"这时汉王连夜派二千女子披着战甲步出荥阳东门，楚兵四面围攻。纪信乘坐黄屋车，车子左边插着用犛牛尾做的大旗，喊着："城中粮尽，汉王投降了!"楚军一起欢呼万岁。汉王带着几十名骑兵从城西门逃出，奔向成皋。项王看见纪信，问道："汉王在哪里?"纪信说："汉王已经逃走了。"项王烧死了纪信。

汉王派御史大夫周苛、枞公、魏豹等把守荥阳。周苛、枞公商量说："魏豹是反叛的国君，难以和他一起守城。"就共同杀了魏豹。楚军攻下荥阳城，活捉周苛。项王对周苛说："给我作将领，我让您作上将军，封给三万户。"周苛骂道："你不赶快早早降汉，汉军现今将要俘虏你，你并非汉王的对手!"项王发怒，煮死了周苛，并且杀了枞公。

汉王逃出荥阳后，向南到宛县、叶县，遇到九江王黥布，一边行军，一边收集士兵，又一次进入成皋。汉王四年，项王发兵围攻成皋。汉王逃跑，独自与滕公从成皋北门逃出，渡过黄河奔向修武，投奔张耳、韩信的军队。各位将领陆续从成皋逃出，前来追随汉王。楚军于是拿下了成皋，准备西进。汉王派兵在巩县抵抗，阻止楚军西进。

这时，彭越渡过黄河到东阿攻打楚军，杀了楚军的将军薛公。项王就亲自往东攻打彭越。

汉王得到淮阴侯的军队，想要渡河南进。郑忠劝阻汉王，于是停止前进，坚壁在河内。派刘贾领兵协助彭越，烧毁楚军粮草辎重。项王东进打败了他们，赶跑彭越。汉王这时领兵渡过黄河，又攻占了成皋，驻军广武，就近取食敖仓的粮食。项王已经平定东海，回军向西，与汉军对峙在广武，相持了几个月。

这时候，彭越多次在梁地反楚，截断楚军粮食供应，项王为此而忧虑。项羽做了一张高大的砧板，把刘太公放在上面，通告汉王说："今天不快点投降，我就烹杀太公!"汉王说："我与你项羽一起为臣子接受怀王的命令，曾相约'结为兄弟'，我的老爹就是你的老爹。如果一定要烹杀你的老爹，那么盼你能分给我一杯肉汤。"项王大怒，想杀了太公。项伯说："天下大事不可预料，况且图谋天下的人是不顾及家人的，即使杀了他也没有益处，只能增加祸患罢了。"项王只好作罢。

楚汉两家长久相持，胜负未决，青年壮丁苦于行军作战，老弱疲于转输漕运。项王对汉王说："天下战乱纷纷扰扰几年了，只是因为我们两人的缘故，我愿与汉王独身挑战，决一雌雄，不要平白地使天下百姓老小受这等罪啊!"汉王笑着谢绝说："我宁肯斗智，不愿斗力。"项王命令壮士出营挑战。汉军中有善于骑马射箭的楼烦，楚将挑战好几次，每次都被楼烦射杀了。项王大怒，就亲自披甲持戟挑战。楼烦正要射箭，项王睁大眼睛，大声呵斥。楼烦两眼不敢正视；两手不敢发射，掉头逃走，奔回营垒，再也不敢出来。汉王派人暗地里打听，才知道原来是项王。汉王大为吃惊。这时项王就靠近汉王，隔着广武涧对话，汉王数落项王的罪行，项王发怒，要求一战。汉王不听，项王埋伏的弓箭手射中了汉王。汉王负伤，逃入成皋。

项王听说淮阴侯韩信已经夺取河北，攻破齐、赵，正要进攻楚国，就派龙且前往迎战。淮阴侯与龙且交战，骑将灌婴出击，大败楚军，杀死龙且。韩信趁势自立为齐王。项王听说龙且的军队战败，则惊慌起来，派盱眙人武涉前去游说淮阴侯。淮阴侯不听。

这时，彭越又一次反楚，攻下梁地，断绝楚军粮食。项王就对海春侯大司马曹咎等人说："谨慎地把守成皋，即使汉军挑战，也千万不要与他们交战，只要不让他们得以向东进兵就行了。我十五日之内一定诛杀彭越，平定梁地，再回来同将军会合。"于是东行，攻打陈留、外黄。外黄没有及时攻下，几天以后才投降。项王发怒，命令十五岁以上的男子都到城东，准备坑杀他们，外黄县令门客的儿子，年十三岁，前去劝说项王说："彭越强行劫持外黄人，外黄人恐惧，因此权且投降彭越等待大王。大王来了，又全部坑杀他们，百姓怎能有归顺之心？只怕从此往东，梁境内十多个城邑都恐惧，不肯投降了！"项羽认为他的话有理，就赦免了要坑杀的外黄人。外黄东直到睢阳等地的人，听到这个情况都争着归顺项王。

汉军果然多次向楚军挑战，楚军不出战。汉军派人辱骂楚军，一连五六天，楚军大司马曹咎恼怒了，指挥军队出战渡汜水。士兵刚渡到一半，汉军出击，大败楚军，尽得楚军货物钱财。大司马曹咎、长史董翳、塞王司马欣都在汜水边自刎了。大司马曹咎是以前蕲县的狱掾，长史司马欣也是以前栎阳的狱掾，两人曾经有恩于项梁，因此之故项王信任他们。这个时候，项王在睢阳，听到海春侯战败，就领兵回来。汉军正在荥阳东面包围钟离眜，项王来到，汉军畏惧楚军，全部奔往险要地带。

这时，汉军因为粮食充足而士气旺盛，项王军队疲惫粮食乏绝，汉王派陆贾劝说项王停战，要求放回太公，项王不答应。汉王又派侯公去劝说项王，项王就与汉王订下条约，平分天下，划鸿沟以西归汉，鸿沟以东归楚。项王答应这个条件，就归还了汉王的父母妻子，军中官兵都喊万岁。汉王于是封侯公为平国君。侯公躲藏不肯再露面。汉王说："这人是天下的善辩之士，他待在哪国，就会替哪国倾覆别人的国家，因此称他为平国君。"项王订约后，就解除了双方对峙，率军东归。

汉王也想要西行归去，张良、陈平劝谏说："汉已据有天下的大半，诸侯全部归附，楚军已兵疲粮尽，这正是上天灭亡楚国的时机，不如趁此时机而顺势攻取他。现在放弃而不攻击，这就是所说的'养虎为患'。"汉王听从了他们的计策。汉王五年，汉王追赶项王到阳夏南边，把军队驻扎下来，与淮阴侯韩信、建成侯彭越约定时间会合后攻打楚军。汉军前进到固陵，而韩信、彭越的军队不来会合。楚军出击，大败汉军。汉王又逃回营垒，深挖壕堑来防守。汉王对张良说："诸侯不遵从约定，怎么办呢?"张良回答说："楚军将被攻破，韩信、彭越没有分封土地，他们不来本是正常的。君王如能与他们共分天下，现在可以立即招致他们。如果不能这样，事态就不可预知了。君王能把从陈县以东直到海滨的地区，都给韩信；睢阳以北到谷城，分给彭越，让他们各自为自己而战，那么楚国就容易打败了。"汉王说："好。"这时就派使者通告韩信、彭越道："合力击楚，楚败后，从陈县以东到海滨给齐王，睢阳以北到谷城给彭相国。"使者到达后，韩信、彭越都回报说："马上就出兵。"韩信就从齐出发前往，刘贾的军队从寿春并进，屠灭了城父，到达垓下。大司马周殷叛离楚国，带领舒县的兵力北上，屠灭了驻守六县的楚军，又征发九江的兵员，跟随刘贾、彭越，都会合在垓下，直逼项王。

项王军队在垓下筑起营垒，兵少粮尽，汉军及诸侯兵把他包围了好几层。晚上听到汉军在四面都唱着楚地的歌曲，项王就大惊说："汉军已经全部得到楚国的土地了吗？为什么楚人这么多呢？"就连夜起来，在营帐中饮酒。项王身边有位美人名叫虞姬，一直受宠随行；项王有匹骏马名叫骓，经常骑它。这时项王就慷慨悲歌，自己作诗吟唱道："力能拔山呀，气势盖世无双，时运不济呀，骓马难于驰骋！骓马不前行呀，可怎么办，可怎么办！虞姬呀虞姬，你何处把身安！"唱了几遍，美人虞姬应和伴唱。项王泪流数行，左右的侍从人员都哭泣，没有人忍心抬头看他。

这时，项王就骑上战马，部下精壮骑士相从的有八百多人，趁夜突围，向南飞奔逃跑。天明时分，汉军才发觉，派骑将灌婴带领五千骑兵追赶。项王渡过淮河，骑兵能跟得上的只剩一百多人。项王到达阴陵，迷了路，去问一个农夫，农夫欺骗他说："向左走。"项王向左，结果陷入大沼泽中。因此汉军追上了他们。项王领兵向东，到达东城，只剩下二十八个骑兵了。汉军骑兵追上的有数千人。项王自己估计不能脱身，就对他的骑兵说："我起兵到现在有八年了，身经七十多次战斗，阻挡我的敌人都被打垮，遭我攻击的敌人无不降服，从未失败过，于是称霸，据有天下。然而今天终于被困在这里，这是上天要灭亡我，不是不会作战的过错啊！今天，愿为诸君痛快地决一死战，一定夺取三个胜利：给诸君冲破重围、斩杀汉将、砍倒汉旗，让大家知道是上天要灭亡我，不是不会作战的过错。"项王于是把他的骑兵分成四队，面向四方。汉军包围起好几层。项王对他的骑兵说："我为你们拿下一员汉将。"命令骑兵们四面奔驰而下，约定在山的东边分做三处集合。这时项王大声呼喊奔驰而下，汉军如草木随风倒伏，于是斩杀一名汉将。这时，赤泉侯连人带马都受惊吓，倒退好几里。项王与他的骑兵们在三处会合。汉军不知道项王在哪里，就分为三路，再次包围楚军。项王就飞奔过去，又斩杀了一名汉军都尉，杀死几十上百人，又聚集他的骑兵，仅损失了两名骑兵。于是向他的骑兵说："怎么样？"骑兵都佩服地说："正如大王所说的那样。"

这时项王就打算向东渡过东渡乌江，乌江亭长移船停靠在岸边，等待项王，对项王说："江东虽小，地方纵横千里，民众数十万人，也足以称王。希望大王赶快渡江，现在唯独我有船，汉军追过来，没法渡江。"项王笑着说："上天要灭亡我，我还渡江干什么！况且项籍与江东子弟八千人渡江西进，现在没有一人返回，纵使江东父老怜爱我，让我为王，我有何面目去见他们？纵然他们不说什么，我项籍难道心中没有愧吗？"就对亭长说："我知道您是一位长者，我骑这匹马五年了，所向无敌，曾经日行千里，不忍心杀它，把它送给您吧。"于是命令骑兵全部下马步行，拿着短兵器交战。单是项籍所杀掉的汉军就有几百人。项王也身受十几处创伤。回头看到汉军的骑司马吕马童，说："你不是我的老相识吗？"吕马童与项王打个对面，指给王翳说："这就是项王。"项王就说："我听说汉王用黄金千斤，封邑万户来悬赏我的人头，我把这份好处送给你吧！"就拔剑自刎而死。王翳取下项王头颅，其余骑兵互相践踏争夺项王身体，互相残杀的有几十人。最后，郎中骑杨喜、骑司马吕马童、郎中吕胜、杨武分别得到项王躯体的一部分。五个人一起拼合项王尸体，正好对上。因此划分悬赏的万户土地为五部分：封吕马童为中水侯，封王翳为杜衍侯，封杨喜为赤泉侯，封杨武为吴防侯，封吕胜为涅阳侯。

项王已死，楚国土地全部投降汉王，唯独鲁县不降服，汉王本想屠灭鲁城，转念一想，鲁县军民，坚守礼义，为主人以死尽忠，就拿着项王的头颅给鲁县人看，鲁县父老们这才投降。当初楚怀王封项籍为鲁公，等他死后，鲁县又最后投降，因此用鲁公的礼仪规格把项王埋葬在谷城。汉王给他发丧，哭泣离去。至于项氏的宗族各支，汉王都不加诛杀，而封项伯为射阳侯。桃侯、平皋侯、玄武侯都姓项，汉王赐他们姓刘氏。

（以上为第四段，写楚汉相争始末，项羽的英雄本色和失败原因都描绘得极为鲜明生动。）

太史公说：我从周生那里听说"舜的眼睛可能有两个瞳子"，又听说项羽也是两个瞳子。项羽莫非是舜的后裔吗？不然为什么他兴盛得这么快呢！秦朝施行暴政，陈涉首先发难，豪杰蜂拥而起，相互争夺，多到难以数得清。然而项羽并没有尺寸土地可作凭借，却乘势兴起于民间，三年之后，就统领五国诸侯灭掉秦朝，分割天下而封授王侯，政令由项羽发出，号称“霸王”，地位虽然没有保持长久，但是近古以来还不曾有过。等到项羽放弃关中，怀恋楚国，驱逐义帝而自立为王，这就失去了人心，反而埋怨王侯背叛自己，那就很难了。自己夸耀功劳，施展自己的聪明独断专行而不师法古人，认为霸王的功业，可以用武力征服来达到治理天下的目的，结果五年就亡掉了自己的国家，身死在东城，尚且不觉悟也不责备自己，实在是大错特错了。项羽临死竟然说“天要亡我，不是用兵的过错”，难道不荒谬吗？

（以上为作者论赞，集中评论项羽的功过。）

集　评

论宗旨

司马迁曰：“秦失其道，豪杰并扰；项梁业之，子羽接之；杀庆救赵，诸侯立之；诛婴背怀，天下非之。作《项羽本纪》第七。”（《太史公自序》）

锺惺曰：“司马迁以项羽置本纪，为《史记》入汉第一篇文字，俨然列汉诸帝之前，而无所忌，盖深惜羽之不成也。不以成败论英雄，是其一生立言主意，所以掩其救李陵之失也。然可见汉世命人谋亦多矣。”（葛氏《史记》引）

王又朴曰：“篇中写羽，不但无帝王气度，亦全不是大将身份，不过一骑将耳，既前于宋义口中点出，以后击田荣、击汉、击彭越、击陈留外黄，凡写战胜，无非亲在行间者，至于用郑昌而败，用萧公角而败，用薛公而败，用曹咎、司马欣而败。其与汉相持，必写其自披甲持戟临阵挑战，此骑将之枭雄者也。故后段写二十余骑字以结之。且前杀会稽守，写籍所击杀数十百人，

后于结处，亦写独籍所杀汉军数十百人，写尽匹夫之勇矣。”（《史记读法》）

李晚芳曰：“羽之神勇，千古无二；太史公以神勇之笔，写神勇之人，亦千古无二。迄今正襟读之，犹觉喑哑叱咤之雄，纵横驰骋于数页之间，驱数百万甲兵，如大风卷箨，奇观也。”又曰：“此篇中纪羽由微而盛，由盛而亡，中以义帝为关照。羽未弑帝以前，由裨将，而次将，而上将，而诸侯上将军，至分封则为西楚霸王。始以八千而西，俄而二万，俄而六七万，至新丰鸿门则四十万，其兴也勃焉。及弑帝则日衰矣。以私意王诸侯，诸侯不服。由是田荣以齐反，陈馀以赵反，征九江王而九江王不往，战田横而田横不下，困京索不能过荥阳，杀薛公而东阿失守，使龙且而龙且击死，委司马长史而司马长史败亡。至垓下，所谓四十万者，忽为八百余，二百余，二十八骑，至无一人还，其亡也忽焉。一牧羊儿耳，所系如此，可见名义在人心，不可没也。”（《读史管见》）

邹方锷曰：“五年之间，号令三嬗。三嬗者，秦嬗楚，楚嬗汉也。此迁所以纪羽者也。”（《大雅堂初稿》）

吴汝纶曰：“《羽纪》以将才为主，其于战争极意铺张，正见其短，所谓一将之任则有余也。曾文正云，如此长篇，只记一事，古今所罕。”（《桐城吴先生点勘史记》）

唐顺之曰：“太史公叙立义帝以后，气魄一日盛一日，杀义帝以后，气魄一日衰一日，此是纪中大纲领主意，其开合驰骤处具有喑呜叱咤之风。”又曰：“（钜鹿之战）项羽最得意之战，太史公最得意之文。《垓下歌》悲壮呜咽，与《大风》各自摹写帝王兴衰气象。”（《精选评点史记》）

钱穆曰：“汉祖之得天下，一曰不杀人，又一曰善用人。而迁书之传项王，则有三大事，一曰邯郸之战，一曰鸿门之宴，又一曰垓下之围以及乌江自刎。项王可爱处实多于沛公，此又见中国史取人之宏与其教人之深，而迁书此等处遂成千古妙文。”又曰：“临终慷慨，此情此义亦可长留天地间，获后世之同情矣。此亦一成功，非失败。”（《现代中国学术论衡》）

游国恩等曰："他（司马迁）更以极其饱满的情绪写《项羽本纪》，项羽的勇猛直前摧毁暴力统治的英雄形象给予读者极深的印象。作者虽批评项羽'自矜功伐，奋其私智而不师古'，'欲以力征经营天下'，指出了他必然失败的原因。但仍把他看成秦汉之际的中心人物，寄予深刻的同情，说他：'乘势起陇亩之中，三年，遂将五诸侯灭秦，分裂天下，而封王侯，政由羽出，号为霸王，位虽不终，近古以来未尝有也！'司马迁这样热烈地歌颂人民对暴力统治的反抗，以及把陈涉和项羽分别安排在'世家'和'本纪'的作法，都充分显露了他卓越的思想见解和救世济民的热情。这是以后的封建正统史家所不可能达到的思想高度。"（《中国文学史》）

胡念贻曰："在《项羽本纪》中，整篇文字都笼罩着一种壮烈和悲凉的气氛。前者极力写项羽之勇，在喑呜叱咤中寓着一种慷慨悲壮之音。写到最后项羽的结局，笔调显得悲凉起来。作者用诗一样的激情写出了项羽悲剧的一生。如读者所熟知的'钜鹿之战''鸿门宴''垓下之围'，正是显出了项羽一生变化的三个阶段——由兴而盛而衰。作者在这些描写中都是用了一种一唱而三叹的笔调。"（《论〈史记〉的文学价值》）

吴汝煜曰："项羽，这位'喑呜叱咤，千人皆废'的盖世英雄，在秦汉之际的历史舞台上虽然只活动了短短八个年头，但他以自己的满腔热血，写下了一首最悲壮慷慨的诗。这首诗，在他生前就使天下人民的心弦为之激荡、振奋；在他身后，更使无数人为之吟咏、唱叹。司马迁是个好奇心很强又特别富于感情的历史学家。通过对项羽短暂而又不平凡的一生的考察，他被项羽性格的悲剧性和项羽形象的英雄色彩深深地打动了。因此，在项羽形象的塑造上，他'以全神付之'，倾注了自己的全部热情，奉献了自己最杰出的艺术才华。

"首先，司马迁以灭秦为界碑，以历史的纵向发展为线索，把项羽的一生分为前后两个时期来描写，前期主要写他以一己之'勇'，带动千百万人之'勇'，成功地推翻了暴秦的统治；后期主要写他仍以一己之'勇'，奋力经营天下，却步步走向失败，从而把塑造项羽巨人般的英雄形象和总结项羽悲剧性格的历史教训巧妙地结合起来。因此，项羽的形象不仅极为鲜明生动，而且还意蕴深厚，令人仰慕叹惋无有穷已。

"其次，司马迁以卓越的史识，截取了项羽一生中最重要的三个横断面，采用多种艺术表现手法，再现了项羽威武刚猛、激昂慷慨、憨直宽厚、视死如归的壮烈形象。"（《项羽本纪赏析》）

杨燕起、阎崇东曰："本文（《项羽本纪》）形同一篇列传。通过记叙项羽一生事迹，既表现了秦楚之际自秦末农民起义推翻秦王朝，到经过楚汉战争、刘胜项败建立汉王朝的历史转变，从这个意义上说，本篇是'八年之间，号令三嬗'时纲纪天下政事的主要史篇，这也正是项羽之入本纪的原因。同时本文表现了项羽这个人物叱咤风云、勇敢豪放的英雄本色，通过钜鹿之战、鸿门之宴、垓下之围三个主要场景，塑造出一个令人敬佩而又非常丰满生动的人物形象。所以本篇又具有重要的文学价值。因此，无论从史学还是文学的角度来说，《项羽本纪》都是《史记》中脍炙人口的名篇。"（《史记精华导读》）

韩兆琦曰："作者以无限饱满的热情歌颂了项羽在灭秦过程中所建立的丰功伟绩，充分地肯定了他的历史作用；而对于项羽在楚汉战争中由于他的政治思想落后、政策方略错误，以及他个人性格上的种种缺点所导致的最终惨败，则寄予了极大的惋惜与同情。作者的交代全面，评价准确。有人仅取一端，或扬之为千古英雄，或抑之为桀纣再世，亦可谓偏颇之极。"（《史记选注集说》）

陈桐生曰："项羽那种'力拔山兮气盖世'的英雄气概，正好有利于司马迁寄托自己的慷慨情怀，而项羽因为缺乏文化眼光和政治智慧而导致失败，使他的英雄事业半途而废，这位所向无敌令敌人闻风丧胆的英雄所走过的人生道路，正好与司马迁的悲剧心理有契合之处。因而司马迁是以一种悲剧情感来为这位失败的传奇英雄作传的，他将自己的悲剧的心理投射到项羽这一历史人物形象之上，使之具有震撼人心的艺术力量。"（《〈史记〉名篇述论稿》）

论书法

归有光曰：“史公究是秦汉时人，作《始皇》、《项羽》本纪，其事雄伟，笔力与之称。五帝三王本纪，便时见其陋，然古书存者盖亦少矣。”（《归震川评点本史记》）

锺惺曰：“谢羽鸿门是何等危事，部署详妥，乃能履危而安。其间机缘有凑，有少一人不得、省一步不得者；节次并置，有多一语不得、错一着不得者，此是古今应变解纷一大关目，太史公写一榜样示人，当细看之。”又曰：“叙项王封赏诸侯王将相，其用意之公私轻重，只在虚字过接处摹写如见，真是老吏舞文手。先用‘项王欲自王’二语说透心事本领，而以‘自立为西楚霸王’结之，笔下如破竹。”（《史怀》）

凌稚隆曰：“太史公叙汉，曰‘取敖仓粟’，曰‘就敖仓食’，曰‘兵盛食多’；叙楚，曰‘烧楚积聚’，曰‘绝楚粮食’，曰‘兵罢食尽’，皆纪中关键，当玩。”（《史记评林》）

刘辰翁曰：“叙楚汉会鸿门事，历历如目睹，无毫发渗漉，非十分笔力，模写不出。”（《班马异同》）

唐顺之曰：“（钜鹿之战）项羽最得意之战，太史公最得意之文。《垓下歌》悲壮呜咽，与《大风》各自摹写帝王兴衰气象。”（《精选批点史记》）

李晚芳曰：“当是时，秦纲懈而维弛，天下叛之，英雄杂沓并起，千头万绪，棼如乱丝，太史公以一笔写之，或插序，或陪序，或带序，或附传，无不丝丝入扣，节节归根，步骤井然不乱，后之作史者，谁有此笔力？”（《读史管见》）

吴见思曰：“项羽力拔山，气盖世，何等英雄，何等力量！太史公亦以全神付之，成此英雄力量之文。如破秦军处，斩宋义处，谢鸿门处，分王诸侯处，会垓下处，精神笔力，直透纸背，静而听之，殷殷阗阗，如有百万之军藏于隃糜汗青之中，令人神动。”**又曰：**“当时四海鼎沸，时事纷纭，乃操三寸之管，以一手独运，岂非难事？他于分封以前，如召平，如陈婴，如秦嘉，如范增，如田荣，如章邯诸事，逐段另起一头，合到项氏，百川之归海也；分封以后，如田荣反齐，如陈馀反赵，如周吕侯居下邑，如周苛杀魏豹，如彭越下梁，如淮阴侯举河北，逐段追序前事，合到本文，千山之起伏也。而中间总处、提处、间接处、遥接处，多用‘于是’‘当是时’等字，神理一片。”(《史记论文》)

李景星曰：“《项羽本纪》是太史公本色出力文字。叙次摹写，无不工妙。大旨以分封诸王，为前后关键。分封以前，如召平，如陈婴，如秦嘉，如田荣，如章邯诸事，逐段另起一头，合到项氏，有百川归海形势。分封以后，如田荣反齐，陈馀反赵，周吕侯居下邑，周苛杀魏豹，彭越下梁，淮阴侯举河北，逐段追叙前事，合到本文，有千山起伏形势。而中间总处、提处、闲接处、遥接处，多用‘于是’‘当是时’等字为之联络，遂觉神情一片。又一篇之中，往往以东西字为眼目，如伐秦则由东而西，伐齐则由西而东。与汉王战，又由东而西。解而归，又由西而东。故曰‘引军而西’，曰‘无西意’。北击齐，曰‘拔成皋俗西’，曰‘解而东归’。层层点顿，最有情致、有章法。至于纪中，附项梁传、项伯传、范增传，或连叙，或分叙，前后都有照顾。总之皆为项羽作用，如众星之显孤月而已。实事实力，纪中已具。故赞语只从闲处著笔，又如风雨骤过，几点余霞，遥横天际也。”(《史记评议》)

徐与乔曰：“写羽神勇，写羽粗横，写羽妇人之仁，[画](尽)态极。至写羽兵法，东城二十八骑时，尚分为二，分为四，阵势战势，如绘神笔也。”(《经史辨体》)

吴敏树曰：“此纪世之喜文字者，无不读而赞之。究其所喜者，起事一段，救赵一段，鸿门一段，垓下一段，其他所知者盖仅矣。此由以粗心读古人书，正如逢场观剧，取其搬演热眼者而已。其实一部大曲，经营巧拙，非深于其事者不知也。史家原只依事实录，非可任意措置，然至事大绪繁，得失是非之变，纷起其间，非洞观要最，扫除一切旁枝余蔓，未得恣意详写，使其人其事，始终本末，真实发露，读者惊动悲慨，千载下如昨日事也。如此纪，项氏起吴中，部署徇县诸事，绝无指数，直入渡江击秦，建立楚后，项梁败死不久，其人事迹并略，专向项羽铺陈。至入关擅事以后，怀王彭城举动，不涉一语，独沛公鸿门摹绘累纸，唯恐不尽，其后所置诸侯王，与项氏岂免交涉，竟无所及，独及田齐、英布，益以彭越，皆关楚汉成败紧处，即又不肯琐屑多道。吾意史公之作此纪时，打量项王一生事业，立楚是起手大著，救赵破秦是擅天下原由，其后则专与汉祖虎争龙战而已。如下笔万言，滔滔滚滚，如长江大河，激石滩高，回山潭曲，鱼龙出没，舟楫横飞，更是顺流东下，瞬息千里，终无有滞碍处耳。从来良史记事，第一论识。而柳子之评史公曰洁，真是高眼看透。学者但能从有会无，即详知略，则于序事之文，立占胜步矣。”(《史记别钞》)

刘咸炘曰：“冯景《书后》曰：‘或谓《羽本纪》仍书汉元，是天下大统史迁不与楚而与汉也，是固然。《春秋》之法，有名与而实不与，其人行弑逆而为君，直书其弑而仍不没其为君之号。羽既灭秦则登之本纪，而不没其为君之文。羽放弑义帝，则以汉纪元，名与而实不与，所以彰其弑君主罪。’按：此亦凿说。当时诸侯各自纪年，此汉纪元，取便后世之计算耳，岂以为褒贬乎？登本纪本非为元，号亦不可削，古史亦不以削元为贬。此皆后儒妄凿之论，史家不计是也。

“此篇叙事工处，大要则善用‘已’字、‘之’字，能并说一时东西南北事，错综不乱。其用‘已’字者如‘已并秦嘉军’‘已破东阿下军’‘已破楚兵’‘已破羽’‘已杀卿子冠军’‘于是已破秦军’‘项羽已定东海’诸段是。其用‘之’字者如‘项王之救彭城’‘汉王之败彭城’‘汉王之出荥阳’诸段是，皆脱卸之法。其尤转捩有力者则如‘又闻沛公已破咸阳’‘是时汉还定三秦’‘汉王部五诸侯军伐楚’‘闻淮阴已举河北’诸句是也。又善用‘当是时’句。至其叙事之妙，则气举而语简，如‘项梁起东阿，比至定陶，再破秦军’‘项羽晨朝上将军宋义，即其帐中斩宋义头’‘九战，绝秦甬道’‘晨击汉军而东’‘楚起于彭城，常乘胜逐北，与汉战荥阳南京索间’云云，皆剥去肤语支语，故无滞态。”(《太史公书知意》)

季镇淮曰：“《项羽本纪》写的是一位勇猛无前、摧毁暴力统治的盖世英雄；《淮阴侯列传》写的是一位善于将兵、多多益善的神奇将军。淮阴侯论项羽的许多个人弱点和政治军事上的错误，不写于《项羽本纪》而写于《淮阴侯列传》，真是两全其美的写法。这样写，既显示了军事家的韩信的非凡才能，也掩护了项羽的英雄威望遭受内行的敌手的打击。拿鸿门之宴这件事说，他重复地写于《项羽本纪》《高祖本纪》《留侯世家》和《樊哙列传》，但详略不同，互为补充，也都是为各人物不同情况、不同特征决定的。”（《司马迁是怎样写历史人物的传记的——从“实录”到典型化》）

冯其庸曰：“《项羽本纪》这篇文章的结构，是以项羽为中心，以当时军事进退的路线为线索，以各个重大的战役和政治事件为描写的重点；这样从八千人渡江而西起，通过召平、陈婴、黥布、蒲将军、范增等的归附，通过杀宋义、战钜鹿、降章邯以及鸿门之宴、分封诸侯、彭城大战、荥阳之围、广武相持、鸿沟划界、垓下之围等一系列的战役和政治事件的描写，项羽这个人物的形象和性格特征，便愈来愈鲜明突出地呈现在读者的面前。在结构上，项羽当时进退的军事路线，便是贯穿这篇文章的主线，而各个战役的描写，就成了这条主线上的一座座层峦叠起的高峰，因而形成了这篇文章单线发展和峰峦起伏的结构特色。”（《中国古代散文的发展——先秦到南北朝》）

论人物刻画

刘辰翁曰：“叙楚汉会鸿门事，历历如目睹，无毫发渗漉，非十分笔力，摹写不出。”（《班马异同》）

钱钟书曰：“《高祖本纪》王陵曰：‘陛下慢而侮人，项羽仁而爱人……妒贤嫉能，有功者害之，贤者疑之’；《陈丞相世家》陈平曰：‘项王为人恭敬爱人，士之廉节好礼者多归之；至于行功爵邑重之，士亦以此不附’；《淮阴侯列传》韩信曰：‘请言项王之为人也。项王喑呜叱咤，千人皆废；然不能任属贤将，此特匹夫之勇耳。项王见人恭敬慈爱，言语呕呕，人有疾病，涕泣分食饮；至使人有功当封爵者，印刓敝，忍不能予，此所谓妇人之仁也。’《项羽本纪》历记羽‘拔襄城皆坑之’，‘坑秦卒二十余万人’，‘引兵而屠咸阳’；《高祖本纪》‘怀王诸老将皆曰：项羽为人慓悍滑贼，诸所过无不残灭。’《高祖本纪》于刘邦隆准龙颜等形貌外，并言其心性：‘仁而爱人，喜施，意豁如也，常有大度。’《项羽本纪》仅曰：‘长八尺余，力能扛鼎，才气过人’，至其性情气质都未直叙，当从范增等语中得之。‘言语呕呕’与‘喑呜叱咤’；‘恭敬慈爱’与‘慓悍滑贼’；‘爱人礼士’与‘妒贤嫉能’；‘妇人之仁’与‘屠坑残灭’；‘分食推饮’与‘刓印不予’，皆若相反相违，而既具在羽一人之身，有似双手分书，一喉异曲，则又莫不同条共贯，科以心学性理，犁然有当。《史记》写人物性格，无复综如此者，谈士每以‘虞兮’之歌，谓羽风云之气而兼儿女之情，尚粗浅乎言之也。”（《管锥编》）

郭预衡曰：“像这样的文章（指《项羽本纪》中‘鸿门宴’一段），不仅富有戏剧的情节，而且写出了戏剧的场面。故事中的人物，已经成为舞台上的角色。而且这样众多的人物聚于一堂，各有各的位置，各有各的举止，各有各的语言，各有各的性格。像这样大的场面描绘和布局，在以前的文章里还不曾有过。再说，这样的传记，记楚汉之事，写楚汉之人，又和写先秦的人物事迹不同，不是凭借旧史，而是匠心独运，由此也就更可看出司马迁为文新的成就。”（《中国散文史》）

郭双成曰：“司马迁在叙述项羽在楚汉战争中遭到最后失败的悲剧结局时，对他步上穷途末路时的神情表态有着极为细致的刻画，司马迁对项羽这一历史人物的惋惜和同情在这一段文字中表现得也很明显。《垓下歌》慷慨悲壮，把项羽身陷绝境，叫天天不应，入地地无门，无力挽回失败定局的心情完全给刻画了出来。司马迁还接着描绘了项羽突围以后在东城‘快战’的勇猛形象，展示出在他临死前还是如此英勇，全不把敌人放在眼里，真可谓英雄盖世，名不虚传。”（《史记人物传记论稿》）

宋嗣廉曰：“有些材料在不同传记中写了多次，而各篇因主题不同，选用的角度也各异。如鸿门宴一事，在《史记》中写了四次，不仅文字繁简不同，侧重点也各异。《项羽本纪》中写的最为全面细致，这是因为作者把刘、项在宴会上的斗争作为他们成败的转折来写的。……在《项羽本纪》这篇传记里，没有一个人物是松懈的，没有一个是微弱的，都各有作为，否则就无法构成那个叱咤风云的氛围，不能表现项羽那种'力能扛鼎，才气过人'之霸王狂飙突起的精神。司马迁确实像一个出色的摄影师一样，他会选取最好的镜头，在同样的一个场景里，他会挑选最合适的角度，形成一个重心，构成一幅特妙的意境图。"（《史记艺术美研究》）

可永雪曰："像鸿门宴，作者为了使在那个历史的转折关头两大阵营的人物之间所进行的一场尖锐激烈、错综复杂、含蕴丰盈的矛盾斗争得以充分展开，别开生面地先点清了宴会的席位，这就为写后上场人物的一切活动安排下了用武之地。下面又按事件发展的自然顺序把场面分为范增示玦、项庄舞剑、樊哙闯宴三个不同场景来写，这样便能使要表现的那些纷繁丰盈的内容能够井然有序、从容有致地展现出来。"（《〈史记〉文学成就论稿》）

张新科曰："《项羽本纪》之所以有那么大的吸引力，就在于作者写出了一系列重大的场面。比如，'钜鹿之战'的出现，乃是各种矛盾的总爆发。在陈胜、吴广农民起义失败、秦军势力复振、楚军主将项梁战死的情况下，秦国与楚国的矛盾，秦国与赵国的矛盾，楚国内部项羽与楚王的矛盾、项羽与宋义的矛盾等等都十分尖锐。正是由于这多种因素，才使矛盾冲突达到白热化程度，一场生死大战终于爆发了。钜鹿之战的胜利，使上述各种矛盾都得以解决，故事情节又向前推进一步。此后又出现各种矛盾，于是，'鸿门宴'的场面不可避免地出现了。这场矛盾解决后，情节稍稍平缓，但各种矛盾还在逐渐蕴集，导致了'垓下之围'，这个场面，成为全传的高潮，主人公在这个矛盾冲突中悲壮地死去。"（《史记与中国文学》）

论史体

司马贞曰："项羽崛起，争雄一朝，假号西楚，竟未践天子之位，而身首别离，斯亦不可称'本纪'，宜降为'世家'"。（《史记索隐》泷川氏《考证》引）

刘知几曰：“项羽僭盗而死，未得成君，求之于古，则齐无知、卫州吁类也，安得讳其名字，呼之曰王者乎？况其名曰西楚，号止霸王者乎！霸王者，即当时诸侯。诸侯而称本纪，求名责实，再三乖谬。”(《史通·本纪》)

叶适曰：“太史公论‘羽非有尺寸，乘势起陇亩之中，三年，遂将五诸侯灭秦，分裂天下而封王侯，政由羽出，号为霸王’，近古所无。不知古人之治，未尝崇长不义之人。《左氏》载鄋瞒三人皆为诸侯所诛，盖是时先王之余政犹存，负力桀悍者终不得自肆。如项羽，气力不过长狄，而不幸遭世大坏，遂横行至此。迁以畏异之意，加嗟惜之辞，史法散矣。”(《习学纪言序目》)

胡应麟曰：“史迁列羽纪也，班氏列羽传也，各有当矣。迁通史前代，虽秦、楚弗容贬也；班独史当代，虽唐、虞不得详也。”(《少室山房笔丛》)

郝敬曰：“羽与高帝并起，灭秦之功略相当，而羽以霸王主盟，尤一时之雄也。秦灭六国，楚灭秦，秦既纪矣，可绌楚乎？故并尊羽于秦汉间，不欲以成败论英雄也。扬子云谓嬴政二十六载而天下嬗秦，秦十五载而楚，楚五载而汉，五十载之际而天下三嬗，与子长之意正同。方羽分封诸侯，已嬗天下为帝王，为之本纪，非过也。”(《史汉愚按》)

钱大昕曰：“太史公作十二本纪，以秦、项列于周、汉之间，后人于秦始皇无异言，而于《项羽本纪》则怪之。刘知几谓‘羽僭盗不当称王’，此未达乎史公之旨者也。秦以暴并天下，虽自称帝，非人心所归向。史公初不欲以秦承周，以汉承秦，特以六国既灭，秦王命者十有余年。秦既灭，项氏王命又四五年。沛公之为汉王，亦项羽所立也，秦、项虽非共主而业为天下主命，不得不纪其兴废之迹。秦之称帝为项之称霸王，均不得与五德之数，黜秦所以尊汉也。于何见之？于表见之。三代之后继以十二诸侯，继以六国，始皇虽并天下，仍附之《六国表》，及陈涉起事即称秦楚之际。秦、楚皆周旧国，是秦未尝有天下也。班氏《汉书》始降陈胜、项羽为传，孟坚汉臣，故有意抑项，然较史公之直笔，则去远矣。隋亦以不仁得天下，虽兼并江南，而李延寿犹列之《北史》，不少分别其义例，正大有太史公之风焉。后儒尊紫阳《纲目》，然于秦、隋犹以正统予之，若太史公、李延寿之例，较之《纲目》，实胜一筹。”（《十驾斋养新余录》）

吴秉礼曰：“迁进项羽于《本纪》，在迁非无深意。观《序》云‘秦失其道’云云，盖以秦焚典籍，使羲皇至孔子之道几于堕地。项与涉先后倡为亡秦之谋，可谓有功斯道，作《本纪》见到奋锄而亡秦者，实为大道之捍卫，使不至于绝也。”（《永昌府文征》）

邹方锷曰：“羽之立本纪也，迁盖以继秦而有天下者羽也。古者功德足以有天下，天下归之；功德不足以有天下，而力足以有天下，天下亦归之。当日诸侯并起而亡秦，而非羽秦犹未遽亡也。章邯已破项梁军，渡河击赵，诸侯军救赵者十余壁，莫敢纵兵。当是时，秦与诸侯存亡胜败之机皆系乎是。羽奋一战之威，破王离，降章邯，沛公因得以其间入关。向使王离举赵，诸侯瓦解，沛公以孤军深入，胜负之数未可知也。然则力足以灭秦定天下者，非羽而谁哉！《始皇纪》云，项羽为西楚霸王，主命分天下，王诸侯，秦竟灭矣，后五年，天下定于汉。秦既亡而汉未振，当日之天下未有属也。羽最强，得主命分天下，王诸侯，则其力足以有天下，而天下归之。故曰，五年之间，号令三嬗。三嬗者，秦嬗楚，楚嬗汉也。此迁所以纪羽者也。”（《大雅堂初稿》）

金锡龄曰：“《史记》列项羽于本纪，刘知几《史通》非之。……其言辨矣，而未知史公之意也。史公以羽非有尺寸，乘势起陇亩之中，遂将五诸侯灭秦，号令天下，政由羽出，则亦与天子无异，况亡秦者，实由于楚，其称为本纪固宜。案《史记·陈涉世家》云：‘陈胜虽已死，其所置遣王侯竟亡秦，由涉首事也。’羽之列为本纪，亦此意也。或又谓班史改为列传，其义较允。不知班固著《汉书》，断代为史，与《史记》体不同，岂得执彼而难此哉！且秦焚典籍，使先王之道几于堕地，羽倡为亡秦之谋，使其二世而亡，亦人心之所快，列之本纪，不亦宜乎！史公又立《秦楚之际月表》者，盖以秦楚相继为天下主，故《始皇本纪》云云，列《项羽本纪》也。”（《劬书室遗集》）

冯景曰：“司马贞谓项羽不宜登本纪，宜列世家。或又以为列《项羽本纪》于汉高之前，此司马迁不以成败论英雄，彼其说皆非也。作史之大纲在明统。周有天下，秦灭之而统在秦；秦有天下，楚项羽灭之而统在楚；楚灭而天下之统乃归汉耳。当是时，羽灭秦，立沛公为汉王，是汉为楚所立也。汉之为汉，君天下而一统者且四百年，然卒遵羽是封之名，以为有天下之号而不敢易，犹谓汉不承统于楚，得乎！则项羽宜登本纪，宜列于汉高之前，统在则然，亦作史之例则然。而猥云史迁不以成败论英雄乎哉！”（《解舂堂文钞》）

郭嵩焘曰：“案，秦灭，项羽主盟，分裂天下以封王、侯，皆羽为之，实行天子之权，例当为《本纪》。以后世史例论之，当为《怀王本纪》，而怀王为项氏所立，拥虚名而已，天下大势未一系之；史公创为《项羽本纪》，以纪实也。”（《史记札记》）

赵生群曰：“作者立《项羽本纪》而不为楚怀王心立纪是符合《史记》纪实原则和通盘体例安排的。作者反复强调他有灭秦之功，是为了着重说明项羽的胜利标志着一代王统的灭亡，是新旧交替的一个转折点，为刘邦统一天下扫清了道路，虽然作者从事实出发，对他进行了多方面的批评，但还是按照实际情况将他列入本纪，这在体例上是无可挑剔的。”（《太史公书研究》）

论项羽之功绩

李贽曰：“（项王）自是千古英雄。”（《藏书》）

白寿彝曰：“钜鹿之战是秦末农民战争中规模最大的一次战役。它从秦二世三年十一月项羽任上将军渡河北上起，至这年七月章邯投降为止，历时九个月，先后全歼王离军，迫降章邯军，一举消灭秦镇压农民起义的全部主力，取得了反秦斗争决定性的胜利，为刘邦入关，推翻秦皇朝创造了极为有利的条件。而在这一辉煌战役中，项羽的功绩则是彪炳史册，不可磨灭的。他不愧为秦末农民起义的杰出首领。”（《中国通史》）

台湾三军大学：“项羽军事上之英卓，与西方拿破仑颇为相类，彼常采内线作战，驱其精锐之楼烦骑兵，进行突击战法，故所当者无不破灭，经常在战斗上收速战速决之功。至其所追求打击之目标，亦唯指向敌人之重心，故其在荥阳对峙及刘邦行机动作战时，彼即始终采取此种作战思想，以求汉之重心而粉碎之。此种思想在纯军事上，颇有其重要价值。但亦由此可知，大战争之胜败不可专恃军事上之得计，此外又须配合政治、经济、外交，以发挥总体之力量，盖项羽即败于不求配合他事之失也。”（《中国历代战争史》）

中国科学院文学研究所中国文学史编写组：“项羽是楚国贵族的后代，参加了秦末农民大起义，作战很勇敢，对于摧毁暴秦的统治，贡献了很大的力量。

“项羽的一生，突出的表现就在于他的勇敢善战，喑呜叱咤，所向无敌，性格比较直率，不善于用计谋，而又刚愎自用，残酷暴烈，结果被刘邦和他的谋臣所算，至于失败。”（《中国文学史》）

安平秋曰：“项羽是一位豪气盖世、叱咤风云的英雄人物，在陈胜领导的我国历史上第一次大规模的农民起义爆发以后，项羽和项梁很快举兵响应，成为反抗秦朝残暴统治的生力军。当陈胜失败、项梁战死，农民起义处于危难关头的时候，项羽率领农民起义军不失时机地发动了著名的钜鹿之战。他破釜沉舟，以少胜多，终于全歼秦军主力，赢得了胜利，扭转了战局。这不仅加速了农民战争的历史进程，为刘邦顺利攻入咸阳，推翻秦朝反动政权创造了条件，而且表现了项羽的英雄气概和非凡的军事才能。项羽的历史功绩是不可磨灭的。他不愧是波澜壮阔的秦末农民战争中涌现出来的起义领袖之一。”（《项羽》）

张大可曰：“项羽是秦汉之际时势造就的一位失败的英雄，用文学语言叫做‘悲剧英雄’。西汉史学家司马迁在《史记》中特为项羽立本纪，精心撰写了一篇伟大的传记《项羽本纪》，被梁启超誉为《史记》十大名篇之一。司马迁集中笔墨刻画项羽的英雄形象，而于叙事之中揭示他失败的原因，真实地再现了项羽这一历史人物和秦汉之际的历史事势，具有很高的历史价值和文学价值。秦灭汉兴，刘邦攻下秦都咸阳，而灭亡暴秦的真正英雄是项羽，这是《项羽本纪》的历史价值；司马迁聚精会神用笔于钜鹿之战、鸿门宴、垓下突围自刎于乌江三件大事，生动地塑造了一个叱咤风云的悲剧英雄形象，这是《项羽本纪》的文学价值。”又曰：“项羽灭秦，建立了盖世奇功。刘邦攻下秦都咸阳，后来又建立了汉朝，按通常道理应是刘邦灭秦，西汉时人，无论皇室贵族，官僚士大夫和普通民众，都是这样认识的。但是司马迁不认为是刘邦灭秦，而把灭秦之功归于项羽，有着鲜明的论述，既有明写，又有暗写。《陈杞世家》曰：‘伯翳之后，至周平王时封为秦，项羽灭之，有本纪言。’这是明写。《太史公自序》曰：‘秦失其道，豪杰并扰；项梁业之，子羽接之，杀庆救赵，诸侯立之。’这里所说‘项梁业之’，指灭暴秦之业，项梁开其端，项羽接其力，灭秦的标志是项羽杀庆救赵，钜鹿之战，消灭秦军主力，诸侯拥立项羽为共主。这是暗写项羽灭秦。《陈涉世家》记述了近二十支反秦义军，只字不提刘邦的沛公军。这是司马迁故作疏漏，目的就是不承认刘邦灭秦，而归功于项氏。《陈涉世家》说，陈王死后，‘会项梁立怀王孙心为楚王’。又说：‘陈胜虽已死，其所遣侯王将相竟亡秦，由涉首事也’。这也是暗写项羽灭秦。司马迁运用春秋笔法，指出灭秦大业是陈涉发难，项羽灭秦。这一论断不仅是打破了传统思维，而且也是反潮流思维，不合时论。这是汉王朝的统治者所不能容忍的，所以司马迁用暗写。但是一味暗写又恐读者不明，所以又用互见法在他篇中带出一句‘项羽灭秦’的明写。司马迁表达‘项羽灭秦’的观点是煞费苦心。”(《论项羽》)

论项羽失败的原因

古今学者论项羽失败的原因，众说纷纭。主要论点有以下八种说法：

1. 为范增所误说

胡寅曰：“史称增素好奇计，以事考之，增计不能奇也。凡羽之恃强失道，如汉王临广武而数之者，未闻增有所谏止；而两雄角逐，义理之端，事几之会，楚每失之，顾欲使壮士舞剑杀沛公于欢饮之间，是一老愚人而已。”(《读史管见》)

洪迈曰：“世谓范增为人杰，予以为不然。夷考平生，盖出战国纵横之余，见利而不知义者也。始劝项氏立怀王，及羽夺怀王之地，迁王于郴，已而弑之，增不能引君臣大谊，争之以死。怀王与诸将约，先入关中者王之，沛公既先定关中，则当如约，增乃劝羽杀之，又徙之蜀汉。羽之伐赵，杀上将宋义，增为末将，坐而视之。坑秦降卒，杀秦降王，烧秦宫室，增皆亲见之，未尝为之开一言也。至于荥阳之役，身遭反间，然后发怒而去，呜呼，疏矣哉！东坡公论此事伟甚，犹未尽也。”(《容斋随笔》卷九)

凌稚隆曰：“项王非特暴虐，人心不归，亦从来无统一天下之志，既灭咸阳，而都彭城；既复彭城，而割荥阳；既割鸿沟，而思东归，殊欲按甲休兵，宛然图伯（同霸）筹画耳。岂知高祖规模宏远天下，不归于一不止哉？”**又曰：**“增劝项氏第一事为立楚怀王心，不知项世楚将，怀王立，则项当终其身为驱驰，增谓羽能堪之乎？必不能堪，将置怀王于何地？卒之羽弑怀王，而汉之灭羽始终以怀王为说，是怀王之立反为汉地耳。盖怀王立则项羽不能不弑逆；羽弑逆则羽不容不灭。然则项之所以失天下，非增之劝立怀王一事误之耶？”(《史记评林》)

管同曰：“‘怀王入秦不反，楚人怜之’。怜之者，特以愤秦之欺，而咎其君拒屈平之谠言，听子兰之佞说，轻其身以投虎口也；非有故主之思，遗民之痛，而增之劝立其后何哉？且夫楚固列国，非天下之共主，项氏欲亡秦而取其天下，则立楚王后仅以收其故族之心，鼓其遗民之痛，而所谓燕、韩、赵、宋、卫、中山之邦者于楚何怜？夫岂可得悉动耶？增之为谋于是乎悖矣。”(《因寄轩文集》)

2. 项羽旧贵族开历史倒车说

范文澜曰：“项籍大封诸侯王，把统一的中国倒退到割据分裂的旧时代里去，这是完全违反历史前进的反动措施。农民起义反秦，得不到田宅就被遣散了，这又是完全违反广大农民愿望的反动措施。项籍残暴无比，凶恶超过秦二世，不仅秦民痛恨，关东一般民众也痛恨。他从垓下逃到阴陵（安徽定远县西北），向一个农夫问路，农夫故意指导他走错道路，因而被汉兵追及。这是人民厌弃他的明证。领主残余分子都有极大的野心，受封的人不满意已得的封地，不得封的人当然更不满意。项籍为广大农民所痛恨，又为领主残余分子所反对，兵力虽强，决不能逃避战败自杀的末路。他的败死，是领主残余势力的一个大挫折，也是农民阶级要求国家统一的一个大胜利。”（《中国通史》）

吕思勉曰：“盖项氏故楚世家，其用人犹沿封建之世卑不逾尊、疏不逾戚之旧，汉高起于氓庶，则不然也。然是时知勇之士，固不出于世禄之家，此其所以一多助、一寡助乎？然则刘、项之兴亡，实社会之变迁为之矣。”（《秦汉史》）

翦伯赞曰：“余于项羽亦不胜其钦佩。但可惜他是贵族的后裔，决定了他走向历史的反动方向，因而终于辗死于历史前进的车轮之下，实为可悲。虽然如此，他仍不失为封建社会中一个典型的英雄。他的英勇、坚强、慷慨、坦白和丰富的情感，都是英雄本色。即因他具有这样的性格，所以他才能领导起一个倒转历史的运动，而且也终于一手把历史的车轮倒转了。至于他之必然失败，则诚如他自己所云：‘此天之亡我，非战之罪也。’‘战’也者，即主观的创造；而‘天’也者，则为客观的倾向。项羽的失败，不在他主观创力的不强；而正是由于他违反了历史发展的客观倾向。垓下的悲歌，乌江的浩叹，正是中国初期封建的历史贵族之最终的悲剧，从此以后，这一个残余的社会层，遂永远退出中国的历史舞台了。”（《秦汉史》）

3. 项羽残暴不仁，失去人心说

杨维祯曰：“孟子云：‘为天下驱民者，桀与纣也’，籍亦为汉驱者耳，其能与汉争天下哉？迹其骠悍滑贼之性，嗜杀如嗜食，如起会稽，即诱杀守者；其后矫杀宋义，屠咸阳，残杀襄城，杀秦降王子婴，斩韩王成、王陵母，甚至于杀义帝，此真天下之桀项也哉。举大事，霸西楚，其可得乎！”（《史记评林》引）

李元度曰：“羽至东城，谓其从骑曰，吾起兵至今八岁矣，身七十余战，未尝败北，卒困于此，此天亡我，非战之罪。乌呼，此正羽觉悟而自责之言也。天何以必亡羽哉？以羽获罪于天耳。其获罪奈何？孟子曰：'不嗜杀人者能一之。'又曰：'不仁而得天下，未之有也。'羽初屠襄城，又屠城阳，又坑新安卒二十余万，最后屠咸阳，羽之罪于是不可逭矣。而太史迁乃谓其尚不觉悟，且以天亡我非用兵之罪为谬，则岂非羽不谬而迁谬哉！夫天亡秦，人尽知之，天亡楚，则张良、陈平谏汉王西归时言之。羽身死东城，始悟而自责，晚矣！而史迁顾谬其言，迁之智其远出良、平下欤！”（《天岳山馆文钞》）

4. 忌贤妒能，众叛亲离说

高祖曰：“夫运筹策帷帐之中，决胜千里之外，吾不如子房。镇国家，抚百姓，给馈饷，不绝粮道，吾不如萧何。连百万之军，战必胜，攻必取，吾不如韩信。此三者，皆人杰，吾能用之，此吾所以取天下也。项羽有一范增而不能用，此其所以为我擒也。”（《史记·高祖本纪》）

王鸣盛曰：“方项梁起江东，渡江而西，并诸军，连战胜。及陈涉死，召诸别将会薛计事。此时天下之望，已系于项梁，若不立楚怀王孙心，即其后破死于章邯之手，而项羽收其余烬，大可以制天下。范增首唱议立怀王，其后步步为其掣肘。使沛公入关，羽得负约名，杀之江中，得弑主名。增计最拙，大误项氏。谬一。章邯破项梁，羽之仇也，乃许之盟，与之和好，立之为王，此事秦民已不服。又坑降卒二十万，失秦民心。谬二。弃关中不都而东归，乃三分关中，王章邯及其长史司马欣、都尉董翳以距汉。岂知三人诈秦民降诸侯被坑，民怨之刺骨，安肯为守？坐使汉还定三秦如反掌。谬三。汉之败彭城，诸侯皆与楚背汉，范增劝急围汉王荥阳。范增诸所为项王计划，惟此最得。乃又听汉反间逐增，使军心懈散，失汉王。谬四。”又曰：“项王之失，不在粗疏无谋，乃在苛细多猜疑不任人。韩信、陈平皆弃以资汉。至于屡坑降卒，嗜杀失人心，更不待言。”（《十七史商榷》）

王夫之曰：“若夫项羽之所以失者，非吝封爵之故。信之说不如陈平之言允也。陈平曰：'项王所任爱，非诸项即妻之昆弟，虽有奇士不能用。'故羽非尽不知人，有蔽之者也。琐琐姻亚，踞朊仕，持大权，而士恶得不蔽？虽然，亦有由尔。羽以诈兴者也；事怀王而弑之，属宋义而戕之，汉高入关而抑之，田荣之众来附而斩艾掠夺之。积忮害者，以己度人而疑人之忮己。轻残杀者，大怨在侧而怨不可狎。左顾右盼，亦唯是兄弟姻党之足恃为援。则使轻予人以权，己且为怀王，己且为宋义。惴惴栗栗，戈戟交于梦寐，抑恶能不厚疑天下哉？然而其疑无救也。为汉王之心腹者项伯也，其兄弟也；追而迫之刭者吕马童也，其故人也。从之于大败之余者三十余骑，而兄弟姻亚不与焉。怀慝求援，而终以孤立。非刓印不与者惎己而贼之，其亲戚之叛已久矣。”（《读通鉴论》卷一）

5. 逞匹夫之勇，无统一天下之志说

凌稚隆曰：“项王非特暴虐不得人心，亦从来无统一天下之志，既灭咸阳，而都彭城；既复彭城，而割荥阳；既割鸿沟，而思东归，殊思东归，殊欲按兵休甲，宛然图伯（同霸）筹画耳。岂如高祖规模宏远，天下不归于一不止哉？”（《史记评林》）

苏洵曰：“吾尝论项籍有取天下之才而无取天下之虑。……吾观其战于钜鹿也，见其虑之不长，量之不大，未尝不怪其死于垓下之晚也。方籍之渡河，沛公始整兵向关，籍于此时若急引军趋秦，及其锋而用之，可以据咸阳制天下。不知出此，而区区与秦将争一旦之命。既全钜鹿，而犹徘徊河南新安间，至函谷则沛公入咸阳数月矣。夫秦人既已安沛公而仇籍，……故籍虽迁沛公汉中，而卒都彭城，使沛公得还定三秦，则天下之势在汉不在楚。楚虽百战百胜尚何益哉！故曰：兆垓下之死者，钜鹿之战也。”（《嘉祐集·项籍》）

赖汉屏曰：“项羽的个性是丰富复杂的，主要特点是以勇自恃，以义自许，憨厚暴烈，自信自负。其自信自负既体现为豪爽直率胸无城府；又发展为近乎愚昧的个人英雄主义。他少时便想学‘万人敌’，以为可以力征天下；直到垓下被围，山穷水尽，还以为失败是‘天之亡我，非战之罪也’。”（《史记评赏》）

6. 项羽失天下，不在分封，而是宰割不平说

黄淳耀曰：“项王立六国后，树秦敌，此入关以前事，非入

关以后事也。项羽破秦为西楚霸王矣，复封诸侯王将相，此正与郦生立六国后之策暗合。……羽率诸侯兵西入关，不过以破章邯军为诸侯冠耳。此时诸侯所推戴之怀王尚在楚，先入关有功之沛公不可杀，从入关之诸侯各有功，不分王之，将置何地乎？……羽既称诸侯长，能一切以无道行之乎？羽失天下，正坐背约宰割不平，故田荣、陈馀首发兵端，而沛公乘之于外，不可云失在分封也。”（《陶庵全集·项羽本纪》）

7. 项羽不懂政治说

泷川资言曰：“项羽楚人，既失其祖，又失其季父，怨秦入骨。其入咸阳，犹伍子胥入郢杀王屠民烧宫殿以快其心者，谓之无深谋远虑可也，谓之残虐非道者，未解重瞳子心事。又，此时沛公年已五十，思虑既熟；项羽年二十加六，血气方刚。彼接物周匝缜密，不敢妄动；此当事真挚勇决，任意径行，是二人成败之所以分也。”（《史记会注考证》）

毛泽东曰：“项王非政治家，汉王则是一个高明的政治家。”（《毛泽东读文史古籍批语集》）

8. 项羽失败，有多种原因说

陈梧桐等曰：“楚汉战争是我国历史上第二次大规模的统一战争。它与秦始皇的统一战争具有显著不同的特点：前者是在一百多年的长期准备、艰苦奋斗、奠定了坚实基础上进行的，是‘奋六世之余烈，振长策而御宇内’，以强灭弱，水到渠成；后者则完全不同，项羽占有极大的优势，刘邦的势力非常弱小，战争全过程基本上都是以弱胜强，历经艰难曲折的道路，屡战屡败而最后取得胜利。优势的项羽所以失败，劣势的刘邦所以胜利，归根到底是双方对决定战争胜负的诸因素认识不同，对战争全局的指导艺术不同，进而导致优劣易势，成败异变。主要表现有以下七点：第一，项羽忽视政治对战争的影响和作用，刘邦则完全相反，他处处注意争取人心，采取了一系列积极的措施；第二，项羽忽视军事地理对战争的影响和作用，刘邦则与项羽相反，他把军事地理看作是影响战争胜负的重大因素；第三，项羽忽视战争初期的作战对战争全过程的作用和影响，刘邦则把战争初期的作战视为极端重要的问题；第四，项羽忽视外交对战争的作用和影响，刘邦则相反，他把争取盟友看作是制服项羽的一个根本条件；第五，项羽忽视后方建设对战争的作用和影响，刘邦则从战争一开始，就从政治、经济、军事等各方面加强后方根据地的建设。第六，项羽忽视侧面战场同正面战场的配合，刘邦则在楚汉战争中首次创立了多战场互相配合的指导艺术。正是通过这多种战场、多种手段、多种力量的配合，才取得了战争全局上的优势和胜利。这一战争指导艺术，实为我国战争史上的空前创举，也是人类战争史上的空前创举。第七，项羽忽视人才对战争的作用和影响，而刘邦则极为重视人才。楚汉战争的全过程，实际上也是人才流动和转移的过程，充分反映了人心向背和人存事兴、人亡事废的道理。

“战争是军事、政治、经济、外交、智力等各个方面实力的全面竞赛，每一个方面都会在不同情况下给战争的胜负带来巨大的影响。就上述七个问题而言，项羽能避免其中任何一个错误，都不会导致全局的失败；相反，刘邦如有一个问题处理不当，都无法取得全局的胜利。综观战争全过程，项羽的基本指导思想是以力取胜，他确实英勇善战，所向无敌，有一套独特的战术，在战场上屡战屡胜；但他的胜利是局部的，最后终因全局的失败而失败。刘邦则坚持以智取胜的指导思想，深入研究决定战争胜负的各个因素，不放过一个有利条件，千方百计争取全局上的优势，不怕局部战场的屡战屡败，最后终以全局的优势而夺得战争的胜利。”（《中国军事通史》）

张大可曰：“项羽兴灭，如潮起潮落，来势汹涌，退也匆匆。是非成败转头空，供千秋评说。项羽失败了，他是怎样失败的？《项羽本纪》深透地揭示了它的原因。主要有四个方面。

“第一，兵法不精，以力斗智。第二，用人唯亲，贤才遭忌。第三，残暴不仁，失去民心。第四，政治幼稚，封王失计。这是项羽失败最致命的根本原因。鸿门宴被刘邦花言巧语忽悠，项羽政治幼稚已见端倪，鸿门宴后项羽不欲刘邦为秦王，报请怀王，怀王不允，回答说‘如约’，这使得项羽在政治上陷入了极端的被动，幼稚得可笑。怀王打压项羽，不让他西进击秦，降了他的主将地位，项羽不服，矫旨夺军，已经与怀王分道扬镳，还请示怀王干什么？项羽请示怀王等于是把共主地位拱手让给了怀王，已经是大为失计。请示未准，项羽就来一个大家都称王，项羽对诸侯们说：‘天下初发难时，假立诸侯后以伐秦，然身披坚执锐首事，暴露于野三年，灭秦定天下者，皆将相诸君与籍之力也。义帝虽无功，故当分其地而王之。’项羽入关，有人劝他说：‘关中阻山河四塞，地肥饶，可都以霸。’无论称帝或称王，占有关中就占有地利。项羽既然提出论功行赏，大家都称王，实际上把自己摆到了与诸侯同等的地位上，只是当霸主，当老大哥，彻底失去了称帝的机会，也没有理由占据刘邦打下的关中，只好东归彭城，迁怒怀王，把他逐走，又不惜用暗杀手段来泄愤，这更是错上加错，道德信义全都送给了刘邦。假如项羽在鸿门诛了刘邦，一脚踢开怀王，称帝关中，谁曰不然！项羽真的这样做了，与刘邦胜利后诛除功臣又有什么两样？有的论者认为项羽在鸿门放走刘邦是深明大义，他若杀了友军领袖，岂不要逼反诸侯将？这些论点看起来貌似有理，其实放在政治天平上，是经不起推敲的。项羽在军事上是一个巨人，在政治上恰是一个侏儒。阴谋手段并不是高明的政治斗争，当然不应赞许。但是，兵不厌诈，刘邦就是一个阴谋老手，刘邦却胜利了。既然刘邦为友军，他却派兵守函谷，先失一着，而后自来谢罪，项羽斩之名正言顺，何阴谋之有？看看后世，林冲火并王伦带来了梁山泊的兴旺；李自成谋杀罗汝才并不妨碍他入主北京，这些历史事实是很可以说明问题的。

“项羽分封，这一着棋，项羽彻底走错了，他把亲信将领封王善地，以为这样就可控制局面，殊不知诸将得地称王，就不听他的号令了，黥布封淮南王以后不听调遣就是一个典型例证。项羽封刘邦为汉中王，将三秦将章邯、董翳、司马欣封为三秦王来拒塞刘邦，实际上等于拱手将关中送与刘邦。一是关中三分而势弱；二是因项羽在新安坑杀了秦降卒二十余万，关中秦民恨透了三秦王。又，项羽封王，主观武断，未能处置好一些拥有实力的军事集团。山东田荣、河南彭越、河北陈馀皆被排斥在封王之外。所以项羽回彭城，还没来得及坐下来休息，这几个军事巨头就联合起来反抗项羽。刘邦趁机明烧栈道，暗渡陈仓，占了关中，杀出函谷，直捣彭城，端了项羽的老窝，幸亏项羽及时回救，在彭城打了一个大胜仗，才避免了过早的覆亡。项羽封王，争论最大。论者或曰，项羽分封代表旧贵族的割据势力，开历史的倒车，必然失败。这种观点值得商榷。公元前210年，秦始皇出游天下，巡行浙江，当时项梁、项羽叔侄随众观看，项羽情不自禁地说：‘彼可取而代也’。可见他不是不想当皇帝，不是一心想分封。但是如果认为，项羽分封是迫于形势，那就更不符实际。钜鹿之战，诸侯折服，强捷有力者皆归项羽旗下，成了他的部将。最大的异己刘邦，欲与项羽争衡，心有余而力不足，他像踩钢丝一样，冒死入虎穴乞和。当时，谁敢和项羽对抗？那项羽为何分封十八王？追本溯源应是范增劝项梁立楚怀王这一政治失计，给入世未久的项羽套上了绳索。项羽分封诸侯王，也是范增的策划。于是又有一种观点认为，范增非善谋之士，他对项羽的失败应负主要责任，这也是不妥当的。范增只是一个谋臣，听不听还在项羽，何况智者千虑之一失并不足以导致项羽的失败。分封固然是馊主意，但设计鸿门除害、王刘巴蜀，这些主意并不坏。问题是，范增的馊主意，项羽采纳了；范增的好主意，项羽拒绝了，最后把范增赶走了，重瞳子以亲疏画界，虽有一范增而不能用，不亡何待！而那个改姓刘的项伯，却是项羽言听计从的一个笨伯和内奸！

“由上分析，项羽封王失计，并不是代表旧贵族势力开历史的倒车。范增劝项羽急击刘邦，可见也是要争天下的。刘邦集团的谋臣郦其食也献策立六国后，被张良建言制止了。最后为了合击项羽，同一个张良建议刘邦封韩信、彭越为王，为了策反黥布也封了王。刘项封王，都是政治策略。不同的是，刘邦是在被动局面下利用封王的策略树羽之敌，壮大自己争取主动，项羽是在主动的鼎盛局面下，为了一个‘如约’而封王，恰恰是给自己树敌，显然是政治失计。设鸿门宴的主人项羽，当年才是一个二十七岁的马背上的将军，他还不懂得用阴谋手段诛除异己，而且以形势论，项羽并不需要搞阴谋手段。本来，项羽用范增的计谋，封刘邦为蜀王，想把他困在巴蜀，又是张良运动项伯说情，改封刘邦为汉中王。项羽这一改动，既负背约之名，而又实授关中之实，为一大失策。他在鸿门即使杀了刘邦，也担当不起靖乱安邦的历史重任。而刘邦多次出入险地，九死一生却安然无恙。鸿门宴上，项伯保了他；彭城战败了，丁公释放了他；荥阳出逃，有纪信替死；成皋逃出，项羽不察，这一切仿佛暗中有神灵保佑似的。怪不得司马迁发出了‘岂非天哉，岂非天哉!’的慨叹。以今天的观点来看，这‘天’就是历史必然之中的偶然取得了胜利，实质是一个老谋深算的中年战胜了一个鲁莽天真的青年，刘邦的胜利是必然的，项羽的失败是值得同情的。

上述项羽失败的四大原因，司马迁在《项羽本纪》的论赞中做了鲜明的提示，归纳为五个原因：第一，分裂天下，引起争斗；第二，背关怀楚，失去地利；第三，放逐义帝，诸侯叛乱；第四，自矜功伐，不行仁政；第五，专恃武功，失去民心。司马迁的批评，无疑是切合实际的。”(《论项羽》载《信阳师院学报》2009 年第 1 期)

二、论项羽

·补　白·

垓下歌

项羽

力拔山兮气盖世，时不利兮骓不逝。
骓不逝兮可奈何，虞兮虞兮奈若何！

题乌江亭

杜牧

胜败兵家事不期，包羞忍耻是男儿。
江东子弟多才俊，卷土重来未可知。

乌江亭

王安石

百战疲劳壮士哀，中原一败势难回。
江东子弟今虽在，肯与君王卷土来？

夏日绝句

李清照

生当作人杰，死亦为鬼雄。
至今思项羽，不肯过江东。

论　项　羽

项羽是秦汉之际时势造就的一位失败的英雄，用文学语言叫作“悲剧英雄”。西汉史学家司马迁在《史记》中特为项羽立本纪，精心撰写了一篇伟大的传记《项羽本纪》，被梁启超誉为《史记》十大名篇之一。司马迁集中笔墨刻画项羽的英雄形象，而于叙事之中揭示他失败的原因，真实地再现了项羽这一历史人物和秦汉之际的历史事势，具有很高的历史价值和文学价值。秦灭汉兴，刘邦攻下秦都咸阳，而灭亡暴秦的真正英雄是项羽，这是《项羽本纪》的历史价值；司马迁聚精会神用笔于钜鹿之战、鸿门宴、垓下突围自刎于乌江三件大事，生动地塑造了一个叱咤风云的悲剧英雄形象，这是《项羽本纪》的文学价值。

一、项羽灭秦，建立了盖世奇功

公元前 209 年七月，陈胜、吴广揭竿而起，向暴秦发难，天下云集响应。九月，项梁和项羽也在吴中起事，杀了会稽太守殷通。项梁自为会稽郡守和将军，任用项羽为裨将（副将），分派“吴中豪杰”为军吏，分头攻下会稽各县，整编队伍，有精兵八千人。

这年十二月，陈胜王兵败战死。广陵人召平领兵在广陵（今江苏扬州东北）作战，他急中生智，打着陈胜王的名义，拜项梁为楚国的上柱国（官名），催促项梁率兵北上，西击秦军。项梁安定了江东，也借机名正言顺率军渡江。项羽为先锋。这时大江南北，黄河内外，到处是起义军。因此北上的项梁军，没有遇上秦军的抵抗，沿途却吸收多支起义队伍。项梁渡淮，进驻下邳，已收编了六七万人。东阳陈婴，以及吕臣、黥布、蒲将军等都来归附。当时山东境内有一支势力较大的农民军，统帅秦嘉，他拥立了楚后裔景驹为楚王，独树一帜，不听陈胜王的号令，也阻挡项梁北上。秦嘉驻军彭城。项梁命项羽等，击败秦嘉，杀了景驹，进军薛城，会议诸将。居鄛人范增，年七十，好奇计，往说项梁立了楚怀王之孙熊心为楚王。这时，沛公刘邦也率军来归附。项梁十分欣赏刘邦，他命项羽与刘邦结拜为兄弟，两人并肩作战，突进中原。项梁将楚都定在盱眙城，自号武信君。这时楚军已发展到十余万人。

项羽和刘邦的联军为项梁打先锋。公元前 208 年六月项梁立了楚怀王。八月进兵东阿（今山东阳谷东北），大败秦军主力章邯。接着分兵追击。项梁领兵包围章邯于定陶。项羽、刘邦联军，西击秦军，攻克城阳（今山东鄄城东南）。接着又在濮阳以东大败秦军。项羽乘胜突入，转攻雍丘（今河南杞县），斩杀了李斯之子李由。李由为秦三川守，镇守军事重镇洛阳，李由带重兵东援章邯，被项羽斩杀。这是反秦义军诛杀的最高秦军统帅。项羽威名大振。

正当各支楚军节节胜利之时，由于项梁轻敌，秦将章邯在定陶经过休整和补充后，于公元前 207 年九月偷袭项梁军营，获得大胜。项梁军全军覆没，项梁被杀。这是反秦义军继陈胜王死后的又一次大挫折，河南反秦战争再次转入低潮。章邯移师河北围赵。在这转折关头，楚怀王熊心进驻彭城，会议诸将，重新部署了反秦战略。彭城会议，决定集中楚兵，分为两路击秦。一路，以宋义为将军率主力北上渡河救赵，项羽为裨将，范增为末将，黥布、蒲将军等皆受宋义节制。另一路，沛公刘邦由河南西进，从武关迂回攻击秦都咸阳，乘虚进兵。项羽报仇心切，要求与沛公刘邦西征，楚怀王不许，他认为项羽“剽悍猾贼，所过无不残灭”，命项羽随宋义北上救赵，与秦军主力决战。楚怀王与诸将约，谁先入关，谁做关中王。明显地，这是让刘邦做关中王。楚怀王借项梁之死削弱项羽势力，把西路军主将项羽降为北路军副将，而刘邦从西路军副将升为了主将，地位在项羽之上。项羽当然不服，从此与楚怀王有了矛盾。

公元前207年十月，宋义率领楚军北上，他畏惧秦军，不敢渡河，把军队屯驻在安阳（今山东曹县东），滞留四十六日不进。当时“天寒大雨，士卒冻饥”。项羽主张立即进军河北，既解赵国之围，又就食于河北，宋义不听，项羽诛杀了宋义，夺取了兵权。项羽有了军权，声威显赫。他大义凛然地向全军宣称：“宋义与齐国密谋造反，不北上救赵，我奉楚怀王的手令诛杀了他。现在立即渡河救赵，到那里去吃饱饭。”全军欢呼，众将军说：“项家将军原本就是我们的首领，楚怀王也是项家将军拥立的。现在项家将军杀了叛将，完全应该。”于是众将拥举项羽为主帅，大军立即前进救赵。

项羽挥师渡河，前进到了漳河南岸，与围困赵国的秦军隔岸相峙。这时秦军气盛，兵精粮足。包围钜鹿城的是秦将王离率领的驻守长城的精锐秦军，有二十余万。章邯所部亦二十余万，保护粮道，为王离军的后援。在战场上的秦军有五十余万。诸侯救赵的各路大军，在钜鹿外围扎下十几座营盘，每支军也有数万人，包括项羽楚军，有四十余万。但诸侯之军互不统属，都不敢单独与秦军作战，大家都作壁上观，秦军也不侵犯诸侯之军，只集中全力攻打钜鹿城。秦军的战略是，只要攻下钜鹿，各支诸侯军将不攻自破。钜鹿告急，赵国守将张耳派人出城督促城外赵军作战。城外赵军为陈馀率领，有数万之众。陈馀认为，赵军独进，好比以肉投饿虎，必将覆没。他分拨五千人试攻，一接触秦军，立刻被吞没。在这千钧一发之际，项羽没有被秦军的声威势大所吓倒。他首先派出勇将黥布率领两万人渡过漳河，占领滩头阵地。接着项羽亲率十几万楚军全军渡河，背水为战。项羽下令凿破渡船，打碎炊具，烧掉营落，每个战士只带三天干粮，表示了勇往直前，义无反顾的决心。这就是千古流传的破釜沉舟的故事。这一仗恰似后来韩信破赵的井陉之战，背水为阵，把全军置之死地而后生。十几万楚军，同仇敌忾，要杀出一条求生的血路，只有打败秦军，才能死中求活。因此，楚军斗志高昂，战士无不以一当十，奋勇杀敌，喊声震天动地。项羽在渡河的当天就发起了九次攻击，九战九胜。项羽直接打击的是攻城的王离军，留下章邯不打，也是各个击破秦军。结果楚军大胜，精锐的秦朝长城军急剧瓦解。项羽俘虏了秦军主帅王离，杀死了秦军副将苏角，秦军另一副将涉间自杀。最后，只有章邯军实力尚存，他顽固地与项羽相持半年多。最后秦朝大势已去，独木难支，才率领残兵二十余万，向项羽投降。

钜鹿之战，项羽全歼秦军主力，决定了秦朝覆亡的命运，有力地支援了刘邦向关中进军。公元前207年十月，刘邦早项羽两个月进入关中，秦王子婴向刘邦投降。刘邦封藏了府库，除秦苛法，与关中民约法三章，维护社会秩序，并展开政治宣传，大肆宣扬怀王之约，谁先入关，谁做秦王。于是“秦人大喜”，“唯恐沛公不为秦王”。刘邦拒绝项羽入关，派兵把函谷关把守起来。

刘邦攻下秦都咸阳，后来又建立了汉朝，按通常道理应是刘邦灭秦，西汉时人，无论皇室贵族、官僚士大夫和普通民众，都是这样认识的。但是司马迁不认为是刘邦灭秦，而把灭秦之功归于项羽，有着鲜明的论述，既有明写，又有暗写。《陈杞世家》曰：“伯翳之后，至周平王时封为秦，项羽灭之，有本纪言。”这是明写。《太史公自序》曰：“秦失其道，豪杰并扰；项梁业之，子羽接之，杀庆救赵，诸侯立之。”这里所说“项梁业之”，指灭暴秦之业，项梁开其端，项羽接其力，灭秦的标志是项羽杀庆救赵，钜鹿之战，消灭秦军主力，诸侯拥立项羽为共主。这是暗写项羽灭秦。《陈涉世家》记述了近二十支反秦义军，只字不提刘邦的沛公军。这是司马迁故作疏漏，目的就是不承认刘邦灭秦，而归功于项氏。《陈涉世家》说，陈王死后，“会项梁立怀王孙心为楚王”。又说：“陈胜虽已死，其所遣侯王将相竟亡秦，由涉首事也。”这也是暗写项羽灭秦。司马迁运用春秋笔法，指出灭秦大业是陈涉发难，项羽灭秦。这一论断不仅是打破了传统思维，而且也是反潮流思维，不合时论。这是汉王朝的统治者所不能容忍的，所以司马迁用暗写。但是一味暗写又恐读者不明，所以又用互见法在他篇中带出一句“项羽灭秦”的明写。司马迁表达“项羽灭秦”的观点是煞费苦心。

那么刘邦的功绩是什么呢？《太史公自序》说：“子羽暴虐，汉行功德，愤发蜀汉，还定三秦；诛籍业帝，天下惟宁，改制易俗。作《高祖本纪》第八。”项羽灭秦以暴易暴，刘邦的功绩就是诛灭项羽，平定暴乱，恢复了天下一统的秩序。秦汉之际的改朝换代，陈胜、项羽、刘邦，三人共建奇功。《秦楚之际月表》做了明确的定评。司马迁说：“太史公读秦楚之际，曰：初作难，发于陈涉；虐戾灭秦，自项氏；拨乱诛暴，平定海内，卒践帝祚，成于汉家。五年之间，天下三嬗。”司马迁的这些观点，得到了历代史家的公认。也就是说，项羽灭秦，建立了盖世奇功，这是历代史家的定评，至今没有异议。

二、楚汉相争，有一范增不能用

项羽接受章邯投降后，率领大军渡过黄河，然后西进，直指秦都。诸侯之兵，在秦朝许多曾为刑徒，痛恨秦人已极，一路上虐待秦降卒。二十余万秦降卒人心浮动，流露不满情绪。公元前207年十月，项羽行进至河南新安（今河南渑池县东），已得知刘邦入关。项羽怕入关后秦卒反叛，就在新安坑杀了二十余万秦降卒，制造了血腥的杀降惨案。早在北上渡江之初，项羽进兵河南，久攻襄城，“已拔，皆坑之”。所以司马迁评论说：“虐戾灭秦，自项氏。”项羽在反秦斗争中的这种复仇主义，虽是痛快一时，却大失人心，这是导致他成为悲剧英雄的一个重要的原因。

公元前207年十二月，项羽攻破函谷关，进驻鸿门。当时刘邦驻军霸上。刘、项两军相距四十里。项羽谋臣范增向项羽进言说："沛公居山东时，贪于财货，好美姬。今入关，财物无所取，妇女无所幸，此其志不在小，吾令人望其气，皆为龙虎，成五采，此天子气也。急击勿失。"于是项羽下令，全军戒备，连夜造饭，立即进攻刘邦军。刘邦军十万，没有打过大仗；项羽军四十万，从血战中滚过来，两军决战，刘邦将会全军覆没。

刘邦探知消息，连忙与谋士张良商议对策。张良与项羽叔父项伯是老朋友，张良救过项伯的命。项伯夜访张良，泄露军机，劝张良逃去。张良却趁机邀项伯见刘邦，促成两人结为兄弟和儿女亲家。就这样，项伯成了刘邦的耳目和楚军内奸。项伯要刘邦赶早到项羽军中谢罪，然后告辞连夜赶回，花言巧语劝项羽设宴款待刘邦。项伯对项羽说："若不是沛公打下关中，大王怎能不费力气就入关呢？现在人家立了大功，你还要去攻打他，这是不义的。明早刘邦来拜会大王，不如借机设宴款待，两家和好如初。"项羽答应了。

第二天清早，刘邦果然来到鸿门向项羽赔罪，项羽设宴招待，这就是历史上有名的鸿门宴。刘邦在宴会席上十分谦虚，坐在下首，情意恳切地对项羽说："我和将军同心协力灭了秦朝，将军在河北作战，我在河南作战。没料到我先进了关中，今天能在这里见到将军，实在是万幸。不知是哪个小人搬弄是非，挑动将军与我不和。我派兵守函谷关，是防止别人入关，恰恰是迎接将军。"心直口快，性情爽朗的项羽，被刘邦一顿迷魂汤，灌得心花怒放。他对刘邦说："你的左司马曹无伤派人来报告，说你要做关中王。不然，我哪能进攻你呢。"范增见项羽没有杀掉刘邦的意思，就把项庄叫来，让他舞剑。项庄知道范增让他舞剑的用意，于是一边舞剑，一边杀气腾腾地靠近了刘邦。项伯起身拔剑与项庄对舞，用身子保护刘邦。张良见情势危急，连忙去叫刘邦的侍卫官樊哙救驾。樊哙是一员猛将，他全身披挂，直撞军营，打倒守门的卫士，来到宴席边，瞪圆一双虎眼，愤怒地数落项羽说："楚怀王和诸将约定，先入关者为秦王，可是，沛公进关却秋毫无犯，等待大王来安排，想不到你竟听信小人的话，要杀害劳苦功高的人。你这样做和残暴的秦朝有什么两样！"项羽不知道樊哙这一席话是预先安排好的，一时对答不上来，沉默了一会，觉得理亏，顺口夸赞樊哙："好一个壮士，你请坐吧！"紧张的气氛缓和下来。老谋深算的刘邦，趁这机会，推说上厕所，招呼樊哙溜出军营，一溜烟逃回自己军营中。刘邦利用项羽年轻，缺乏政治斗争经验，又仗恃项伯内应，所以亲入虎穴，打探虚实，不仅化险为夷，而且弄清了内奸。他回到军营立刻杀了曹无伤。

刘邦赴会鸿门宴，有惊无险，虎口脱身，避免了在不利形势下与项羽决战，保存了实力。刘邦走后，范增十分遗憾而又颓伤地说："今天放走了刘邦，日后我们都要成为他的俘虏。"

鸿门宴后，项羽进兵咸阳。他杀了秦降王子婴，火烧秦宫室，三月不绝。有人劝他建都咸阳称帝，项羽却说："富贵不还乡，好比夜里穿绣花衣，没人知晓。"项羽放弃了称帝的机会，自称西楚霸王，而大封十八诸侯王。项羽认为分王诸侯，从此高枕无忧。殊不知封王诸侯犯了极大的错误，因为封国林立，必然要发生兼并战争。加之项羽主观独断，封王不公，他四月刚回到彭城，六月山东齐境就乱了套。齐王田市只是一个傀儡，军政权力掌握在田荣手中。田荣已据有齐境，因他没出兵援救项梁的定陶之战，项羽怀恨田荣，就用大封三齐王的办法来分裂齐国，架空田荣，当然这是行不通的。项羽又不封陈馀、彭越，这两人都在河北、河南中原地区拥有实力。田荣、陈馀、彭越三人联合起来发难。在公元前206年六月竖起了反叛项羽的大旗。项羽东征田荣，八月刘邦还定三秦，楚汉战争正式爆发。

田荣竖起反叛项羽的大旗，自称齐王。项羽大怒，率兵征讨。城阳一战，项羽打败田荣。田荣走保平原，平原士民杀了田荣，战争基本结束。可是残虐的项羽，愤怒齐民造反，大肆烧杀掳掠，激起齐地人民的反抗。田荣弟田横趁机收拾民心，立田荣之子田广为齐王，对抗项羽。这时刘邦已还定三秦。刘邦积极准备出关。他让张良写了一封信麻痹项羽。信中说，刘邦只是要做关中王，并不反叛项羽，而齐王才是楚国的死对头。项羽真的上了当，留在齐地镇压齐民。刘邦趁机出关，为义帝发丧，数落项羽罪责，号召天下诸侯共击项羽。刘邦派出使者联络诸侯，又以将军印赐彭越，令反梁地，在楚国心脏地区开花。刘邦强大的政治攻势，迎得了诸侯归心，纷纷派兵讨伐项羽。连项羽的心腹将九江王黥布也不服从项羽调遣，坐山观虎斗。公元前 205 年二月，刘邦率诸侯联军五十六万攻破楚都彭城，项羽此时还陷在齐地。刘邦以为天下已定，收取楚宫室美人宝藏，每日置酒高会。项羽闻听都城已破，赶忙从齐地回救。项羽精选三万骑兵，日夜兼程，绕在彭城之西，从萧县发起出其不意的进攻，由西向东向彭城推进。刘邦占领彭城以后，把大军布防在彭城以东，阻挡项羽回救。汉军意想不到项羽用轻骑兵从西边的空虚之处杀来。在彭城东面用重兵布防的汉兵未见一兵一卒楚军，而后方彭城已乱了套，被项羽打破了。在混乱中，汉兵不知楚军虚实，又正值大风沙，迎面不见人，一场混战，汉兵自相残杀，十几万人被推压在睢水中，睢水为之不流，项羽用三万精兵，打败刘邦的五十六万大军，获得了彭城大捷。这一以少胜多的光辉战绩是范增的光辉杰作。它把项羽的军事生涯推向了顶峰。

项羽乘彭城大捷，追击刘邦。刘邦的杰出战将，韩信在荥阳东南京索地区打了一场漂亮的阻击战，挫败了楚军，汉军这才凭借豫西山地在荥阳、成皋一线固守，楚汉两军都陷入胶着状态。刘邦在败逃中于下邑（今江苏砀山县东）召开军事会议，制定了持久战略。正面战场由刘邦亲自坐镇，在成皋地区阻击项羽，并把项羽吸引在坚城之下，欲攻不克，欲罢不能。用张良之计起用三大勇将，对项羽进行战略包围。其一，用韩信为将，开辟北方战场，扫平河北，进入山东，迂回包围楚国。其二，用彭越在楚国后方打游击，断粮道。其三，派说客随何入淮南说降九江王黥布，断项羽左臂，牵制项羽兵力，减轻正面战场的压力。刘邦策略一步步实现，项羽果然受阻成皋。

楚汉相持在成皋，汉兵众而弱，楚兵少而精。范增替项羽规划了破汉战略。集中兵力突破成皋防线，攻占洛阳，直指关中。只要楚兵打到洛阳，关中告急，刘邦的包围战略就将崩溃。彭城大捷后，诸侯又倒向项羽。韩信平定河北需要时日。黥布降汉，威胁项羽侧翼，亟须巩固。项羽派勇将龙且打破淮南，稳固了侧翼。公元前 204 年四月至九月，楚汉两军发生激战。项羽贯彻范增战略，于四月猛攻荥阳，汉王刘邦突围遁走，差点被楚军活捉。楚军攻破荥阳，杀汉将纪信，随后又攻破成皋。刘邦调虎离山，南下宛叶，吸引项羽南追，然后回军又夺回成皋。六月，楚军再破成皋，刘邦逃出至河北，夺了韩信之军，驻屯修武。然后命彭越、刘贾深入楚后方，攻下外黄、睢阳等十七城。项羽回救，刘邦率河北之军渡河收复了成皋、荥阳。项羽回军，楚汉再度相持，战线向东移于荥阳东广武山上。九月韩信向山东进军，十月破齐历下军，十一月，韩信又打败楚龙且救齐大军，稳定了齐境，完成了对楚国的战略包围。

项羽眼看就要打破汉军的成皋防线，却为何两度中了刘邦的调虎离山之计，功败垂成呢？原来在成皋吃紧之时，刘邦采用了陈平的离间计，制造流言，说范增、钟离眜有功不得侯，要投归汉王。项羽派到汉军的使者，刘邦摆下丰盛的宴席款待。还未开宴，却故作惊讶，说这是款待范增使者的，而重新摆出了粗劣食物款待楚使。项羽信用诸项子侄和妻兄弟，他们都是庸才，识不透刘邦的反间计。项羽不察，误听亲信之言，怀疑范增、钟离眜。范增一气之下离开了项羽，疽发背而死，钟离眜也被削弱了兵权。项羽身边既无谋臣，又无良将，只凭个人的血气之勇，刚愎自用，连连上当，胜势丧失殆尽，而刘邦则转败为胜，最终打败了项羽。

刘邦称帝后在洛阳宫摆下庆功宴会，要群臣总结楚灭汉兴的原因。高起、王陵说："陛下性情傲慢，喜欢凌辱别人；项羽性情仁厚，注意爱护别人。虽然如此，但是陛下用人攻城略地，攻下城邑就分封给他，与天下人共享利益；而项羽却嫉贤妒能，对有功的人加以伤害，对贤能的人轻易猜疑，打了胜仗不给人家授功，得了土地不给人家奖励，这就是失去天下的原因。"高祖刘邦说："公知其一，不知其二。"接着刘邦说出了一番楚亡汉兴而深切著明的道理。他说：

> 夫运筹策帷帐之中，决胜千里之外，吾不如子房。镇国

家，抚百姓，给馈饷，不绝粮道，吾不如萧何。连百万之军，战必胜，攻必取，吾不如韩信。此三者，皆人杰，吾能用之，此吾所以取天下也。项羽有一范增而不能用，此其所以为我擒也。①

三、乌江自刎，悲剧英雄落幕

公元前204年九月到公元前203年九月，刘邦与项羽对峙广武整整十三个月，战场沉寂，谁也吃不了谁。项羽斗勇，刘邦斗智，史称智力俱困，谁先后退谁失败。当刘项对峙广武期间，韩信、彭越都按兵不动，坐山观虎斗，公元前203年十月，刘项签订和约，以鸿沟为界中分天下。楚军高呼万岁，松懈斗志。项羽引兵东归，刘邦背信弃义，率领大军委随追击。由于项羽在灭秦战争和彭城大捷中建立的声威，尚能得士众心。所以在撤退中阻击刘邦于固陵（在今河南太康县南），大败刘邦。但这时的项羽已是强弩之末，而且是一支孤军，他吃不掉刘邦，于是刘项两军又在固陵对峙。刘邦派使者告韩信、彭越，许诺灭了项羽，把项羽的地盘瓜分给他们为王，还装模作样画了地图。韩、彭都在刘邦调遣下四面逼拢合围项羽，楚大司马周殷也叛降刘邦，引兵从淮南北上合围项羽。北边的彭城、东边的广陵，即今江苏扬州，已被韩信占领。公元前203年十二月，天寒地冻，范增的话果然应验了，项羽山穷水尽，被刘邦围困在垓下。这一回楚汉力量对比恰巧好颠倒过来，刘邦拥众四五十万，项羽只有十万。夜间，汉军四面大唱楚歌，迷惑项羽。项羽惊惶不解地说："难道汉军把楚地都占领了么？为何有这么多人唱楚歌？"项羽心烦意乱，一个劲地喝闷酒，他不理解自己为什么会落到这步田地？他让人牵来陪他南征北战的乌骓马，面对爱妾虞姬，禁不住唱起了离别的悲歌：

① 此番高祖君臣对话，见《史记·高祖本纪》，又见《汉书·高帝纪》。

力拔山兮气盖世，时不利兮骓不逝。

骓不逝兮可奈何，虞兮虞兮奈若何！

项羽一遍又一遍地慷慨悲歌，泪流不止，左右的人也一个个泣不成声，抬不起头来。英雄陷入了生离死别的窘境，他在痛苦的思索中得出结论，“时不利兮骓不逝”，这真是天真而执迷。项羽决定突围。东边西边的道路已被封堵，尚有南下钟离渡淮，取道东城经乌江渡口过长江回江东。此时虞姬自尽，了却了项王的牵挂。深夜，项羽决定突围退回江东，图谋东山再起。项羽下令全军突围，他率领八百多壮士在混战中冲了出去。次日清晨，汉军摸清了项羽突围的方向，骑将灌婴受诏令率领五千骑兵追击。项羽未等全军八百壮士渡过淮河，便率领一百余骑兵南驰东城，半道迷路，向一耕田老人问路，这位老者故意指错路，让项羽西行陷入阴陵大泽中。等到项羽重又向东，再向东城进发，此时汉军骑兵已经追将上来，项羽来不及进东城，抢先渡过清流关，然后东南行进，越过九头山，且战且走，最后在四隤山被汉军包围。此时项羽身边只剩下二十八骑。但是项羽仍不服输。他对部下说：“我起兵八年，身经七十余战，从没打过败仗，所以才称霸天下。今天走投无路，是天亡我，不是我不会打仗。不信，我再打一场痛快战给你们看。我要斩将、夺旗，并为你们解围。”说罢，项羽把二十八骑分为四队，面向四方，准备四面冲击。他对部队约定了冲出以后在四隤山的东面分为三处集合。一切准备停当，汉军也包围了上来，项羽一声大喊，犹如惊雷一样，汉军纷纷倒退，有的奔跑了好几里远。项羽纵马杀入重围，斩了一名汉将。项羽二十八骑按约定聚为三处。汉军分兵为三，重又包围了项羽。项羽再次杀入重围，又杀了汉军一名都尉，杀死汉军一百多，把三处人马聚集在一起，清点人数，只损失了两骑。项羽对部众说：“我说的怎么样？”部众敬服地说：“完全像大王说的一样。”

四隤山离乌江渡口只有三十里路程，片刻工夫，项羽一行来到乌江边，正好乌江亭长摆了一只渡船请项羽赶快渡江。乌江亭长对项羽说：“江东虽小，仍有方圆数千里，几十万老百姓，足可称王。现在只有臣一只船，汉军来了，没办法渡江。”项羽只要踏上渡船，便可安全渡江。此时项羽思绪万千。提起江东，他无限感慨。项羽对亭长说：“我带领江东八千子弟北上打天下，现在无一人生还，即使江东父老怜惜我，我项羽哪有脸见江东父老。难得你有一片好心，我把这匹乌骓马送给你吧！这匹战马伴我闯南走北，所向无敌，一日可行千里，我实在不忍心杀它，你好好看待它。”项羽望着眼前浩瀚的大江，回顾身后黑压压的追兵，英雄已经走到末路。项羽改变主意，不再渡江，他不能丢下身边的二十六骑一个人去苟且偷生，他要对江东八千子弟做出负责的交代。项羽赠马亭长后，让身边的二十六骑全都下马步战，宁为玉碎，勿为瓦全。下马步战，就是决死之战。项羽又杀死了几百个汉兵，项羽身受十几处重伤。这时项羽看到了汉军骑兵司马吕马童，说：“你难道不就是我的故人吗？我听说汉王悬赏千金买我的人头，还要封万户侯，我把这个好处送给你吧!”说完，这位叱咤风云的灭秦英雄，在江边拔剑自刎了。这时项羽年仅三十一岁。

项羽的人格魅力就是绝不服输，他乌江自刎，向不平的天公发出抗议。他垓下突围本意是渡过乌江返回江东，重整旗鼓与刘邦较量，但他到了乌江边，眼看在身边的二十六骑都不能保护，东山再起的希望破灭，于是毅然改变主意，不渡乌江，以战死沙场来谢幕。因此，项羽的乌江自刎，不是怯懦者无可奈何的逃避，而是勇敢者的人生顿悟，是英雄伟人的自觉承担历史责任的壮举。项羽赠马亭长，又送人头给故人，以德报怨，这与刘邦背信弃义，忘恩负义形成鲜明对照。司马迁精彩淋漓地写项羽乌江自刎，悲壮谢幕，就是要留给人间一片正气。乌江自刎，是《项羽本纪》对项羽的重彩浓抹，对项羽这一艺术形象的精心刻画。一位顶天立地的英雄，屹立天地间，永久活在人们心中。乌江人民世代敬仰，在项羽自刎处立庙祭奠，至今巍峨壮观。

生当作人杰，死亦为鬼雄。

至今思项羽，不肯过江东。

这首《夏日绝句》是宋代女词人李清照怀着对项羽的崇敬心情留下的绝唱，它表达了千百年来人们对项羽英雄气概的肯定，这也正是《项羽本纪》所要阐扬的精神。

从上述的内容评述中，可以清楚地看出司马迁的思想倾向，他同情和惋惜项羽，所以《项羽本纪》不以编年纪事，而用传体精心布局，选择典型事例塑造项羽的英雄形象。前文所引《太史公自序》云："秦失其道，豪杰并扰；项梁业之，子羽接之；杀庆救赵，诸侯立之；诛婴背怀，天下非之。作《项羽本纪》第七。"这段话，表现了司马迁的卓越史识，他不以成败论英雄，把项羽的贡献放在秦末人民反暴秦的生死斗争转折关头来评价，充分肯定了项羽的历史地位，把项羽作为一个悲剧英雄来讴歌，实在难能可贵。可以说，若无司马迁之识，就无项羽的形象留在高文典册中了。

四、潮起潮落，项羽失败的原因

项羽兴灭，如潮起潮落，来势汹涌，退也匆匆。是非成败转头空，供千秋评说。项羽失败了，他是怎样失败的？《项羽本纪》深透地揭示了它的原因。主要有四个方面。

第一，兵法不精，以力斗智。项羽是楚国世代将家之后，将门虎子，天生会打仗。项羽的祖父项燕是楚国的名将。公元前224年曾大破秦将李信军二十万。接着，秦将王翦率六十万大军来灭楚，项燕寡不敌众，兵败自杀。第二年，秦灭楚，项羽仅十岁。秦始皇通缉项氏，项羽随叔父流落到吴中避难。国破家亡的悲痛，流亡生活的凄惨，在项羽幼小的心灵中埋下了仇恨暴秦的种子。为报国仇家恨，他立志学"万人敌"。项梁教他兵法，他很高兴。但是，项羽"略知其意，又不肯竟学"。项羽的这一粗犷的性格，使得他没能把兵法学到家。项羽打仗，长于治兵置阵，摧锋挫敌，而不足于权谋，疏于筹略，可以说这是他演成兵败自杀的原因之一。项羽天真地要与刘邦单打独斗来决胜负，刘邦说："吾宁斗智，不能斗力。"项羽力能扛鼎，就自以为天下无敌，殊不知逞个人之能，只是匹夫之勇，用智是合众人之力，力不能胜智是明摆着的。

第二，用人唯亲，贤才遭忌。刘邦起兵，投靠项梁，与项羽约为兄弟，经常并肩作战。而第一个起来与项羽争天下的却是刘邦。这使得项羽错误地总结了生活和政治的经验，猜忌功臣，最听信项伯等亲戚的话，把人才都赶到刘邦那里去了。能征善战的韩信，得不到项羽的重用，给刘邦当了大将；足智多谋的陈平，背叛项羽，给刘邦当谋臣；甚至替项羽打天下的先锋将淮南王黥布也让刘邦挖了墙脚；而项羽最信任的项伯却是一个内奸。项它、项声、曹咎、司马欣这些亲信将领一个个都是草包。项羽派出的外交人员也都是笨伯，出使汉军中的人中了刘邦的反间计，出使淮南的人帮助随何把黥布推向了刘邦。钟离眜坚守了广武阵地反而遭到了项羽的猜疑，仅有的一个谋臣范增而不能用。项羽如此草莽，焉能不败。

第三，残暴不仁，失去民心。项羽性情刚烈，直率粗暴，又由于国仇家恨的刺激演化成"悍猾贼"，残暴不仁。项羽只知杀戮、力战，不懂得争取民心，所过无不残灭。他攻襄城，久攻不下，已拔，尽坑之。他收降了秦卒二十余万，也不知处置，尽坑之。在灭秦中的这种简单的复仇行为与人民反暴秦的朴素心理相合拍，所以还能得到诸侯将的拥护。可是项羽入关屠咸阳，杀秦降王子婴，入山东烧夷齐城郭，屠杀齐民，这是因迁怒刘邦、田荣而报复人民，这就是毫无道理，而是为渊驱鱼，为丛驱雀了。司马迁批评说，"汉行功德，子羽暴虐"，一点也不错。所以在楚汉战争中，项羽胜利越多，敌人越多，直到四面楚歌而后已。

第四，政治幼稚，封王失计。这是项羽失败最致命的根本原因。鸿门宴被刘邦花言巧语忽悠，项羽政治幼稚已见端倪，鸿门宴后项羽不欲刘邦为秦王，报请怀王，怀王不允，回答说"如约"，这使得项羽在政治上陷入了极端的被动，幼稚得可笑。怀王打压项羽，不让他西进击秦，降了他的主将地位，项羽不服，矫旨夺军，已经与怀王分道扬镳，还请示怀王干什么？项羽请示怀王等于是把共主地位拱手让给了怀王，已经是大为失计。请示未准，项羽就来一个大家都称王，项羽对诸侯们说："天下初发难时，假立诸侯后以伐秦，然身披坚执锐首事，暴露于野三年，灭秦定天下者，皆将相诸君与籍之力也。义帝虽无功，故当分其地而王之。"项羽入关，有人劝他说："关中阻山河四塞，地肥饶，可都以霸。"无论称帝或称王，占有关中就占有地利。项羽既然提出论功行赏，大家都称王，实际上把自己摆到了与诸侯同等的地位上，只是当霸主，当老大哥，彻底失去了称帝的机会，也没有理由占据刘邦打下的关中，只好东归彭城，迁怒怀王，把他逐走，又不惜用暗杀手段来泄愤，这更是错上加错，道德信义全都送给了刘邦。假如项羽在鸿门诛了刘邦，一脚踢开怀王，称帝关中，谁曰不然！项羽真的这样做了，与刘邦胜利后诛除功臣又有什么两 样？有的论者认为项羽在鸿门放走刘邦是深明大义，他若杀了友军领袖，岂不要逼反诸侯将？这些论点看起来貌似有理，其实放在政治天平上，是经不起推敲的。项羽在军事上是一个巨人，在政治上恰是一个侏儒。阴谋手段并不是高明的政治斗争，当然不应赞许。但是，兵不厌诈，刘邦就是一个阴谋老手，刘邦却胜利了。既然刘邦为友军，他却派兵守函谷，先失一着，而后自来谢罪，项羽斩之名正言顺，何阴谋之有？看看后世，林冲火并王伦带来了梁山泊的兴旺；李自成谋杀罗汝才并不妨碍他入主北京，这些历史事实是很可以说明问题的。

项羽分封，这一着棋，项羽彻底走错了，他把亲信将领封王善地，以为这样就可控制局面，殊不知诸将得地称王，就不听他的号令了，黥布封淮南王以后不听调遣就是一个典型例证。项羽封刘邦为汉中王，将三秦将章邯、董翳、司马欣封为三秦王来拒塞刘邦，实际上等于拱手将关中送与刘邦。一是关中三分而势弱；二是因项羽在新安坑杀了秦降卒二十余万，关中秦民恨透了三秦王。又，项羽封王，主观武断，未能处置好一些拥有实力的军事集团。山东田荣、河南彭越、河北陈余皆被排斥在封王之外。所以项羽回彭城，还没来得及坐下来休息，这几个军事巨头就联合起来反抗项羽。刘邦趁机明烧栈道，暗渡陈仓，占了关中，杀出函谷，直捣彭城，端了项羽的老窝，幸亏项羽及时回救，在彭城打了一个大胜仗，才避免了过早的覆亡。项羽封王，争论最大。论者或曰，项羽分封代表旧贵族的割据势力，开历史的倒车，必然失败。这种观点值得商榷。公元前210年，秦始皇出游天下，巡行浙江，当时项梁、项羽叔侄随众观看，项羽情不自禁地说："彼可取而代也。"可见他不是不想当皇帝，不是一心想分封。但是如果认为，项羽分封是迫于形势，那就更不符实际。钜鹿之战，诸侯折服，强捷有力者皆归项羽旗下，成了他的部将。最大的异己刘邦，欲与项羽争衡，心有余而力不足，他像踩钢丝一样，冒死入虎穴乞和。当时，谁敢和项羽对抗？那项羽为何分封十八王？追本溯源应是范增劝项梁立楚怀王这一政治失计，给入世未久的项羽套上了绳索。项羽分封诸侯王，也是范增的策划。于是又有一种观点认为，范增非善谋之士，他对项羽的失败应负主要责任，这也是不妥当的。范增只是一个谋臣，听不听还在项羽，何况智者千虑之一失并不足以导致项羽的失败。分封固然是馊主意，但设计鸿门除害、王刘巴蜀，这些主意并不坏。问题是，范增的馊主意，项羽采纳了；范增的好主意，项羽拒绝了，最后把范增赶走了，重瞳子以亲疏画界，虽有一范增而不能用，不亡何待！而那个改姓刘的项伯，却是项羽言听计从的一个笨伯和内奸！

由上分析，项羽封王失计，并不是代表旧贵族势力开历史的倒车。范增劝刘邦急击刘邦，可见也是要争天下的。刘邦集团的谋臣郦食其也献策立六国后，被张良建言制止了。最后为了合击项羽，同一个张良建议刘邦封韩信、彭越为王，为了策反黥布也封了王。刘项封王，都是政治策略。不同的是，刘邦是在被动局面下利用封王的策略树羽之敌，壮大自己争取主动，项羽是在主动的鼎盛局面下，为了一个"如约"而封王，恰恰是给自己树敌，显然是政治失计。设鸿门宴的主人项羽，当年才是一个二十七岁的马背上的将军，他还不懂得用阴谋手段诛除异己，而且以形势论，项羽并不需要搞阴谋手段。本来，项羽用范增的计谋，封刘邦为蜀王，想把他困在巴蜀，又是张良运动项伯说情，改封刘邦为汉中王。项羽这一改动，既负背约之名，而又实授关中之实，为一大失策。他在鸿门即使杀了刘邦，也担当不起靖乱安邦的历史重任。而刘邦多次出入险地，九死一生却安然无恙。鸿门宴上，项伯保了他；彭城战败了，丁公释放了他；荥阳出逃，有纪信替死；成皋逃出，项羽不察，这一切仿佛暗中有神灵保佑似的。怪不得司马迁发出了“岂非天哉，岂非天哉!”① 的慨叹。以今天的观点来看，这“天”就是历史必然之中的偶然取得了胜利，实质是一个老谋深算的中年战胜了一个鲁莽天真的青年，刘邦的胜利是必然的，项羽的失败是值得同情的。

上述项羽失败的四大原因，司马迁在《项羽本纪》的论赞中做了鲜明的提示，归纳为五个原因：第一，分裂天下，引起争斗；第二，背关怀楚，失去地利；第三，放逐义帝，诸侯叛乱；第四，自矜功伐，不行仁政；第五，专恃武功，失去民心。司马迁的批评，无疑是切合实际的。本文的分析，若加上失去关中地利，也是五个原因，与司马迁归纳的阐释，精神是一致的。

① 《史记·秦楚之际月表序》

楚 汉 相 争

秦朝灭亡后，刘邦与项羽两人争夺天下，司马迁称其为平乱诛暴的统一战争，史称楚汉相争。楚强汉弱，项羽凭的是力，善于征战，刘邦凭的是智，用谋略取胜。本题研讨刘邦的谋略规划与项羽力争的较量，阐释楚汉相争以弱胜强的历史大事变，分为三个部分来谈。

一、刘项双方战略

公元前207年十二月，刘邦与项羽在鸿门会盟，史称鸿门宴，表面上是刘项和解，实质是刘项矛盾公开化的一次外交调解，拉开了楚汉相争的序幕。由于楚强汉弱，刘邦要取胜项羽，必须用智，而刘邦手下恰恰有一大帮谋士，张良、陈平、郦食其、随何都是奇士。韩信不但善用兵，而且善用计，战略决策不在张良、陈平之下。项羽手下也有一个奇士范增，由于项羽“奋其私智”，“谓霸王之业，欲以力征经营天下”，所以有一范增而不能用。楚汉相争必然成了智与力的决斗，楚亡汉兴也成了历史上人谋取天下的经典战例。双方谋略，主要评说汉王一方的随形规画。

1. 汉王灭楚大计

汉王用智，立足于洞察天下大势，而能又紧跟形势，及时做出战略调整，故能立于不败之地。公元前 206 年四月，诸侯各就国，五月刘邦在汉中筑坛拜将，由刘邦与韩信一问一答中提出制定取天下的策略，称为“汉中对策”。随后，刘邦于八月出兵关中，楚汉相争正式上演。公元前 205 年五月，刘邦从彭城败还，在败逃途中于下邑召开紧急军事会议，调整战略，称为“下邑画策”，为刘邦谋士张良等人提出。分说于次。

(1) 对策汉中，刘邦东出。汉元年（公元前 206 年）五月，汉王在南郑的练兵场上筑坛举行了隆重的拜将礼。这是汉王进入汉中兴办的第一件大事。拜将大礼成了激励士气的一项盛典。汉王部属，日夜思归。汉王举行拜将大礼，表示整军讲武，是东出的前奏，全军有了盼头，人人欢欣鼓舞。萧何做了认真的准备。午时正刻，汉王登上祭坛，由萧何主司仪。先由汉王祭拜天地，再祭拜祖宗，接着举行拜将大礼。全军注视接印大将何许人也，出乎所有人的意料，原来接印大将竟是新来的治粟都尉韩信，全军皆惊。中国历史上一颗杰出的将星，就这样在汉王建筑的拜将坛上冉冉升起。开汉家四百年基业的军事家韩信，此刻正式登上了安邦定国的政治历史舞台。

拜将礼毕，汉王推韩信坐上座。汉王向韩信咨问天下大计，韩信有条不紊，一吐胸中韬略，提出了楚汉相争的纲领。韩信对策考虑周全。孟子有言：“天时不如地利，地利不如人和。”孟子分析战争胜败三要素，天时、地利、人和，三者之中人和最重要，因为“得道者多助，失道者寡助。寡助之至，亲戚畔之；多助之至，天下顺之。以天下之所顺，攻亲戚之所畔；故君子有不战，战必胜矣”（《孟子·公孙丑下》）。楚汉相争，论天时，由于项羽背义帝之约，分宰天下不平，诸侯叛之，借众力以斗项羽，项羽虽强，独木难支，趁乱东出，此其时也。论地利，项羽不居关中形胜，又封秦民所怨三秦王，只要汉王东出，“三秦可传檄而定”，岂非天意以三秦资汉王者乎？论人和，汉王更胜项王一筹。“项王所过无不残灭者，天下多怨，百姓不亲附”；而汉王

“秦民无不欲得大王王秦者”。这是说，百姓亲附汉王，汉王东出，“以义兵从思东归之士，何所不散！”汉王部属是山东人，高举义旗，打回老家，全军拥护，所向无敌，战士亲附汉王。项羽虽仁爱，“言语呕呕”，婆婆妈妈，妇人之仁，只能博得那些好面子多礼仪的书呆子们拥护；而汉王慢易，说话粗鲁，但胸怀大度，有功重奖，“以天下城邑封功臣，何所不服”，那些攻城夺地的勇士们都归到汉王旗下，这是说将相人才亲附汉王。单打力斗，逞匹夫之勇，汉王不如项王，而纵观天下大势，天时、地利、人和，汉王远胜项王，楚汉相争，必然是刘胜项败，韩信分析得清楚明白。如何东出，有步骤，有方略。这第一步就是不失时机，还定三秦，长远方略，则是收民心，智胜项王。

韩信说完，汉王心悦诚服，非常高兴，“自以为得信晚”。于是汉王全面采纳韩信计谋，部署诸将日夜操练，做好战备，听从韩信调遣。

韩信五月拜将，八月就兵出秦川。“明修栈道，暗渡陈仓”，取得突击效果，一举拿下陈仓，获得大量军实。汉王入汉中，用张良之计，火烧栈道，麻痹项羽，表示无东归之意（火烧的栈道，是指关中中段入汉中的最近道路褒斜道。韩信要从褒斜道上出兵，就必须要先修复栈道）。汉元年（公元前206年）六七月，韩信督率大军民工冒着酷暑修复栈道，这一行动就是进军的信号。只要修栈道，就把章邯的注意力吸引到秦川中段偏西的眉县一带褒斜道北端的斜谷口。由于修复栈道尚需时日，没有一年半载，不能完工。为了日后的大军补给，韩信修复栈道也是认真地在进行。章邯的探马报告的却是实情，而短时间韩信又修不好栈道，章邯要以逸待劳，可以说章邯暂时还没把韩信修栈道的事放在眼里，在他看来汉王刚入汉中，没能力出兵东进。韩信抓住章邯的这一心理，巧妙地打了一个在修复栈道的过程中的时间差，在汉元年八月从陈仓故道出兵偷袭陈仓，打了章邯一个措手不及。韩信初战得手，乘胜扩大战果，以迅雷不及掩耳之势，闪电般推进，分兵四出攻击三秦王。仅用一个月时间，韩信就打通了八百里秦川。汉元年八月，雍王章邯被围困于废丘，塞王司马欣、翟王董翳望风而降。章邯弟章平与原秦将赵贲等退守陇西、北地，负隅顽抗，为章邯外援，等待项羽驰援。

项羽闻警，但他被田荣的反叛所牵制，没有及时率兵西征，而是以项梁、项羽避难吴中时相识的故吴令郑昌为韩王，驻防颍川拒汉兵。项羽在紧要关头用人唯亲，将重大军事任务用以酬劳故旧，失策之至。

汉二年（公元前205年）二月，汉王从汉中进入关中，正式废除秦社稷，更立汉社稷，临时定都栎阳。萧何为丞相，留守都城。

三月，汉王集中关中诸军，浩浩荡荡东出，正式打出讨伐项王旗号。汉军从临晋渡过黄河，西魏王魏豹与汉军联合。接着汉军攻下河内，虏殷王司马卬，置河内郡。汉军从平阴津南渡至洛阳。汉王在洛阳采纳新城邑（今河南伊川县西）的一位乡官三老董公的建言，为义帝发丧，亲自吊丧三日，“袒而大哭”，并派出使者与诸侯联合，宣告项羽罪恶。檄文说：

> 天下共立义帝，北面事之。今项羽放杀义帝于江南，大逆无道。寡人亲为发丧，诸侯皆缟素。悉发关内兵，收三河士，南浮江汉以下，愿从诸侯王击楚之杀义帝者。（《史记·高祖本纪》）

汉将韩信充分利用秦民拥戴汉王的政治优势，趁项羽伐齐无暇西顾这一战机，大胆地置关中残敌于不顾，与汉王亲率主力，于汉二年十月东出函谷关，十月驻兵于陕县（在今河南三门峡市西）。此时，张良，以及赵王张耳前来归汉。

汉二年（公元前205年）十月，项羽举大兵东击齐，欲先安定后方，再率兵西向。韩信东向出关至陕，则是尽力向中原推进，确保关中，扩大领地。这是一着妙棋，在政治和军事上至少有三方面的收获。第一，阻断章邯与项羽的交通，汉军在关中对章邯形成关门打狗之势，章邯只能坐以待毙。第二，汉王大张声势，与诸侯交通，安抚关外父老。第三，韩信出关，趁新韩王郑昌立足未稳，夺取韩地。

十一月，河南王申阳降，汉立河南郡。韩信击破韩王郑昌，汉更立韩太尉韩信为韩王，为汉南翼屏障。至是，汉王帐下两韩信。一是大将淮阴人韩信，一是韩王韩太尉韩信。

刘邦的这一着棋影响极大，汉军成了正义之师。强大的政治攻势，迎得了诸侯归心，他们纷纷派兵讨伐项羽。连项羽的心腹大将九江王黥布也不服从项羽的调遣，坐山观虎斗。韩信率领的汉军只有三万人，自汉元年八月出兵，到汉二年四月兵进彭城，在短短八个月的时间，由西向东横扫了大半个中国，还定三秦、攻略韩地，一路高奏凯歌，直捣楚都彭城，端了项羽的老窝，兵众从三万发展到五十六万，几乎扩大了二十倍。如此大军，韩信运筹调度，有条不紊，他自称领兵“多多益善”，初露头角。萧何称赞韩信是“国士无双”。

（2）下邑画策，峰回路转。汉二年（公元前205年）四月，汉军攻占彭城，项羽陷入齐地，汉军若乘胜追击，联合齐军在山东围歼项羽，楚汉战争可提前三年结束。由于汉兵一路顺风，没有遮拦地进入了彭城，汉王志骄意得，以为天下已定，收取楚宫室美人宝藏，日置酒高会。

项羽闻听都城已破，赶忙从齐地回救。项羽精选三万骑兵，日夜兼程，绕在彭城之西，从萧县发起进攻，在黎明夜幕下由西向东向彭城推进。刘邦占领彭城以后，把大军布防在彭城以东、以南，阻挡项羽回救。汉军意想不到项羽用轻骑兵从西边的空虚之处杀来。在彭城东面和南面用重兵布防的汉兵未见一兵一卒楚军，而后方阵地已乱了套，在混乱中，汉兵不知楚军虚实，一场混战，汉兵自相残杀，十几万人被推压在睢水中，睢水为之不流。汉兵溃散，刘邦突围时，正值大风沙，迎面不见人，刘邦才得以逃脱。项羽用三万精兵，打败刘邦的五十六万大军，获得了彭城大捷。这一以少胜多的战例是范增的杰作。它把项羽的军事生涯推向了顶峰。

由于楚军大获全胜，诸侯倒向，齐、赵与楚连和，魏豹反叛汉王，彭越丧失城邑，汉王处于孤立境地，项王恢复了盛强。

楚军彭城大捷，项羽进入彭城收拾残局，他没有亲自乘胜追歼刘邦，让刘邦脱逃，这是项羽的失策。也就是说，彭城大战之前与之后，刘项两人各丧失了一次追击穷寇而获全胜的时机。在天时的利用上，刘项两人打了个平手。

汉军彭城溃败，引起了汉王与策士张良的深思，意识到楚汉相争将是一场持久的较量，如何夺取胜利，需要认真总结失败原因，分析整个战局形势，筹划全盘战略方案，要一步一步周密地规划作战，再不能犯骄傲、被动作战的错误。

刘邦退逃到下邑（秦县名，在今安徽砀山），召开了紧急的军事会议。这里是汉王反秦时的基地，群众基础好。吕后兄吕泽在汉王东进时起兵于下邑，下邑兵人数不多，却都是可靠的家乡子弟兵。汉王与张良等在西逃中前往下邑，靠拢吕泽，收聚散卒，获得了喘息的机会。汉王刚刚摆脱了险境，来不及休息，就急切地问计于张良，张良于是规划了楚汉持久的战争方略，这就是"下邑画策"。张良说："九江王黥布，楚枭将，与项王有隙；彭城与齐王田荣反梁地，此二人可急使。而汉将独韩信可属大事，当一面。即欲捐之，捐之此三人，则楚可破也。"

这就是张良下邑画策的总体方略，其核心是调动韩信、彭越、黥布三方力量与汉王自率的汉兵四方配合作战，打一场持久战来蚕食项羽，并最终消灭项羽。这一战略包括了对敌、我、友三方的历史与现实格局的分析，还运用了间敌与统战的策略，有四大要点和三个步骤，试分析如下。

其一，瓦解项氏集团，建立汉兵南翼战线。项羽伐齐，九江王黥布称病不出，彭城大战，决定项王生死命运，黥布坐山观虎斗，张良从中看出了黥布与项王已产生了裂痕。黥布是项王手下第一枭将，如果黥布反楚归汉，不仅削弱了项氏集团，而且在政治上、心理上对项王将是沉重打击。黥布所处地理位置，是楚国的大后方，又是汉兵的南翼。只要黥布按兵不出，项王就要分力，尤其是当前汉兵溃败，只要黥布拖住项王几个月时间，汉王就可重组力量，这是至关重要的一着，是成败的关键。汉王称是。他立即考虑派出最能干的使者去完成重任。汉王退逃至虞城（在下邑西，今河南虞城北），对谒者随何说："公能说九江王布使举兵畔楚，项王必留击之。得留数月，吾取天下必矣。”（《汉书·高帝纪》）随何往说黥布，黥布果然叛楚。

其二，争取中间力量，乱楚后方。彭越是朝秦暮楚的中间力量，是汉军灭楚建立统一战线的首选人物。第一，彭越可独当一面，是一员勇将；第二，彭越恨项羽最深，项羽不仅没有分封彭越，反而夺取他的梁地；第三，彭越的基础在梁地，这是项羽的心脏地区，彭越反楚如同一把尖刀插在楚军的心脏上，乱其后方，断其粮道，破坏楚军的供应，项羽就不能深入，而且腹背受敌。成皋对峙，项羽疲于奔命，顾了前方顾不了后方。

其三，放手韩信，开辟北翼第二战场。韩信有独当一面之才，放手让其发挥才能建立奇功。韩信如果待在汉王手下做参谋，无法尽其才能，还要重蹈彭城之败，甚而背汉也未可知。韩信在汉中对策中对刘邦说：“以天下城邑封功臣，何所不服!”韩信要功名，后来他的悲剧就因于此。汉王正当用人之际，不能不放手使用韩信，充分调动他的积极性。若不放手韩信去开辟北方战场，完成对项羽的战略包围，只在正面与项羽作战，楚汉两军势必只能硬拼，楚强汉弱，对汉不利。张良反问汉王：“你不是要分封土地与功臣吗？那就分封给韩信、彭越、黥布三人好了，那么楚国是一定可以打破的。”韩信能为汉王打下半壁江山，多亏了张良的力谏与下邑画策方略。

其四，汉王正面拒敌，牵制项王。张良在回答中没有谈到汉王，因为韩信、彭越、黥布三人都能独当一面，正面拒敌者当然是汉王。汉王扼守荥阳、成皋，正面吸引项王，守险不战，消耗楚军，以待侧翼发展，积小胜为大胜，转弱为强。

以上是张良下邑画策的四大要点，它是放眼全局的一个总体作战方略，四个方面军全部发动起来，项羽将陷于前后左右四面受敌之中。汉王在正面，黥布在南翼，韩信在北方，彭越在项羽背后。要实现四个方面军的全面联动与完成对项羽的战略包围，需要时间，所以这个战略是一场人谋规划的持久战。

执行下邑画策的当务之急，是要打一场胜仗，阻止项羽西进，使汉军在荥阳、成皋一线站稳脚跟，这是第一步。第二步，就是汉王守险拒敌，全面实施下邑画策，乘势转入相持。第三步，四个方面军全面联动合围之日，就是楚汉相争结束持久战之时。最后总攻，歼灭项羽。

下邑画策的提出是在汉二年（公元前205年）四月汉军溃逃途中。有了正确的战略决策，汉军士气振作起来，峰回路转。汉王君臣、全军上下，全力投入对项羽的阻击作战，争取第一步的胜利。汉二年五月，汉军在京索阻击成功，楚汉对峙成皋，直到汉四年（公元前203年）九月对峙结束，前后共三十一个月，史称成皋之战。接着垓下会战，一战歼灭项羽，战争进程完全按下邑画策预计的计划进行，显示了这一策略的正确性。

韩信汉中对策与张良下邑画策，共同构建了楚汉战争的人谋预演，早于诸葛亮隆中对策人谋规划三分天下四百余年。张良规划全国大统一，诸葛亮规划局部统一。历史条件不同，成功大小有异，而人谋预演历史，是他们的共同之点，非命世之才，不能有此杰作。陈寿评诸葛亮称其为良平之亚，极为中肯。良平者，张良、陈平也。陈平归汉与张良同在汉王军中为画策臣。汉二年三月，汉王东进击降殷王司马卬时，陈平渡河归汉，随同进军彭城。下邑画策，亦当有陈平参与。

2. 项王亚父范增奇计

范增是秦末乱世涌现出的一个大谋士。他是秦居鄛县（今安徽桐城南）人。范增善奇计，投靠项梁为谋士。项梁死后，范增随项羽北上救赵，项羽尊为“亚父”。项羽心胸狭窄，有妇人之仁，用人唯亲，信人不专，当范增之计与项羽亲叔父项伯相左时，项羽不辨是非，总是倒在项伯一边。鸿门宴放走刘邦，是项伯破了范增之计，此时项伯不自觉成了项王的内奸。以后一步步堕落成了自觉的内奸。项羽分封十八王，原本分封汉王的土地只有巴蜀，这是范增之计。张良运动项伯加封汉王汉中地，在军事态势上就有了还定三秦的前沿阵地。项羽分封三个秦朝降将章邯、董翳、司马欣为三秦王，其实是构筑了封锁刘邦东出的一道防线。又是张良用计，让刘邦入汉中明烧栈道，麻痹项羽，韩信暗渡陈仓，灭了三秦王，打破了项羽的封锁。张良配合韩信还定三秦，致书项王说，汉王只是欲得关中而已，又一次麻痹项羽没有及时从齐地撤出，丧失了救援三秦王的战机。

汉王兵破楚都彭城，把重兵布置在彭城的东面和南面。东面防守项羽回军，南面防守黥布北上。范增用奇计，使项羽率领三万轻骑兵绕出彭城之西，凌晨在萧县从背后发起对汉军的进攻，楚兵三万破汉兵五十六万，取得大胜，汉王败逃，诸侯转向，又回到了楚强汉弱的态势。项羽擅长攻坚，突击，以骑兵为军魂。范增奇计是充分发挥项羽用兵的特点，制定快速决战方略，打破汉王的持久战略。彭城大战后，楚汉对峙成皋，进入相持，范增制汉策略，要点也有四项：

第一，拒绝汉王提出的割荥阳以西归汉的要求和建议，加紧进攻，争取速决。

第二，派人前往淮南说服九江王黥布出兵武关、西击关中。

第三，联合齐、赵，共同打击汉王。

第四，由项羽亲率大军攻击荥阳，切断汉军运输粮道，再进取成皋，西入函谷关，与黥布会师关中。

双方战略的主战场在河南，刘邦与项羽直接对决。刘邦依托荥阳、成皋的丘陵地带，坚固防守，御敌项羽于洛阳之东。项羽攻坚，突破汉王的荥阳、成皋防线，长驱直入关中。双方都需要侧翼的配合。汉王派韩信在河北开辟第二战场，派随何出使淮南说降黥布归汉，迟滞了项羽的进攻，打破了范增的战略，楚汉相争转入相持。

二、楚汉成皋之战

成皋对峙，通称成皋之战，它是楚汉战争的相持阶段，也是楚汉相争的主战场和正面战场。汉王刘邦与楚王项羽直接对抗，一方用智，一方用力，是典型的智与力的决战。此役起于汉二年（公元前 205 年）六月，讫于汉四年（公元前 203 年）九月，历时两年零五个月（加一个闰月）。双方动员参战第一线的兵力达一百余万，是中国古代历史上的一次投入兵力最多、历时最长的大战役。作战进程分为三个阶段。汉二年六月至后九月，为成皋序战，是第一阶段，凡五个月，以黥布反淮南为临界标识。汉三年十月至汉三年九月（汉承秦历，十月为岁首，故十月至九月为一年），为荥阳、成皋攻防大战，是第二阶段，凡十二个月。此阶段是楚汉双方争夺最激烈的阶段，楚军范增谋略用力的时期，汉军两度陷入危境，而最终以谋略取胜，双方强弱开始转换。汉四年十月至汉四年九月，双方对峙广武，为第三阶段，凡十二个月。由于韩信、彭越观战，刘邦、项羽智力俱困，相持不决。最后刘邦采用张良计，与项羽以鸿沟为界媾和，中分天下，诱项羽东归，然后顺势追击，才打破均势，转入战略反攻。成皋战役前后，张良、陈平等谋士不离刘邦左右，策划和部署了整个战役的全过程，其中陈平使用的离间计，借项羽之手除掉了楚军智囊奇士范增，从此项羽陷于被动。纵观成皋之战，汉弱楚强，但刘邦依靠了张良等人的计谋，以智补弱取得胜利；反之，项羽内部分裂，以力斗智遭到失败。

1. 成皋序战

荥阳、成皋，北依黄河，南托嵩山，形成险隘地区，是洛阳东面的屏障，为兵家逐鹿中原的必争要地。清顾祖禹评论说：

> 荥阳、成皋，自春秋以来，尝为天下重镇。由秦而上，晋楚于此争霸；由秦而下，楚汉于此分雄。后之有事者，未尝不睥睨此地而决成败焉。（《读史方舆纪要》卷四十七）

正因为荥阳、成皋位置重要，关系到得失中原与危及关中安全的作用。因此，刘邦在彭城惨败后，在此建立防御体系，并千方百计予以加强。项羽争胜，必须打破汉军的成皋防线，直取关中。双方以成皋为中心，展开了长达二十九个月的斗智斗勇，异常惨烈。第一阶段，成皋序战汉二年六月至汉三年后九月，凡五个月，汉王一方是实施下邑画策的第一步，汉军战略要点有五：

其一，汉二年六月，韩信设伏，败楚京索间，构筑起成皋防线，楚汉转入相持。其二，汉王入关，灭章邯，立太子，赦罪人，深固根本。其三，派说客随何策反九江王黥布。其四，七月，汉王坐镇成皋，派韩信渡河开辟北方第二战场。其五，统战彭越，利用彭越与项羽的矛盾，在敌后袭扰，断敌粮道，缓解正面战场的压力。序战阶段，黥布反楚，意义尤为重大，它打乱了项羽的军事部署。项羽没有乘胜追击刘邦，自己留下攻下邑，分兵二十万给大将龙且讨伐黥布。龙且虽然取胜，而楚军却被迫滞留达八个月之久，汉王得以建立成皋防线。黥布归汉是一重大事件。

2. 荥阳、成皋攻防大战

汉三年十月至九月，前后十二个月，楚汉相争主战场发生激烈战斗，楚军大举进攻，汉军防守，争夺重点是荥阳、成皋，故称荥阳、成皋攻防战。战斗攻防进程又分为两个阶段。汉三年十月至四月，即前七个月主要是荥阳、成皋阵地攻防战，汉兵被动防守，形势危急；汉三年五月至九月，即后五个月，汉王两度走出成皋，进行机动作战，牵引项羽东奔西突，疲于奔命，从而掌握了战场主动权。

汉王的防御阵地是以荥阳、成皋为核心，北沿黄河（因当时黄河自武陟经滑县东北流），为北翼防线；利用嵩山、伏牛山为屏障，以南阳、武关构成南翼防线。荥阳、成皋，则由黄河、山峦形成险隘，中间有敖山。敖山临河，为秦之大粮仓，汉军从荥阳至敖仓有甬道相连，以保障粮食供给。在敖山之东，荥阳东北有广武山。刘邦在山上筑有二城，东曰东广武，西曰西广武，各据一山头，相去二百余步，两城之间隔有深涧，以加强荥阳的守备。

在占据诸要点之后，汉军形成了以荥阳、成皋为中枢，南北为两翼的战略防线。北翼依太行、黄河，南翼依伏牛山至南阳。汉王坐镇荥阳，张良、灌婴、周勃、周苛、纪信、夏侯婴等助守。韩王信与陈平、樊哙守广武。王陵守南阳。黥布归汉后守成皋。这一战略态势是经过认真研究后布置的，非常合理。只要能守住各据点，阻敌于坚城之下没有问题。这就是汉军构筑荥阳、成皋防线的大略地理态势。刘邦处于守势，是因为彭城大战后，汉弱楚强。而荥阳、成皋防线，前凸至洛阳之东，居高以临项羽的梁楚之地，又是一个进攻的战略防线。刘邦亲临防御第一线最前端的荥阳，建汉中军之旗，目的是牢牢吸引项羽，使楚屯兵于坚城之下，欲进不能，欲退不得，等待时机，使韩信、彭越两支外围汉军蚕食诸侯，日蹙楚境，积小胜为大胜完成对楚之战略包围。因此荥阳、成皋防线之构建与守备，是张良天才谋略思想的体现。它合于《孙子兵法·形篇》所说："善战者，先为不可胜，以待敌之可胜。"要战胜敌人，先要使自己立于不败之地，然后等待战胜敌人的条件。汉王的荥阳、成皋防线，将《孙子兵法》的这一原则发挥得淋漓尽致。

汉三年十二月，项羽打败黥布，杀了黥布妻子全家，令项伯收编了黥布余众，派周殷为大司马镇守淮南，暂时安定了后方。项羽集中优势兵力发动猛攻。项羽谋臣范增献计项王，打破汉军防线，消灭汉王，最有效、最捷径的战略就是中央突破，项羽亲冒矢石猛攻荥阳、成皋，只要从这突破，穷追汉王直入关中，则汉军的千里防线，外围战略，就失去作用。于是汉军全力防守，楚军全力进攻，汉王刘邦、楚王项羽，双方智囊张良、陈平、范增齐聚荥阳。一代人杰展开了智谋与勇略的大较量，可以说楚汉荥阳成皋攻防战是中国古代史上异常雄伟的大决战。不仅双方投入兵力，前后总计达一百余万众，而且双方主力攻防战斗达整整一年共十二个月之久。

阵地攻防，刘邦受困荥阳。项羽从汉三年十月至四月，连续数月的猛攻，多次切断汉军运粮甬道，造成汉军疲困乏食。汉王在荥阳陷入重围。汉王向项羽求和，割荥阳以西为汉，项王不听。项羽贯彻范增战略，加大攻击力度，于汉三年四月攻破荥阳，杀汉将纪信，随后又攻破成皋。刘邦从荥阳突围遁走，收关中卒再战，改变策略调虎离山，南下宛、叶，吸引项羽南追，然后回军又夺回成皋。六月，楚军再破成皋，刘邦逃出，至河北夺了韩信之军，驻屯修武。然后命彭越、刘贾深入楚后方，攻下外黄、睢阳等十七城。项羽回救，刘邦率河北之军渡河收复了成皋、荥阳。项羽回军，楚汉再度相持，战线向东移于荥阳东广武山上。至此，荥阳、成皋攻防战告一段落，楚汉两军转入广武相持。

刘邦两次机动作战，调虎离山，主战场与分战场协同配合，千里呼应，调动项羽脱离主战场，南下，东征，西向，来回转圈。尽管项羽在各处战斗都取得了胜利，占了上风，在战略上却打了一个大败仗，疲于奔命，消耗了楚军士气，虽然攻下了荥阳、成皋，但势成强弩之末，无力西进，陷于被动。汉王却避开了楚军的锋芒，阻住了项羽的中央突破，在战略上获得了主动，随即收复了荥阳、成皋，战线东移，对峙广威，刘邦掌握了主动，项羽走了下坡路。

3. 广武对峙

广武山在今河南广武县城之北，北临黄河，南接嵩山，今置有广武镇。广武山涧分割广武山顶高原，把广武山劈开为东广武与西广武两个部分，两岸相对，遥遥相望有数百公尺的直线距离，大约是古代距离的数倍。刘项两军，对峙于广武。汉军占据西广武，楚军占据东广武，刘项二人隔岸对话，相距为一箭之遥，刘邦为楚军暗箭所伤。两岸风化崩塌，故距离加大。广武山今成为郑州市的旅游景点。市政府在广武山涧东岸丘原上建塑了一座项王乘坐的“乌骓驹”，高数公尺，驹首仰天长啸，雄赳赳，气昂昂，象征楚霸王当年之雄风与折翅之悲壮，引发游人遥想。二千年前，这里曾经是一个巨大的古战场。从汉四年十月至九月，楚汉对峙广武长达十二个月。

（1）广武对峙形势。汉四年十月，刘项对峙广武，其时韩信已破齐历下军。项羽分兵二十万，由楚大将龙且率领援齐。十一月，韩信在潍水之战中大破齐楚联军，杀龙且。项羽震恐。此时楚汉战局发生了根本逆转，楚强汉弱，已转化为汉强楚弱。汉王天下三分已有其二，政治、经济、军事占有全面的绝对优势。政治力，诸侯归顺，人心归服；经济力，有关中、巴、蜀广阔的后方根据地，又有敖仓粟，足食足兵；军事力，汉军占有形胜，人才聚集，文有张良、陈平、郦食其、陆贾等，奇谋善计，层出不穷，武有独当一面的韩信、彭越、黥布三雄，以及曹参、灌婴、樊哙等战将数十人。战争归根结底是人力物力的较量。广武对峙，项羽陷入了兵、粮俱竭的困境。正面战场汉王越战越强，屡遭挫折后却把战线向东推移到荥阳东北的广武山。韩信在项羽背后据有齐国全境，随时可出动大军直插彭城，威胁项羽根本，并与汉王正面战场呼应，形成夹击之势。彭越活动于梁地，像一把尖刀插入楚国腹心，时时切断楚军交通，焚楚积聚，使楚军前线后勤给养陷入绝境。黥布活动于淮南，如果得势，项羽已无后退之地。项羽四面受敌，已陷入了汉王战略包围圈。此时如果韩信、彭越与汉王齐心合力围攻项羽，楚汉战争可提前一年结束。

但是，就在这眼看可以一举击灭项羽的紧要时刻，韩信欲称王齐国，消极观战，彭越效仿，也按兵不动，楚国后方获得相对安定。黥布在淮南孤掌难鸣，无所作为，只有退回。这样只剩下主战场上的刘项相持。项羽虽然无力进取，但兵精而悍战，单独对刘邦而绰有余裕；汉王虽众，却不能独立取胜项王，双方都精疲力竭，苦苦支撑，谁也吃不掉谁。广武对峙且一年，双方都不发动进攻，战场一片沉寂。用智者汉王无计可除项羽，用力者项王已成强弩之末，史称智力俱困。

(2) 刘项广武斗智。战场沉寂，而斗争未已。刘项在广武对峙，隔涧筑垒相望，双方互相喊话，使者往来，进行心理战和宣传战。项羽率直天真，刘邦老谋深算，两人斗智，意在瓦解对方士气，寻求决战机会。两人斗力，项羽已输了一着，两人斗智，项羽更不是刘邦的对手。尽管项羽百般警惕，最后仍然上当，不是刘邦对手，四个回合均败下阵来。

第一回合，项羽欲烹太公。项羽在广武东岸高丘上安置油锅，塔了一个高架刀砧板，呼喊与刘邦对话。项羽对刘邦说："你不投降，我就烹杀太公。"刘邦说：

> 吾与项羽俱北面受命怀王，曰"约为兄弟"，吾翁即若翁，必欲烹而翁，则幸分我一杯羹。(《史记·项羽本纪》)

项羽虏获刘邦之妻吕后和其父太公，拘押作人质，项羽借此做文章，想不到刘邦却说，既然我俩誓约为盟兄弟，我的父亲就是你的父亲，你一定要煮杀你的父亲，也分我一杯羹。刘邦把自己的父亲说成是项羽的父亲。杀太公就是杀父，你自己看着办吧。这种无赖诡辩的弦外之音，就是说，在争天下的大是大非上，顾不了父亲、妻子，随你处置吧，等着瞧，看我怎么报复你。汉王的弦外之音，由项羽的叔父项伯把它补充了出来。项伯说：

> 天下事未可知，且为天下者不顾家，虽杀之无益，只益祸耳。(《史记·项羽本纪》)

“天下事未可知”，从项伯口中说出，表明项羽集团上层人士已无胜利信心，已经在为后事考虑了。项伯的一番话，虽然点出了“且为天下者不顾家”的政治理论，但主题却说“天下事未可知”，“杀之无益，只益祸耳”，一派内奸口吻。项羽不但不怒，反而听从，这就是他的妇人之仁。项羽就做不到“且为天下者不顾家”。若按这一逻辑，太公可不杀，甚至大度释放，而内奸项伯不可不杀，不杀项伯不足以振军心。这一回合，项羽彻底失败。太公有惊无险，从此在项伯的呵护下，获得了安全。

第二回合：项王只身挑战汉王。项羽与刘邦在鸿沟阵地对话，项羽对刘邦说：“天下争战好几年了，只是因为我们两人的缘故。我希望能跟汉王挑战，决一雌雄，再不让老百姓白白地跟着受苦。”刘邦笑着回答：“我宁愿斗智，不能斗力。”项王让勇士出营挑战，汉王令高明的射手楼烦人接连射杀了楚将三人。项羽大怒，亲自披挂挑战，楼烦人丢下箭逃回营中。这一回合双方打平。项羽亲自出营挑战，荒唐地提出要与刘邦单打独斗，表现了他的急躁与无可奈何，有损楚军士气。

第三回合：汉王数项羽十大罪。古时挑战，先以礼请，对方不出，则施谩骂。项羽亲自挑战，要与刘邦决斗胜负，虽属荒唐，但在古代却在情理中，刘邦不敢斗，则楚人占上风。汉王既言斗智，则须以智胜。于是刘邦隔涧数羽十大罪，表明汉军与楚战是安民除暴，汉军为正义之师。刘邦说：

> 始与项羽俱受命怀王，曰先入定关中者王之，项羽负约，王我于蜀汉，罪一。项羽矫杀卿子冠军而自尊，罪二。项羽已救赵，当还报，而擅劫诸侯兵入关，罪三。怀王约入秦无暴掠，项羽烧秦宫室，掘始皇帝冢，私收其财物，罪四。又强杀秦降王子婴，罪五。诈坑秦子弟新安二十万，王其将，罪六。项羽皆王诸将善地，而徙逐故主，令臣下争叛逆，罪七。项羽出逐义帝彭城，自都之，夺韩王地，并王梁楚，多自予，罪八。项羽使人阴弑义帝江南，罪九。夫为人臣而弑其主，杀已降，为政不平，主约不信，天下所不容，大逆无道，罪十也。吾以义兵从诸侯诛残贼，使刑余罪人击杀项羽，何苦乃与公挑战！（《史记·高祖本纪》）

汉王一口气列数项羽十大罪，称项羽为残贼之人，为天下人所不容，汉王为民除暴，两人不是为争权而打斗，有力地驳斥了项羽。刘邦又是一个有名的无赖，他骂起人来天下无双。最后刘邦骂项羽说："你这个乱臣贼子，只配罪人砍杀，哪有资格和你老子较量。"这一下可真把项羽激怒了，他指使人放暗箭，射汉王胸部。项羽出此下策，也是无可奈何。但射中汉王却是一大胜利。刘邦反应极为机智，他连忙在马背上俯下身子，用手护着伤口，高声喊道："贼人伤了我的手指。"汉王驰入军中。张良力劝汉王强打精神，巡视军中，安定军心，以防项羽乘势进击，然后退入成皋养伤。这次汉王不死，实乃天幸。

第四回合：订立和约，诱羽后退。两军对峙，勇往者胜，谁也不肯先退，因先退者为怯，怕遭到对方的追击。汉四年七八月间，汉王采纳张良谋略，在军事上策划总攻，在外交上加紧和谈，军事外交双管齐下，逼使项羽订和约。陆贾能言善辩，劝说项羽，项羽不听。汉王又派侯公说羽，宣示韩信、彭越欲取楚。项王自知兵少食尽，无力持久，最终答应了与汉和约，中分天下，以鸿沟为界。鸿沟以西属汉王，鸿沟以东属项羽。鸿沟原为梁惠王所凿人工运河，在今河南荥阳市北引河水东流至今中牟县北东南流至大梁，再向东南经陈县至项县合颍水入淮，成为一条中原通往东南的交通运河。秦始皇伐魏引河水灌大梁，即通过鸿沟运水。楚汉相争，割鸿沟以西属汉，项王作了很大的让步。九月和约告成，项羽释放了太公、吕后，双方罢兵，全军庆贺，高呼万岁。足见人心厌战，军心厌战。

和约签订，楚汉战争相持阶段结束，强弱易势，汉强楚弱。

三、穷追项羽，楚亡汉兴

项羽守约，引兵东归。汉王表示守信，也做出西归的样子。张良、陈平两人谏止汉王说："今汉有天下太半，而诸侯皆附，楚兵疲食尽，此天亡楚之时，不因其机而遂取之，所谓养虎自遗患也。"汉王听其计，紧紧追击项羽。正如李卓吾所言："项羽毕竟忠厚。"他怎么也想不到墨迹未干，刘邦便撕毁和约追杀上来。项羽大怒，组织反击，大败刘邦，双方又对峙在固陵。刘邦吃不掉项羽，无可奈何地用张良之计，分封三雄，划界齐王韩信，梁王彭越，淮南王黥布，四面合围项羽，发动垓下总决战，项羽被歼，楚汉战争结束。

垓下，地名，秦汉时属沛国洨县。其地在今安徽灵璧县南沱河南岸，固镇县东二十四公里处的濠城集，古时为洨县。项羽从陈县东撤，目标是回到江东，最近的路线是经寿春到历阳（今安徽和县）渡江。由于黥布攻占了寿春，项羽大司马周殷又叛变于舒县（今庐江），断了项羽的南归之路，他只能东走城父（今亳县城父集）、蕲县（今宿县蕲县东）至洨县，南下东城至乌江浦渡长江。项羽在城父遭到黥布的截击，损失惨重，再往东进入洨县垓下，又受到彭越南下的汉军堵截，项羽陷入了包围，他只能停下来作最后一搏。这就是垓下之战。

双方作战序列，楚方已是残兵败将。统帅，西楚霸王项羽。谋士，只剩下那个离心离德的左尹项伯，将领有钟离昧、季布、项声、项冠、项悍等。收缩后的总兵力，尚有十万。汉军四面会围，汉王做了全面总动员。最高统帅，汉王刘邦。谋士，张良、陈平、陆贾、随何等。由成皋一线来的中央军团，将领有：周勃、陈武、樊哙、王陵、郦商、靳歙、灌婴。兵力，二十余万。四方诸侯之军有：齐军，统帅，齐王韩信，将军有孔熙、陈贺等。梁军，统帅，梁王彭越，将领有大夫栾布。淮南军，统帅，淮南王黥布，将领有刘贾、楚降将大司马周殷。诸侯之军总兵力三十二万。垓下会战，双方兵力总计六十余万，汉军五倍于楚军。

汉王十分重视垓下决战，与张良、陈平、韩信等谋臣良将会议，制定了精密的战斗方案，摆出了稳操胜券的阵势。诸侯之军组成第一线，兵力三十二万，由韩信任前敌总指挥，对项羽实施总进攻。刘邦自领中军，即参战成皋的兵力居后为总预备队，兵力二十余万。项羽有万夫不当之勇，困兽犹斗，况有十万楚军，汉王不敢怠慢。彭城大战，项羽率三万轻骑打垮汉兵五十六万，尚记忆犹新。这一次，汉王举轻若重，把歼敌任务全权委托给了善战的韩信。韩信自诩带兵“多多益善”，他第一次独立指挥三十二万大军，且看他如何运动！

项羽善战，驰骋战场，天下无双。韩信在项羽身边做了两年警卫，体察了项羽多次的攻坚大战，包括钜鹿大战，韩信都经历了。他对于项羽的作战十分了解，尽管自己占绝对优势，他也要智取而不是力敌。这就是韩信，一个天才军事家的韩信。

决战的一天终于来到。韩信派出两支骑兵，孔熙居左，陈贺居右，张开两翼在远离项羽阵地的旷野埋伏待命。韩信打着大将之旗在正面诱敌。为了确保胜利，汉王派出周勃、陈武两将统领预备队在韩信身后，随时支援前方。汉王在最后，汉军三层梯队的纵深部署，把五十余万大军全都动员起来，筑起了擒杀项羽的天罗地网。韩信下达了擂鼓的总攻号令，汉军人多势众压向楚军，喊杀声震天，战场十分悲壮。项羽最善于大场面作战，他不怕敌人众多，而担心敌人稀少。敌人众多，只要被项羽冲溃，兵败如山倒，敌人越多，越是乱成一团，项羽的骑兵就可施展神威。钜鹿大战，楚军只啃了几口干粮，一日九战，九战皆胜。彭城大战，项羽一鼓作气，把数十万汉军压迫入睢水。固陵之战，项羽反向一冲，汉军大败。垓下决战，是项羽和楚军的生死之战，其惨烈程度可想而知。项羽果然身手不凡，他气势如虹，勇猛不减，一阵搏杀，第一线汉军死伤累累，全线溃退，项羽乘胜猛追。奇怪的是，这一次汉兵没有出现兵败如山倒的溃退，因为他碰到了克星韩信。韩信充分运用兵多的优势，他组织了层层梯队，与项羽认真血战，只有这样才能把项羽引出阵地。项羽杀得性起，只顾猛冲，逐渐地拉长了战线。韩信步步退却，项羽一个劲地紧逼。彭城大战，汉兵是乌合之众，又是在凌晨遭突袭，所以一朝溃散，就不可收拾。垓下之战，汉兵已是久经战阵的精兵，训练有素，又是有备而来，主动进攻，因此虽然同样是败退，却是有组织的抵抗。项羽只长于力战，兵法不精，不知应变。楚军初战胜利，压迫汉军后退，在不能冲溃汉军的情况下应注意自己的阵脚，留心战斗的变化。项羽只顾一个劲地猛冲，战线越来越长，恰恰中了韩信诱敌深入之计。当楚军进入不利地势，陷入汉军的伏击圈时，陈、孔两将军统率的汉军骑兵从两翼杀入，夹击楚军，切割楚军一分为二，后退的汉军冲回来，团团包围了项羽。项羽陷入了兵少食尽、地势不利的绝境。另一半楚军失去主将，丧失了战斗力，投降了汉军。项王被困，韩信却围而不歼，楚军断了外援，不消几日，用饥饿战法就可瓦解楚军。战国时秦赵长平之战，秦将白起消灭了赵将赵括率领的四十余万大军就用的是这一战法。白起引诱赵括出战，诈败退却，两翼埋伏的奇兵拦腰冲断赵军，然后秦军分割包围，围而不歼，用饥饿拖垮了赵军。垓下之战类似长平之战，由于主客不同而战法实异。赵括平庸之辈，项羽是百战百胜的将军。长平之战，秦赵势均力敌，白起是在对峙的阵地战中完成对赵军的分割。垓下之战，汉军是在追穷寇。兵法曰“归师勿遏，穷寇勿迫”（《孙子兵法·军争篇》），韩信却能在追穷寇的运动战中分割了项羽军。尽管项羽已被打得大败，但他还有数万楚军，消灭他们，汉军要付出很大代价，围而不歼又担心项羽突围，一旦放走项羽，可能留下后患。当前最好的办法是迅速瓦解楚军士气，使其丧失斗志，用最小的代价消灭楚军。汉王是楚人，韩信本人与汉将樊哙、灌婴、曹参、黥布、刘贾、夏侯婴等都是楚人，周殷归降更带来南方的九江兵，楚人擅长楚歌，一呼百应，一唱百和，尤其是在夜间，唱起楚歌，此起彼伏，响彻夜空，它将勾起楚人的怀乡之情，反思为谁而战，为何而战，为什么秦朝灭亡了还要背井离乡，厮杀争战。入夜，汉军在楚军四围大唱楚歌，项羽也受到迷惑，他惊惶不解地说："难道汉军把楚地都占领了么？为何有这么多人大唱楚歌？"项羽心烦意乱，一个劲地喝闷酒，他第一次感到了自己的末路来临，却又不理解自己为什么会落到这步田地？他让人牵来陪他南征北战的乌骓马，面对爱妾虞姬，禁不住唱起了离别的悲歌：

力拔山兮气盖世，时不利兮骓不逝。
骓不逝兮可奈何，虞兮虞兮奈若何！

项羽一遍又一遍地慷慨悲歌，泪流不止，左右的人也一个个泣不成声。英雄陷入了生离死别的窘境，他在痛苦的思索中得出结论"时不利兮骓不逝"，这真是天真而执迷。项羽还不服输，他毅然决定，离开虞姬，丢下数万大军，在沉沉的夜幕下，他跨上了乌骓马，挑选了八百壮士，偷偷突围南逃。悲壮激烈的垓下之战，以霸王别姬而宣告结束。

项羽突出包围，次日清晨，汉军察觉，立刻出动五千骑兵追击。项羽过了淮河，只剩了百余骑。跑到阴陵，迷失道路，又被耕田农夫欺骗陷入了大泽，汉兵追了上来。到了东城四隤山，身边只剩下二十八骑。英雄已到了末路，但项羽仍要一展雄风，他在四隤山痛快地打了一场斩将、夺旗、突围的决死之战，砍倒汉军大旗，杀汉将二人，突围四隤山，来到乌江边，项羽只缺少了两骑，身边还有二十六骑。

项羽的人格魅力就是绝不服输。项羽东城之战，向天公发出了抗议，常胜将军为何打败仗，项羽愤恨地说："天亡我。"项羽垓下突围本意是渡过乌江，重整旗鼓与刘邦较量，但现在身边只剩下了二十六骑。面对滚滚的长江，只有乌江亭长的一只渡船在江边，项羽不能丢下身边的二十六骑一个人渡江去苟且偷生。项羽望着眼前浩瀚的大江，回顾身后黑压压的追兵，英雄已无退路，面临绝境而顿悟。项羽断然改变主意，不渡乌江，以战死沙场来谢幕。项羽赠马亭长，令二十六骑都下马步战，就是决死之战。项羽杀死了几百名汉兵之后，身受十余创，看到故人吕马童投靠汉军当了司马，项羽对吕马童说："你难道不就是我的故人吗？我听说汉王悬赏千金买我的人头，还要封万户侯，我把这个好处送给你吧！"说完，一代叱咤风云的灭秦英雄，在乌江边拔剑自刎了。这时项羽年仅三十一岁。

项羽乌江自刎，楚亡汉兴。公元前202年刘邦即位称帝，建立了汉朝。是年刘邦四十六岁，长于项羽十五岁。刘邦多次出入险地，九死一生却安然无恙。鸿门宴上，项伯保了他；彭城战败了，丁公释放了他；荥阳出逃，有纪信替死；成皋逃出，项羽不察，这一切仿佛暗中有神灵保佑似的。怪不得司马迁发出了"岂非天哉，岂非天哉"的慨叹。以今天的观点来看，这"天"就是历史必然之中的偶然取得了胜利，实质是一个老谋深算的中年战胜了一个鲁莽天真的青年，刘邦的胜利是必然的，项羽的失败是值得同情的。

附录一　楚汉相争大事月表

<table>
<tr><th colspan="3">纪　年
（公元、干支、国号三合一纪年）</th><th colspan="2">大事记（三合一纪年，加虚实横线，突显岁差。月份为农历大写。汉用秦历，以十月为岁首，正月在十二月之后，为汉纪年之第四月。）</th><th>备注</th></tr>
<tr><td rowspan="2">公元前
207
甲
午</td><td rowspan="3">（秦王子婴元年）</td><td>十月</td><td>沛公入破咸阳，还军霸上。</td><td>项羽降章邯，将诸侯兵四十万行略地至河南。</td><td rowspan="5">刘项入关</td></tr>
<tr><td>十一月</td><td>沛公约法三章，秦民大悦。</td><td>项羽诈坑杀秦降卒二十万于新安。</td></tr>
<tr><td rowspan="10">公元前
206
乙
未</td><td>十二月</td><td>鸿门宴，拉开楚汉相争序幕。</td><td>项羽杀秦王子婴</td></tr>
<tr><td rowspan="9">汉
元
年</td><td>一月</td><td colspan="2">项羽分天下立十八王。封沛公汉王。自称西楚霸王。尊楚怀王为义帝，徙都江南郴县。</td></tr>
<tr><td>二月</td><td colspan="2">项羽烧屠咸阳，大火三月不灭，掘始皇冢。/陈馀逐赵王张耳，立赵歇为赵王。</td></tr>
<tr><td>三月</td><td rowspan="2">四月，诸侯罢戏下，各就国。汉王入汉中，用张良策，烧绝栈道，以示无东意，麻痹项羽。</td><td rowspan="2">项羽还彭城，逐义帝。又怨张良从沛公，不遣韩王就国，劫持至彭城。</td><td rowspan="3">项羽伐齐</td></tr>
<tr><td>四月</td></tr>
<tr><td>五月</td><td colspan="2">田荣反，击齐王田都，都走楚。</td></tr>
<tr><td>六月</td><td colspan="2">田荣击杀胶东王田市。</td><td rowspan="3">汉王定三秦，进军彭城</td></tr>
<tr><td>七月</td><td>田荣击杀济北王田安，三齐属荣。</td><td>项羽出兵伐齐。</td></tr>
<tr><td>八月</td><td colspan="2">汉王还定三秦，灭塞王司马欣、翟王董翳，围章邯于废丘，都栎阳。/张良遗书项羽，云齐赵共灭楚，汉王欲得关中而已。项王惑，不救章邯。/项羽杀韩王成，以郑昌为韩王拒汉。</td></tr>
<tr><td>九月</td><td>汉王乘胜东出。</td><td>张良归汉。</td><td></td></tr>
</table>

续表

公元前206		汉二年	十月	项羽使九江王黥布截杀义帝于江中，大失天下心。/赵王张耳归汉/赵歇复为赵王。		
			十一月	赵王歇以陈馀为代王。		
			十二月	项羽灭田荣，坑杀田荣降卒，大掠齐民，齐民复反。		
公元前205	丙申		一月	韩信破虏郑昌，置河内郡。	项羽立田假为齐王。	汉王定三秦，进军彭城
			二月	汉王立汉社稷，赐民爵。	田横击杀田假。	
			三月	汉大将韩信置章邯残敌于后，率众大出，渡临晋，西魏王魏豹从/汉王南渡河至洛阳为义帝发丧，征兵诸侯，诸侯皆从/韩信东进，破楚龙且昌邑防线，直指彭城。	项羽陷于齐地连战不能下。/田横立田荣子田广为齐王。	
			四月	彭城大战。汉王五十六万入彭城，日置酒高会。羽率三万精骑奔袭，大溃汉兵。/黥布坐观。		
			五月	汉王败退至下邑，与诸将谋破楚大计，张良献策，史称“下邑画策”/汉王至虞城，遣随何策反九江王黥布。	项羽追击汉王，虏汉王妻吕后，及汉王父太公。	
			六月	汉王入关灭章邯，立太子，赦罪人，深固根本。/萧何大发兵粮助汉王返荥阳。/韩信设伏破楚京索间，构筑成皋防线，楚汉转入相持。		汉二年六月至后九月成皋序战五个月
			七月、八月	八月，汉王遣韩信、曹参、灌婴讨魏豹，开辟北方第二战场。	项王派项它入援魏豹。	
			九月	韩信破魏。		
			后九月	韩信破代，擒夏悦。		

续表

公元前 205		汉三年	十月	韩信破赵斩陈馀。/ 彭越扰楚后方。	黥布反淮南，龙且击之。项羽南击布，北救赵，兵力分散。	汉三年十月至九月成皋激战整一年
			十一月	项羽急攻汉，郦食其献策立六国后以树党。汉王问张良，张良发八难以为不可，汉王立即销毁封王印。/ 十二月，黥布兵败归汉。		
			十二月			
公元前 204	丁酉		一月	汉王被围荥阳，陈平行反间计以弱楚。	项羽中反间计不信范增、钟离眛等。范增怒，于四月乞骸骨回彭城，疽发背死。	
			二月			
			三月			
			四月			
			五月	汉王荥阳突围，纪信替死。/ 汉王入关收兵，南下宛叶，与黥兵行收兵。/ 彭越、灌婴深入楚后下邳，破薛公军。	项羽无谋，破汉荥阳、成皋而未能乘胜西进，被汉王调动南下宛叶，东击彭越，脱离主战场。	
			六月	汉王北上夺回成皋。/ 项王击走彭越，复围成皋，下荥阳，杀周苛。/ 汉王出逃成皋，北渡河夺韩信军。/ 项王再下成皋，仍未乘胜西进，丧失战机。		
			七月	汉王令韩信击齐。		
			八月	汉王驻屯河北小修武，使刘贾助彭越渡河深入梁地，烧楚积聚，下外黄、睢阳，断楚粮道。项羽被迫回救，留曹咎守成皋，再度脱离主战场。		
			九月	广武对峙。汉王渡河破曹咎，复夺成皋，围钟离眛于荥阳东。	项羽破走彭越，回师荥阳，与汉对峙广武。	

续表

<table>
<tr><td rowspan="3">公元前204</td><td rowspan="12">汉四年</td><td>十月</td><td>韩信击破齐历下军。</td><td>楚龙且救齐。</td><td rowspan="12">汉四年十月至九月楚汉广武对峙，韩彭观战，战场沉寂整一年。</td></tr>
<tr><td>十一月</td><td>韩信破齐楚联军，杀田广、龙且。</td><td>项羽震恐。</td></tr>
<tr><td>十二月</td><td colspan="2">韩信请假王于齐。汉王怒，欲攻之，张良、陈平谏止。</td></tr>
<tr><td rowspan="9">公元前203
戊戌</td><td>一月</td><td colspan="2">韩信按兵不动，彭越亦观望，项羽得以喘息。</td></tr>
<tr><td>二月</td><td colspan="2">汉王遣张良为特使，立韩信为齐王。</td></tr>
<tr><td>三月</td><td colspan="2" rowspan="4">刘项对峙广武，汉兵盛食足，项羽兵疲乏食，楚汉强弱易位。项羽悍战，谋臣范增死，猛将龙且亡、黥布反，众叛亲离，处于弱势，无力进取。汉王虽众，却不能独立胜项羽。史称智力俱困。</td></tr>
<tr><td>四月</td></tr>
<tr><td>五月</td></tr>
<tr><td>六月</td></tr>
<tr><td>七月</td><td colspan="2">汉王封黥布为淮南王，入九江诱周殷。</td></tr>
<tr><td>八月</td><td colspan="2">汉王用张良计，请和于楚。</td></tr>
<tr><td>九月</td><td colspan="2">楚汉和约告成，以鸿沟为界，中分天下。太公归汉。</td></tr>
<tr><td rowspan="3">公元前202
己亥</td><td rowspan="3">汉五年</td><td>十月</td><td colspan="2">项羽引兵东归，汉王用张良、陈平计穷追项羽。诸侯之兵，失期不会，汉王兵败固陵。</td><td rowspan="3">垓下决战</td></tr>
<tr><td>十一月</td><td colspan="2">汉王纳张良建言，以实地封三雄，韩信、彭越等果然引兵会围项羽。楚汉相争进入决战。</td></tr>
<tr><td>十二月</td><td colspan="2">垓下决战。项羽败死，楚亡汉兴。从彭城大战至此，历时三十三个月（加汉二年闰九月，实为三十四个月），二年零九个月，楚汉战争结束。</td></tr>
<tr><td colspan="2">说明</td><td colspan="4">本表由上至下为年轴线，备注栏简明显示历史过程形象而直观。由于《史记·秦楚之际月表》与《高祖本纪》系年多有误，本表系年事历依《汉书·高帝纪》校正。</td></tr>
</table>

附录二　楚汉相争作战经过示意图书

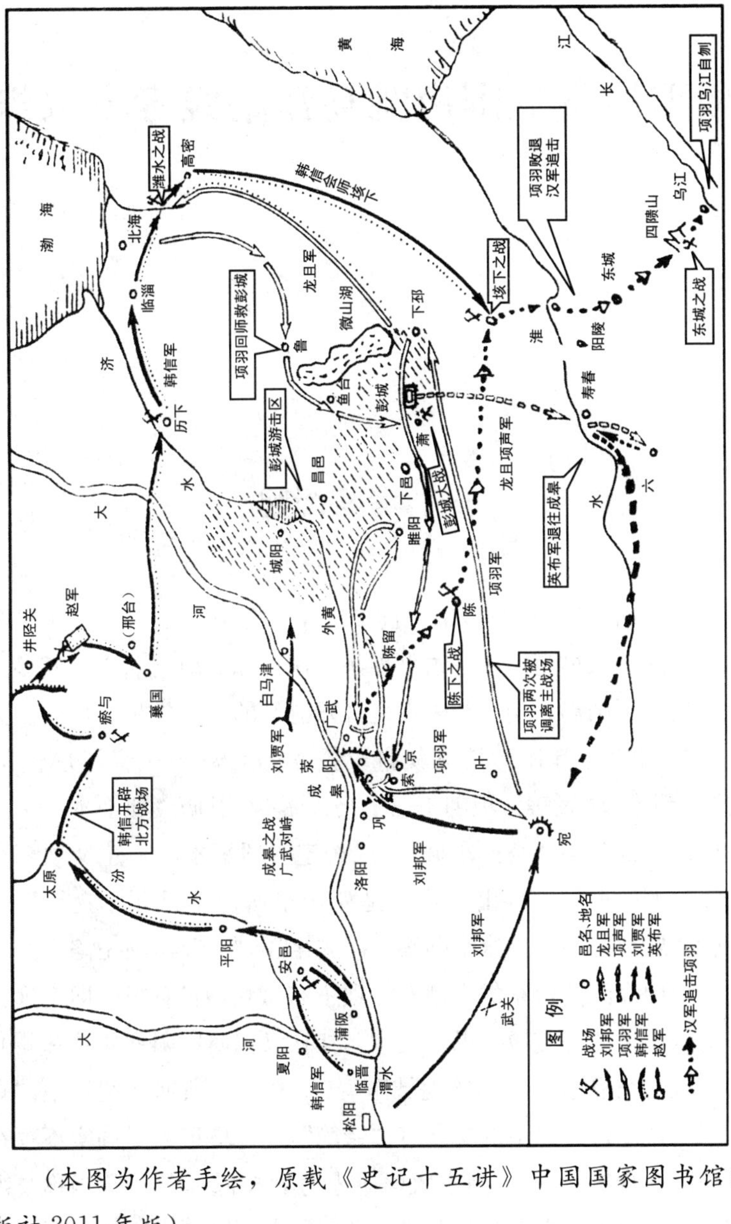

（本图为作者手绘，原载《史记十五讲》中国国家图书馆出版社 2011 年版）

项羽垓下突围南驰乌江路线考察报告

一、考察缘起

西楚霸王项羽（前 232—前 202），由于司马迁《史记·项羽本纪》的实录描写，在华语世界是妇孺皆知的历史名人，其乌江自刎的壮烈结局，千百年来更是耳熟能详的历史常识。但中国人民大学国学院首任院长冯其庸教授，在上海《中华文史论丛》2007 年第二辑发表《项羽不死于乌江考》，引据《项羽本纪·太史公曰》称项羽“身死东城”，以否定《项羽本纪》正文项羽于乌江自刎的记叙，得出“项羽是死于东城而不是死于乌江”的“新的结论”。为支撑这个断案，冯先生还“考”出项王陷入的阴陵大泽即今淮南市东的高塘湖、项王东城快战的四隤山即定远县东南六十里的嗟虞墩，冯文说“乌江在汉代属历阳（唐称和州），与东城是相隔遥远的不同地域”，甚至断言《项羽本纪》中“乌江亭长檥船待”以下的文字有“错简”，“《史记》里确实不存在项羽乌江自刎之说”。南京大学卞孝萱教授随即公开致函称誉冯其庸“考出项羽乌江自刎之说，源于元杂剧”，“大文出而后项羽死于东城（邑），可为定论”。卞公还称赞冯先生“发展了王国维的二重论证法”，“敢以质诸天下学人”。多家报刊对冯文予以转载或摘要推介，网络平台更为冯文推波助澜。更加引发震撼的是，《中国文化报》2007年8月25日整版刊发冯先生的《项羽不死于乌江》，特加“编者按”，盛赞《项羽不死于乌江考》的发表，“虽只是2007年中国文史界的‘一件小事’，却意义重大”；《光明日报》2007年9月11日的“光明论坛”发表题为《“不忘启迪”的示范意义》的署名文章，号召“广大学者”学习冯文所体现的“大家学术风范”。由于主流媒体对冯文的高调称誉，二千年来从无疑义的项羽乌江自刎成了疑案，《史记》和《汉书》是否为信史，受到了挑战。

项羽自垓下突围、南驰乌江，原欲退保江东以图后举，然而却临江拒渡步战自刎，这个举动不仅最终成就了项羽的完整人格，而且也具有重大的历史意义。项羽的最后抉择，为长达五年的楚汉战争画上了句号，从而为长期统一繁荣昌盛的大汉王朝的“诞生揭开了”序幕。我们坚信《项羽本纪》关于项羽结局的两种书法——“乌江自刎”与“身死东城”，都是司马迁的实录，是同篇前后互见足义，二者完全统一而无丝毫矛盾，应毋庸置疑。坊间对司马迁实录项王乌江自刎的文字的误读与曲解，已造成了不容忽视的认识混乱。而《项羽不死于乌江考》在文本解读和研究方法两个方面反映出来的问题以及对它的评价，关乎实事求是学风的导向与重建，更应严重关注。

为了正本清源，恢复历史真相，中国史记研究会、和县项羽与乌江文化研究室组成联合考察组。考察组由六位成员组成。中国史记研究会三人：常务副会长、中央社会主义学院张大可教授，常务理事、安徽师范大学中文系袁传璋教授，理事、南京三江旅游学院许盘清先生；和县项羽与乌江文化研究室三人：主任金绪道，副主任范汝强、章修成。考察组由中国史记研究会常务副会长张大可教授带队，于2008年8月19日至25日，先后实地考察了安徽灵璧县境的虞姬墓、垓下遗址，凤阳县临淮镇东古钟离县淮河渡口，定远县境的阴陵县遗址、阴陵大泽残迹、东城县遗址、嗟虞墩，滁州市古清流关驿道，全椒县南荒草湖与和县北红草湖遗迹，全椒与和县交接处的九头山，即阴陵山，和县与江浦交接处的四隤山，和县乌江霸王灵祠。

二、项羽南驰乌江路径沿途要点

这次考察以《史记》、《汉书》关于项羽自垓下南驰乌江的记叙为根本依据，参考唐宋以来舆地志书的相关记载，配合卫星遥感地形图，进行实地田野踏勘，辅之以与当地名宿长老的座谈或采访，确定了项羽陷入的阴陵大泽与东城快战所在地四隤山的实际方位，进一步明晰了项羽自垓下南驰乌江的经行路线。

1. 虞姬墓

虞姬墓在安徽灵璧县城东十五华里虞姬乡霸王村，在灵泗公路南侧，南距垓下遗址约五十华里。秦汉之际，此地属项羽的西楚王国泗水郡。现为安徽省重点文物保护单位。虞姬墓在“文革”中遭严重破坏，冢土被削大半，墓葬情况大部暴露。据当时现场目击者言，遗骸为女性，孤身葬，身首相连。无棺椁和殉葬明器。以三块长约 2 米的石板构成三角形石棺，两头各以长方形石板封堵，显系仓促掩埋。石棺北、东、西各 30 米处残存汉砖围墙墙基。墓地四周散落汉瓦残片。可证此墓汉代已加保护。现今所见虞姬墓系 20 世纪 80 年代中期修复，墓体圆形，基径 11 米，用青砖砌筑 1.2 米高护墙，连封土通高约 6 米。墓南有清代光绪二十七年知县杨兆鋆所立墓碑，高约 1.8 米，中刻“西楚霸王虞姬墓”，碑额横批刻“巾帼千秋”，两侧刻对联“虞兮奈何自古红颜多薄命，姬耶安在独留青冢向黄昏”。联语取自宋碑，只改易下联“独留青冢祭秋风”中“祭秋风”三字为“向黄昏”。碑阴刻杨兆鋆撰《虞美人》词。原有的宋、明碑碣已无存。

定远县南六十里也有虞姬墓，俗称“嗟虞墩”，传说虞姬身首异葬，灵璧葬身，定远葬首。晚清安徽巡抚冯煦所撰《重修虞姬墓碑文》对此有所辨说："或谓定远之南，亦有姬墓，彼葬其首，此葬其身。花歌草舞，傅会有之；头岱腹嵩，荒唐颇甚！间尝考其图史，按其山川，知仓皇遇敌之时，正慷慨捐生之处。金钿委地，知故埌之未湮；紫玉成烟，信佳城之不远。"其说可从。

2. 垓下

《项羽本纪》："项王军壁垓下，兵少食尽，汉军及诸侯兵围之数重。"垓下，是秦泗水郡洨县的一个村落。秦亡，泗水郡属项羽的西楚王国。洨县故城在灵璧县南五十里外洨水（今名沱河）南岸东濠城集（今属固镇县）。《汉书·地理志》沛郡下属有洨国，班固自注云："洨，侯国。垓下，高祖破项羽。"张守节《史记正义》称垓下"今在亳州真源县东十里，与老君庙相接"，与《汉志》相违，不可从。垓下遗址在灵璧县城东南五十华里处，古洨水北岸，即今韦集镇垓下村（原名单圩老庄胡村）及其附近高地。据郭沫若主编《中国史稿地图集》标示，地处东经117°38′、北纬33°21′。从卫星遥感地形图可见其地北部平缓，南部陡峭，呈半岛状由北向南伸展，属自然形态的高岗绝崖地形，面积约25万平方米，合450亩。在一望无际的淮北平原，此处实为易守难攻之地。楚汉垓下会战，双方投入的兵力汉军四十余万[①]，楚军十万。战场应在垓下地块之外更为广阔的地带。垓下当为项王会战大败后，收缩残部据此高地退守之处。20世纪在遗址附近常有秦汉陶器、楚汉兵器、秦汉砖瓦残片出土。如今垓下是庄稼繁茂的旱地，除立有"垓下遗址"的文物保护碑外，已不见往昔激烈厮杀的战场痕迹。

3. 钟离古淮河渡口

《项羽本纪》："于是项王乃上马骑，麾下壮士骑从者八百余人，直夜溃围南出，驰走。……项王渡淮，骑能属者百余人耳。"

① 《史记·高祖本纪》载垓下之战，汉军淮阴侯韩信将三十万，刘邦自带追击项羽之众在韩信之后，至少十余万，即汉军总数四十余万。

项羽渡淮处为钟离县古渡口。钟离，春秋前为钟离子国。春秋末期先后为吴、楚所据，为钟离邑。秦于此置钟离县，属九江郡。秦亡，地属项羽的西楚王国。明初于此置凤阳县。钟离古城遗址在今凤阳县东北二十五里临淮镇东六里的临淮高地上，城垣残高3—4米，东西宽360米，南北长380米，有四门。北临淮水。俗传此处为“霸王城”，谓项王渡淮后于此筑城以抗御汉军追骑。此说纯属附会。遗址现为安徽省文物保护单位。古濠水于钟离城东入淮（《水经注·淮水注》：“豪水东北流，径其县西，又屈而南转，东径其城南，又北历其城东，径小城而北流注于淮。”），入淮口处为南北津渡要冲。此次考察，正值淮河汛期，河水饱满，河面宽达数百米。据《梁书·韦睿列传》及《资治通鉴·梁纪二》记载，钟离城东北十八里的淮河中有邵阳洲、道人洲，均可屯兵数万，足证古时淮河远较近代为宽，即使隆冬枯水季节，济渡亦非易事。项羽自垓下南驰乌江，必自钟离北岸渡淮。渡口日常用于济渡的“公船”原本不多，在黎明前也无从征集民船助渡。《秦律》法定县属“公船”长仅秦度三丈三尺（合今制7.4米），最多能载两骑。在河宽船少，军情紧急的情势下，直至天明，项王的八百余骑非经战斗，渡淮后“骑能属者百余人耳”，应是指只渡过了百余骑，项羽就立即率队南驰了，实属无可奈何之事。

4. 阴陵

《项羽本纪》：“项王至阴陵。”阴陵，故楚邑。秦置县，属九江郡。秦亡，地属项羽西楚王国。东汉曾为九江郡治。《史记正义》引李泰《括地志》云：“阴陵县故城在濠州定远县西北六十里。”遗址在今定远县西北六十里靠山乡古城村。《水经注》卷三十《淮水》“淮水又北，径莫耶山西”句下《注》：“山南有阴陵县故城。”卫星遥感地形图显示，莫耶山横亘在钟离、阴陵之间百余里，山体高大，骑者不可攀跻。两县直线距离虽仅八十余里，但不可直达而须绕山而行则为一百五十里。阴陵城在莫耶山南十余里，其地高爽。《大清一统志》卷一百三十六《凤阳府·

古迹》"阴陵故城"条引《县志》:"城周二里,故址犹存。"考察所见遗址玉米地中秦汉屋瓦残片散布的范围,实远较"城周二里"为大。还发现村民门前有用以垫地的长1米宽0.5米的古旧大石板,村民们皆云从遗址暗渠中挖出,可证阴陵古城有较好的地下排水体系。古城村村西有一倾圮的陈铎祠,当地传说陈铎即在阴陵城西将项王骗向大泽的"田父",汉高祖感恩,封陈铎为官,建祠奉祀。此说实不可信。因为"项王至阴陵",实指进入阴陵县境,而非如冯其庸先生所说的"一个'至'字,明确交代项羽已到了阴陵"。若果进入了人烟稠密的阴陵城,何来"迷失道",又何必请"田父"指路,更不会受绐陷入阴陵城西的"大泽"。而且方向不对,项羽渡淮南驰是指向东城,因迷路"向左",才向西,若项羽南驰是到阴陵城,必须南驰后折而沿莫邪山麓向正西方行走,即"至阴陵"解为"到阴陵城",已经是由东向西,再"向左"就是正北了。更重要的是,真正的"阴陵大泽"在阴陵城东南三十里外,而阴陵城西根本不存在什么"大泽"。冯先生所考察的大泽是现代堰塞湖,且不在古阴陵县境,详下文"阴陵大泽"。

5. 阴陵大泽

《项羽本纪》:"项王至阴陵,迷失道,问一田父,田父绐曰'左'。左,乃陷大泽中。以故汉追及之。"阴陵大泽是导致项王南驰乌江退保江东计划失败的关键地点。然而它究在何处,《史记》三家注均未出注。南宋以前权威的舆地志书也无阴陵大泽的只字片语。以致后世出现一些无端的臆测。其实正史中并不是一无线索可寻。《梁书·韦睿列传》记载:梁武帝天监五年(506)岁末,后魏中山王元英寇梁北徐州,围刺史昌义之于钟离(今凤阳县东北二十五里临淮镇),众号百万,而钟离守城梁军仅有三千,军情异常紧急。次年二月,梁武帝命豫州刺史韦睿率众北援钟离。"睿自合肥径道,由阴陵大泽行,值涧谷,辄飞桥以济师",车驰卒奔,旬日即至钟离城下,三月,大破魏师。司马光撰《类篇·辵部》:"径,直也。""径道",即直道。故《资治通鉴》即直书其事为“睿自合肥取直道，由阴陵大泽行”。由此可知阴陵大泽位于合肥与钟离（梁北徐州刺史治所）的南北连线上，当古东城县邑西北、阴陵县邑东南，约在今定远县城西西卅里店迤南一带。从此次田野踏勘所见及卫星遥感地形图所示，西卅里店南部东西各一、二十里范围内地势低洼且地形复杂。阴陵大泽盖为古池水、古洛涧、古濠水等水系及莫耶山南花水在其处汇聚而成的沼泽。历经沧桑，阴陵大泽早已淤塞成农田，但残迹尚存。《古今图书集成·方舆汇编》之《职方典》八二九卷《凤阳府部·定远县》有如下记载：“石塘湖在县西十五里”“秦塘、胡迤塘、济明塘，俱在县西南二十里”“马长涧在县西二十五里”“白涧在县西三十五里”“清流塘在县西三十里”“关塘在县西南四十里”。这些塘口均在古阴陵大泽范围之内。有些塘口如今已改建成小型水库。

关于阴陵大泽的所在尚有附会不足信的新旧二说，在此略作辨析。旧说“阴陵山，在乌江县西北四十五里，即项羽迷失道处”，为南宋王象之《舆地纪胜》首次提出。《大明一统志》与《大清一统志》承袭其说。《直隶和州志》及《历阳典录》进而认为和州北境八十里阴陵山旁红草湖即“所谓阴陵大泽”，并引《述异记》为证：“阴陵九曲泽，泽中有项王村。项王失路于泽中，周回九曲，后人因以为名。”但此说首先颠倒了《史记·项羽本纪》所述项王自垓下南驰乌江的征程；其次，此说引述《述异记》失真。《述异记》的作者任昉，是齐、梁时期与沈约齐名的作家兼学者，《述异记》卷下原文为：“今阴陵故城九曲泽，泽中有项王村，即项籍迷道处。项王失路于泽中，周回九曲，后人因以为名。”明确指出项王迷道处在阴陵县九曲泽。而《历阳典录》删削原著“今阴陵故城九曲泽”句中“故城”二字，遂将淮南的阴陵邑误会为近江的阴陵山，进而误会阴陵山旁的红草湖为阴陵大泽；第三，韦睿任梁豫州刺史兼领历阳太守，如果历阳阴陵山旁红草湖真是“阴陵大泽”，那么他受命北上驰救钟离，“自合肥取直道，由阴陵大泽行”，则将是北其辕而南其辙直趋江南了。韦睿驰救的对象北徐州刺史昌义之，也是梁朝名将，《梁书》

本传开篇即称“昌义之，历阳乌江人。……守钟离”。昌义之自然更清楚项王陷入的“阴陵大泽”，并不在他的家乡，而在他北徐州刺史的防区之内。故旧说无据，不可从。

新说“阴陵大泽”即为冯其庸教授在《项羽不死于乌江考》一文中所独创，所指为今凤阳、定远与淮南三县市交界处的高塘湖，冯文说：“今阴陵旧城址尚在，已立有文物保护碑，老百姓叫此处为古城村。……如今从古城村向西，便是一片大泽，其最低洼处至今仍是一片茫茫无际的湖泊，水面上有数公里的窑河大桥。项羽因为陷入大泽中，‘以故汉追及之’。”从冯文提及的“窑河大桥”，可确知此桥架设在淮南市通向合（肥）徐（州）高速公路连接线上，桥下“茫茫无际的湖泊”，便是南北狭长20多公里、东西宽为2～3公里的高塘湖。冯先生虽说两度造访阴陵遗址，却犯了不应犯的常识性错误。阴陵城在莫耶山南麓，周边一、二十里内地势高敞，根本不存在形成大泽的自然条件。而被他认作“阴陵大泽”的高塘湖，在古城村以西五十里处，哪里是“向西便是”，而是冯先生一个“便”字，就便了五十里。更重要的是，高塘湖的前世，是条流淌了千百年的河流，古名洛涧，今名青洛河，源出定远县，西北流至淮南市东入淮；高塘湖的今生，湖龄不足半个世纪。1938年黄河在郑州花园口决口以后，青洛河受黄泛及黄河夺淮入海的影响，下游河床淤塞抬升，水流不畅，中游多年积水，汇为巨浸，逐渐演变为“茫茫无际”的高塘湖。20世纪中叶以前，如今高塘湖所在及其周边，既无湖也无泽存在，何来“阴陵大泽”？1998年出版的《淮南市志·地理编》对高塘湖的历史有明确记载，一查便知；若向高塘湖周边原住民中任何一位老者请教，也立见分晓。被冯先生妄指为“阴陵大泽”的高塘湖，东距项王陷入其中的真正的阴陵大泽在七十里开外。此外，高塘湖所在地，在秦时属曲阳县境，在阴陵县界外。假使高塘湖在古代就存在，也应名为曲阳大泽，而非阴陵大泽。当然古代不存在曲阳大泽，冯先生的阴陵大泽根本不存在。

6. 东城

《项羽本纪》：“项王乃复引兵而东，至东城，乃有二十八骑。

汉骑追者数千人。”东城，秦置县，属九江郡。秦亡，属项羽的西楚王国。项王“至东城”，意指自阴陵大泽脱险后，引军向东，进入东城县域，而非指进入东城县城。《史记正义》引李泰《括地志》云：“东城县故城在濠州定远县东南五十里。”秦汉东城县邑遗址在今定远县东南五十里处大桥乡三官村。残存夯土城墙依稀可见，南北长各二里，东西长各一里半，城周七里。南临池水（今名池河）。遗址现为农田，出土橘黄色网纹秦瓦及灰色绳纹汉瓦残片甚多，间有秦、汉瓦当碎片。村民用从遗址中拣拾的秦、汉瓦片铺路。卫星遥感地形图显示，出阴陵大泽，东南至东城县邑所处的池河流域，地势低平，无甚险阻。但东城县邑以东四十里至一百里之间，存在两条呈东北—西南走向的山系，各长一百余里，山体较大，为江淮之间的分水岭和天然险阻。其中在今定远县境的山系，《古今图书集成·方舆汇编》之《职方典》卷八二九《凤阳府部·山川考》著录有如下诸山：“相公山，在县东六十里，上有楚相令狐子伯庙”；“大横山，在县东七十里，以山横界东南，故名”；“皇甫山，在县东七十里，相传皇甫将军屯兵于此”；“大山，在县东七十里，山高大，因以名”；“五尖山，在县东六十里”；“喜龙山，在县东南六十里”；“东山，在县东六十里”；“豁鼻山，在县东六十里”；“郎峰山，在县东南六十里”。在今滁州、全椒县境的有清流山、琅琊山等。

秦汉之际的东城县，为江淮之间的大县，北与阴陵、盱眙接壤，西与合肥相邻，东与广陵相接，南达大江之滨而与历阳相连，辖区包括今安徽的定远、全椒、滁县、来安与和县的东北部，以及江苏的江浦全县和六合县的南境，东西宽约二百里，南北长达二百五十里。江苏江浦县，今并入南京市浦口区。

7. 嵯虞墩

嵯虞墩，又称虞姬墓、虞姬冢，始见于《史记·项羽本纪》“有美人名虞”句下张守节《正义》：“《括地志》云：‘虞姬墓在濠州定远县东六十里。长老传云项羽美人冢也。”北宋史臣乐史所撰《太平寰宇记》卷一二八《淮南道·濠州定远县》下亦有著录："虞姬冢，在县南六十里，高六丈，即项羽败杀姬葬此。"此改"县东"为"县南"。民间传说项羽自垓下携虞姬首级突围，至此掩埋，心中伤悲，故俗呼"嗟虞墩"。晚清安徽巡抚冯煦在为灵璧虞姬墓所撰《重修虞姬墓碑文》中，已辨析其说荒唐不经。现多采《太平寰宇记》为说，认为嗟虞墩在今定远县南六十里二龙乡谭村附近，东北距东城县邑遗址约二十里。《集韵》："墩，平地有堆者。"从嗟虞墩的称名，即可知其为人工堆筑而成。墩前路旁有定远县政府近年所立"西楚霸王虞姬之墓"石碑，碑上横批及联语均自灵璧虞姬墓碑复制，但规制与气象不如。嗟虞墩孤特兀立于旱粮农地中，整体呈不规整的覆斗状，基底直径约十二、三丈，高不足六丈。顶部平坦，呈刀把形，东西长约四丈，南北宽约一丈，北部凹陷，当为雨水长期冲刷剥蚀所致。四侧呈 45°坡。自墩顶放眼四望，数里之内不见有任何高出地表的土丘。

冯其庸先生将这座小小的土堆指认为项王"东城快战"[①] 的四隤山。他在《项羽不死于乌江考》的姐妹篇《千百年来一座有名无实的九头山》中对此"山"有两段描述："今东城西北谭村有土山曰'嗟虞墩'，传即项王令骑四面驰下处。今当地人尚称此山为'四隤山'。其地属东城，我曾二至其地调查。""我曾两次去虞姬墓，墓高约 25 米，为一自然土山。据传，项羽在决战前，将虞姬之首埋于此，即作最后的决战。所以此高阜又名'四隤山'。决战后，项羽即自刎于东城。"但最早提出项羽死于定远的计正山"所见"的虞姬墓与冯先生"所说"的虞姬墓虽同为一墓，但颇有参差。计先生在二十多年前发表的《项羽究竟死于何地?》中说："高达数丈的虞姬墓至今犹在。"在 2007 年 7 月 10 日《江淮时报》所发近作《项羽并非死于乌江》说："形如丘峦的虞姬墓至今犹在，安徽省文化厅副厅长李修松率领有关专家实地考察后认定其形制、封土皆为典型汉墓。"奇怪的是，计正山

① 东城快战："快战"，即"痛快地打一仗"，是后人揣摩的项羽心理，不符项羽"今日固决死"之本意。"快战"，有本作"决战"，是。"决战"者，决死一战之谓也。

所见的虞姬墓其高仅“达数丈”，在冯先生笔下竟拔高到25米；安徽省文化厅组织“专家实地考察后认定其形制、封土皆为典型汉墓”，计正山也肯定是“加封土而形成的墓”，在冯先生笔下竟使它变成“一自然土山”的“高阜”，而且还是二千多年前项王率领二十八骑在其上分为四队布为环阵与数千汉骑进行“东城快战”的“四隤山”！其实计、冯两人所说的嗟虞墩为同一小土堆，两人按各自观点所需创作，当然只能忽悠未到访者。我们实地考察所见的嗟虞墩，其高不足六丈，基底周回不过数十丈，墩顶平地至多五六方丈，与古地志所载相符①。如此小小土山，其上岂能容项王布阵，连二十八骑都容纳不下，根本就不是一个战场。再说，二十世纪前所有的舆地志书，包括好事文人的野史笔记，都从未有说定远嗟虞墩又名“四隤山”的记载，至今当地群众也无人说嗟虞墩就是“四隤山”。古往今来，谁好意思将一座五、六丈高的土墩称作“四隤山”？

8. 清流关

清流关在今滁州西南二十余里，为清流山上一处险要的关隘。在定远县与全椒县之间横亘着两条西南—东北走向、长达百余里的山脉，是江淮之间的分水岭，也阻扼江淮之间交通。在清流山系北端有三个隘口，是三处越山通道，但只有中间的通道可容车马通行，千百年来即为淮南通向江东的孔道。南唐于此建筑关城，名清流关，防备北周南侵金陵。明代此关是凤阳府至京师应天府南京驿道的必经之处。清流关南口有近年所建“古清流关”牌坊。关口城墙残存。清流关驿道由不规整的青石板铺砌，道宽六尺，道中有车轮长期辗压形成的其深逾寸的辙沟。访问几位年逾六七旬的村民称，清流关原先有座霸王庙，供奉霸王与关圣，香火甚盛。20世纪50年代初为破除迷信，砸毁神像，1958年“大跃进”拆下梁柱造手推车修水利，“文革”中拆墙修大队部，庙遂荡然无存。

① 《太平寰宇记》载：“虞姬冢，在县南六十里，高六丈，即项羽败杀姬葬此。”

9. 九头山

九头山，又名阴陵山，由九个山头组成，曰插花山、灰头山、龙王山、马鞍山、癞头山、犁头尖山、宝塔山、蔡家山、横山。最高峰海拔 145 米。九头山在全椒县南十二公里，从全椒向南看，九个山头清清楚楚，故全椒人多称九头山。从和县往北看，则是莽苍一片，因在海拔 315 米的如方山（古称六合山）之北，山北为阴，故称阴陵山。民间传闻项羽败退乌江，在九头山被汉兵追及，一日九斗，又称九斗山，始见于唐代成书的《元和郡县图志》。《史记正义》引《括地志》云，九头山在全椒县西北九十六里，《元和郡县图志》说九斗山在全椒县南九十里。而阴陵山之称，始见于南宋王象之撰《舆地纪胜》。其书卷四十八《淮南西路·和州·景物上》著录："阴陵山，在乌江县西北四十五里，即项羽迷失道处。"《大明一统志》卷十八《滁州·全椒县》下著录："九斗山，在全椒县东南二十五里，一名阴陵山。昔项羽兵败欲东渡乌江，道经此山，与汉兵一日九战，故名。"《大清一统志·江苏统部·江宁府》录有："阴陵山，在江浦县西南四十五里，……接安徽和州界。"可知阴陵山原在全椒、和县、江浦三县交接处，1989 年政区调整，此山全在和县石杨镇内。此次田野考察所见及卫星遥感地形图所示，阴陵山呈东北—西南走向，确有九峰，九头山名实相符。山长十余公里，宽五公里，占地四十平方公里。地理坐标为东经 118°18′、北纬 38°02′。山北为滁河，河北即全椒县境。滁河南北地势低洼，港汊纵横，河之北旧有荒草湖，河之南旧有红草湖，民间相传即项王迷道的阴陵大泽。往昔的湖沼现已湮为圩田。石杨镇境滁河南岸圩堤上立有"项王迷道处"石碑。阴陵山东距江浦县城二十二公里，南距四隤山八公里、乌江镇二十二公里，北距全椒县城十二公里，西距和县历阳镇三十六公里。冯其庸先生称两度到全椒县考察，他不相信自己的眼睛看到的九头山，而抓住古志书《括地志》和《元和郡县图志》对九头山记载的方位，里程不对，就否认九头山的存在，说它是"空穴来风"。冯先生还把九头山西南距离数公里的花山替代九头山，说："（和县）当地老百姓只知此山名'花山'，不知叫‘阴陵山’。”花山与九头山不相连，冯先生合二为一，用心良苦。由于行政区划变迁，九头山在 1988 年全划入和县境内，不在全椒县境内，于是 1998 年新修《全椒县志》不载九头山，而冯先生却说新县志是纠正旧志才不载九头山的，完全不符事实。把有说成无，冯先生也觉得不妥，他给自己留了一条后路，在大文“附记”中说是计正山告知的。请问冯先生两次实地考察，是相信自己的眼睛呢，还是听计正山说呢？

10. 四隤山

《项羽本纪》：“（项王）乃分其骑以为四队，四向。汉军围之数重。项王……令四面骑驰下，期山东为三处。”《汉书·项籍传》：“于是引其骑因四隤山为圜阵外向。汉骑围之数重。”项王在东城县境内命令其二十八骑“期山东为三处”时，《史记》没有写出此山为何名。班固《汉书》始称此山曰“四隤山”。《汉书》颜师古《注》引孟康曰：“四下隤陁也。”隤、陁，皆倾斜之貌。四隤山因山势四面均自山顶向山麓绵延倾斜成梯形缓坡而得名。班固清楚项王“东城快战”的战场在四隤山而不在东城县邑，郦道元也知道项王在四隤山溃围、斩将后成功率骑南走。现存志书最早记录四隤山方位的，是北宋乐史所撰《太平寰宇记》，其书在《淮南道·和州》所属乌江县下云：“四隤山，在县西北七十五里。项羽既败垓下，东走至东城，所从惟二十八骑，汉兵追者数千，羽乃引骑因四隤山而为圆阵，即此山也。”按：“在县西北七十五里”句中之“县”字，当为“州”字之误。南宋王象之撰《舆地纪胜》修正为“四隤山，在乌江县西北三十里，直阴陵山”。《大清一统志·江苏统部·江宁府》录有阴陵山“西南十里有四隤山，皆接安徽和州界。”同书《和州》录有：“四隤山，在州北七十里，亦名四马山，接江苏江宁府江浦县界。”据以上地理志书著录四隤山的四至里程，可以确定其地理坐标在安徽和县与江苏江浦县交接处，滁河及阴陵山之南、江浦县石桥镇北，今名四隤山或四马山的，正是二千多年前项王在东城县域与汉骑鏖战的古战场。这次实地考察所见，四隤山呈东北—西南走向，山形略呈四面梯形缓坡，平均坡度为 5°—10°。山顶宽平无峰。实测山高海拔 81.7 米，相对高度约为 50 米。山脚长边 2 公里多，宽约 1 公里，周回 5 公里左右。这座不算多高又不太小的四隤山，其梯形缓坡、顶部宽平的山峦正可供项王与其二十八骑在山顶布下环形防御阵势，然后纵骑驰下，冲决汉围，斩将，刈旗。山下除西北十多里有阴陵山外，周边地势宽敞低平，亦可容数千汉骑布下数重包围阵势。四隤山距乌江浦渡口不到三十里，项王与其二十八骑冲决汉围后南驰片刻可至。今四隤山属江苏江浦县，与和县连界。

11. 乌江

《项羽本纪》："于是项王乃欲东渡乌江。乌江亭长檥船待。"《史记正义》引《括地志》："乌江亭即和州乌江县是也。晋初为县。《注水经》云江水又北，左得黄律口，《汉书》所谓乌江亭长檥船以待项羽，即此也。"乌江，原为秦时东城县属下滨江的一个亭。作为县级建制，始见于《晋书·地理志下》，为西晋扬州淮南郡所辖十六县之一，与历阳县并列。沈约撰《宋书·州郡志》"乌江令"下原注："二汉无。《晋书》有乌江，《太康地志》属淮南。"太康为西晋武帝司马炎的年号（凡十年，公元 280—289 年）。《晋书》的《地理志》正是以《太康地志》为蓝本编制。据此可知，乌江设县始于晋武帝太康年间。《旧唐书·地理志》云："乌江，汉东城县之乌江亭，属九江郡。"据此可知，乌江县系西晋初年自秦汉东城县析置。北宋初史臣乐史所撰《太平寰宇记》卷一百二十四《淮南道二·和州》有更明确的记载："乌江县，［州］东北四十里，旧十五乡，今四乡。本秦乌江亭，汉东城县地。项羽败于垓下，东走至乌江，亭长檥船待羽处也。魏黄初三年，曹仁据乌江以讨吴。晋太康六年（285），始于东城界置乌江县。隋为乌江郡。"乌江自晋初置县，历经六朝、唐、宋、元诸代，或为淮南郡属县，或为临江郡及乌江郡治所，或从属和州、历阳郡，咸与历阳县并立而不相统属。据《明史·地理志一》，乌江县于明朝洪武初年裁省，西境并入历阳县而成乌江镇，东境析入应天府江浦县。溯源追本，绝无乌江亭“秦汉时属历阳县”之事。冯其庸先生为了力挺其“项羽不死于乌江说”，在其论文中采用偷梁换柱的技巧，将唐人李吉甫《元和郡县图志》原本明确记载的地属“乌江县”的乌江浦，置换到“历阳县”名下，并蓄意删削《元和郡县图志》关于乌江县设置沿革的记录——“晋太康六年始于东城界置乌江县”，以充当“秦汉之际，乌江属历阳县”的所谓“明确记载”。

12. 霸王灵祠

西楚霸王灵祠，又称项亭、霸王庙，在和县县城东北四十里乌江镇，位于镇东南三里凤凰山上。现为安徽省重点文物保护单位。秦汉时，此地为东城县乌江亭滨江之乌江浦，系大江横江段西岸的重要津渡，斜对江即牛渚圻（又称采石矶），为大江南岸重要津渡。凤凰山乃滨江高丘。西楚霸王项羽与其二十六骑自四隤山溃围至此，临时改变退保江东的决定，婉谢乌江亭长劝渡的好意，在赠骓报德后，与其骑从皆弃马与汉骑步战，最后壮烈自刎。其首级及四肢被汉将王翳、吕马童等五人分割领赏。战后，乌江亭民众收敛项王遗骸及血衣殡葬于凤凰山上，并建亭祭祀，曰“项亭”。唐初已于此建祠奉祀。上元三年（762），李白族叔李阳冰为项祠篆额曰“西楚霸王灵祠”。唐文宗开成元年（862）孟夏，滁州刺史李德裕息驾乌江，登项亭览观，以为“自汤武以干戈创业，后之英雄莫高项氏”，感其伏剑此地，因作《项王亭赋并序》以吊之。嗣后，词人墨客及州郡长官过项祠多有感而题咏不绝。据记载，项王祠鼎盛时有庙宇九十九间之多。屡遭兵燹，多次复建。“文革”中破坏尤甚。现在所见之“西楚霸王灵祠”，系 20 世纪 80 年代中期复建。建有仿汉阙大门、享殿、墓道、陵园、乌江亭、三十一响钟亭、抛首石、碑苑等。

三、项羽南驰路线探索

汉王四年（前 203），楚汉战争进入第四个年头。“是时，汉兵盛食多，项王兵罢（读疲）食绝”，项王不得已于此年八月与汉王刘邦（前256—前195）签订和约，“中分天下，割鸿沟以西者为汉，鸿沟而东者为楚。”（《项羽本纪》。以下引文凡出自《项纪》者，不再注。）九月，项王如约引兵东归，而汉王则趁“楚兵罢食尽”之机，引兵追击。于是双方于汉五年十二月（前202年初）在垓下会战。会战前，西楚王国所统九郡中的泗水、东海、东阳、东郡、薛、陈、砀等郡及楚都彭城均已被齐王韩信、魏相国彭越攻占，唯余原秦九江郡东南部数县及江东的鄣郡、会稽郡未易汉帜。淮南只有东城、历阳两县未下，为项羽所有。项羽退保江东，仅有此路。会战展开时，汉王及诸侯联军集结兵力四十余万，而项王之卒只“可十万”。韩信指挥汉军大败楚师。项王收缩残部退入垓下高地固守壁垒，汉军围之数重。项王夜闻四面楚歌，心知在淮海已无立足可能，唯有退保江东，凭借会稽、鄣郡与闽中，或有再度崛起之机。故决意“直夜溃围南出，驰走。”

项王由垓下突围南趋江东，原有东、西两条路径。东路渡淮后取道东阳（今江苏盱眙县东南）南下，由广陵（今江苏扬州）渡江，经丹徒（今镇江）至吴中。对项王来说，东路既熟又近。这是八年前他与季父项梁率江东八千子弟开赴江西反秦主战场时所经路线。不同的是，当年自东而西，而今则将自西而东。但在汉四年，东线所经城邑直至江滨的广陵，已被汉骑将灌婴攻取，此路不通。西边寿春因楚大司马周殷背叛，已落入汉军之手。当下唯有南下经东城返江东，即取道钟离渡淮南下，由东城县乌江亭渡江，经牛渚、丹阳，沿秦始皇三十七年东巡会稽的驰道至吴中。这条道相对东路是西路。对项王来说，西路既生且长，但除此别无选择。司马迁在《史记·项羽本纪》中历述项王自垓下南驰乌江征程所经，先后为：垓下溃围南驰→渡淮→至阴陵，迷失道，被给陷入阴陵大泽→出泽引而东，至东城县境→越过清流关南下→过九头山→快战四隤山（此依《汉书·项籍传》说）→南驰乌江亭，临江拒渡，步战自刎。

项羽由钟离南驰乌江，最合理亦最便捷的路径是走明代凤阳府至南京的驿道。虽说是明代的驿道，其实也是千百年来无数官商行旅车行马走形成的大道。这条驿道由凤阳县的二铺、总铺、黄泥铺，到定远县的练铺、池河驿、大柳树驿，穿越滁州清流关到滁阳驿，再经江浦县浦子口，渡江到南京，全程三百三十里。但秦代是否有此路线，没有文献依据，也与《史记》所载经阴陵指向东城路线不符。项羽南驰是经东城过清流关，而到乌江渡口，则从清流关分道南下，经石沛到全椒葛城驿，过九头山和滁河，经江浦县四隤山到乌江亭，全程约为三百六十里。加上垓下至钟离北渡口的一百里，垓下至乌江的总路程为四百六十里。由项王溃围南出的“直夜”，到汉军发觉的“平明”，项王较汉军追骑占有五、六小时的先机。如果不出太大的意外，汉骑是不可能“追及”的。在无数千汉骑尾追的情况下，项王也许不会产生临江拒渡的念头，若此，楚汉相争的历史则将又是一番景象。

然而意外频频发生。一是渡淮舟楫不足，直至天明，八百余骑渡过者不过百余骑，项羽急着南驰，只好率领百余骑先行南驰。二是项王统率百余骑壮士沿濠水东侧驿道南驰进入阴陵县境，原本顺畅的南行征程陡生变故。隆冬腊月，黄淮流域辰时（七八点钟）常起的浓雾不期而遇，慌忙中问路，受绐陷入大泽。项羽向“田父”问路。田父绐曰“左”。项王于是向左偏离向南而向西，遂陷入今定远城西西卅里店南的“阴陵大泽”中，耽误了许多时间，项羽再向东回转，然后东南行奔向东城。三是此时汉军即将追上来，项羽来不及进入东城，他要抢先跨过清流关，如果汉军抢先占据清流关，项羽就过不了关。汉军追击到东城，必然分兵，留下一部分攻占东城，分兵一部分追击项羽，在九头山一带汉军咬上了项羽，项羽且战且走，过了阴陵山，赶到四隤山时，成千的汉军大队追及。此时项羽只剩下二十八骑，虽然抢先占领了四隤山制高点，山下一片平川，黑压压的汉军围了数重。项羽已感到了末路，发出“此天亡我，非战之罪也”的慨叹，已在心灵深处植下在乌江临江拒渡的阴影。但仍不服输，在四隤山经过“溃围、斩将、刈旗”的战斗，失亡二骑，还率领二十六骑突围到了乌江边，又恰有乌江亭长舣船待渡。但一叶扁舟渡不下二十六骑，项羽完全绝望，他不可能独自一人渡到江东去偷生，在与乌江亭长一席对话之后，毅然决然选择战死乌江沙场，以谢对他信任有加的江东父老，以慰追随他转战南北壮烈牺牲的江东子弟的英灵，从而最终成就了项羽的完整人格。项羽也因此虽死犹生，赢得了千秋美誉。

四、结　论

项羽垓下突围欲返江东，当时东走广陵路线不通，西走淮南、寿春，因周殷叛楚，亦成敌占区。项羽在长江以北的控制区只剩下淮南的东城、历阳两座县城。项羽只能突围南驰取道东城从乌江浦渡江。考察组经过对项羽垓下突围南驰乌江全程考察，以《史记》《汉书》为依据，参考历代地志，利用卫星遥感地图提供的山水、道路形态分析，关于项羽南驰路线得出如下三点结论。第一，项羽渡淮南驰的方向是东城，经东城到乌江浦渡江。到东城要经过北面的阴陵县境。项羽在阴陵县境迷路向西陷入阴陵大泽，而后东返向东南方向指向东城。这时汉军已将追及，项羽没有时间进东城，他必须抢先一步越过清流关，如果被汉军抢先，项羽就过不了清流关。项羽路径传说的嵯虞墩，从东城，南面绕过，抢在汉军前头越过清流关，再南下九头山，且战且走到四隤山演出“溃围、斩将、刈旗”的快战，此时只有二十八骑。从四隤山突围东南行三十里到达乌江浦还剩二十六骑，项羽改变主意不渡江与汉军再次战斗而自刎。第二，冯其庸考察项羽渡淮南驰至阴陵县城，再西到高塘湖，折返东城至嵯虞墩败亡，不能成立。一，方向不对，到阴陵城是西行，不是南驰；二，高塘湖不是阴陵大泽；三，嵯虞墩不是四隤山，一个小土堆更不是战场。冯氏的考察违背《史记》《汉书》的记载，亦与地志不符，所以不能成立。第三，渡淮走明清时官道过清流关，则是从东城县东北面的盱眙县境进入东城县，则与《史记》所载过阴陵县境不符，也不指向东城。此线以阴陵山为《史记》所载之阴陵，可备一说，以待贤者。上述结论，图示于后，供读者评说。

项羽垓下突围南驰乌江路线地形图

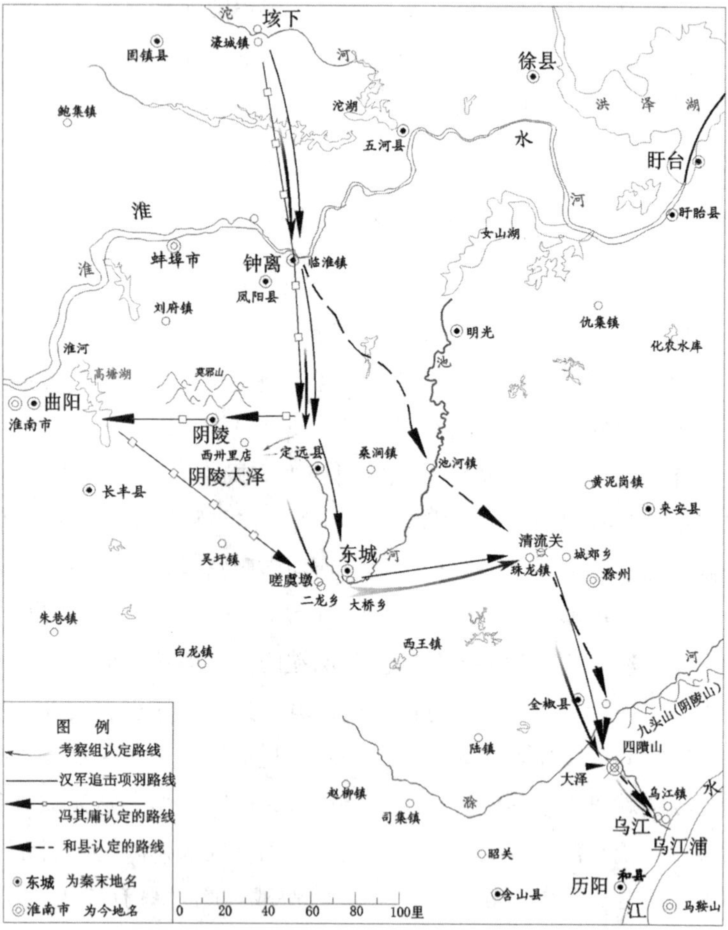

（本图由三江学院许盘清绘制）

【说明】本考察报告经全组成员多次协商讨论，由袁传璋教授执笔写稿，许盘清先生绘图，张大可教授审阅、补充、修订，最后在2008年11月16日至18日召开的项羽学术讨论会上经与会专家讨论形成定稿。依据考察报告所绘项羽南驰乌江路线图，概括了各种说法的路线，旗帜鲜明地指出了正与误的路线，供广大读者讨论。

（原载《史记论丛》第五集《乌江论坛》陕西人民教育出版社2009年版）